The Failure of Risk Management
Why It's Broken and How to Fix It

风险管理的
失败：
为什么失败以及如何修复

道格拉斯·W. 哈伯德（Douglas W. Hubbard）/ 著

杨雪蕾　蔡松儒　王丽洁 / 译

WILEY　中国金融出版社

责任编辑：王雪珂　　　责任校对：潘　洁　　　责任印制：陈晓川

Title: The Failure of Risk Management: Why It's Broken and How to Fix It, 2nd Edition by Douglas W. Hubbard, ISBN 9781119522034

Copyright © 2020 by Douglas W. Hubbard.

All Rights Reserved. This translation published under license. Authorized translation from the English language edition, Published by John Wiley & Sons. No part of this book may be reproduced in any form without the written permission of the original copyrights holder.

北京版权合同登记图字01—2020—6919

《风险管理的失败》一书中文简体字版专有出版权属中国金融出版社所有，不得翻印。

图书在版编目（CIP）数据

风险管理的失败（第二版）/（美）道格拉斯·W.哈伯德（Douglas W. Hubbard）著；杨雪蕾，蔡松儒，王丽洁译. —北京：中国金融出版社，2021.3

ISBN 978 – 7 – 5220 – 1071 – 7

Ⅰ.①风⋯　Ⅱ.①道⋯②杨⋯③蔡⋯④王⋯　Ⅲ.①风险管理　Ⅳ.①F272.35

中国版本图书馆CIP数据核字（2021）第058839号

风险管理的失败（第二版）
FENGXIAN GUANLI DE SHIBAI（DI-ER BAN）

出版
发行　　中国金融出版社
社址　　北京市丰台区益泽路2号
市场开发部　　（010）66024766，63805472，63439533（传真）
网 上 书 店　　www.cfph.cn
　　　　　　　（010）66024766，63372837（传真）
读者服务部　　（010）66070833，62568380
邮编　　100071
经销　　新华书店
印刷　　保利达印务有限公司
尺寸　　169毫米×239毫米
印张　　19
字数　　292千
版次　　2021年5月第1版
印次　　2021年5月第1次印刷
定价　　76.00元
ISBN 978 – 7 – 5220 – 1071 – 7
如出现印装错误本社负责调换　　联系电话（010）63263947

前 言

在本书第一版问世之后的十年里，无论是在风险管理领域还是在我自己的工作中都发生了很多事情。此后，我又写了第一本书《数据化决策：寻找商业无形资产的价值》的两个版本，以及《脉搏：利用网络流行语来追踪威胁与机遇的新科学》和《网络安全风险领域的数据化决策》两本书。到2017年，本书（以及《网络安全风险领域的数据化决策》一书）被列入精算师协会备考必读书目。

关于风险管理这一更广泛的主题，自第一版问世以来还有更多风险管理出错的实例，比如日本福岛第一核电站的核灾难、墨西哥湾"深水地平线"漏油事故，以及导致数亿个人记录被泄露的多起大型网络攻击事件。但我不会在这些轶事或第一版问世之前发生的事件上花费大量时间。在下一次重大自然灾害、重大产品安全召回或灾难性工业事故发生后，本书应同样具有重要的参考意义。当然更好的是，我希望读者在这些事件发生之前就把本书视为他们需要通读的一本书。仅对昔日新闻做出反应的风险管理完全称不上是风险管理。

我在自己所写的第一本书《数据化决策：寻找商业无形资产的价值》中谈到了风险。在我看来，风险一直是被管理层视为无形的一种东西。的确，从某种意义上讲风险是无形的。可能发生某件事的风险——某些未来事件发生的概率——并不像建筑工程的进度或者发电站的发电量那样有迹可循。但它完全是可以衡量的。在第一本书中，有整整两章的篇幅都侧重于讨论衡量不确定性和风险。

遗憾的是，基于风险实测的风险管理并不是大多数行业使用的主流方法。对于一些非常重要的问题，我看到的风险管理解决方案其实并不比占星术更好。这不是一个存在争议的个人立场。这些方法存在的缺陷对于相关研究人员来说是众所周知的，只是没有将这一信息传达给更多的管理人员。

我所有的书——不仅仅是标题中明确提到风险的两本书——其实都关乎作出关键性决策或支持这样的决策，这些决策存在很大的不确定性，一旦犯错就要付出代价。换句话说，我写的书涉及风险决策。我对这个主题感兴趣是因为我看到咨询师们提出很多存疑的方案来评估风险、测量绩效并确定投资组合的优先顺序，然而这些方案都没有明确的统计学或决策学依据。主观评分法和其他定性方法几乎接管了管理层正式决策过程的某些方面。在其他领域，某些确实具有可靠、科学和数学依据的方法却一直被误解和误用。

我并未看到人们对这一主题给予足够的重视。在所有关于风险分析、风险管理和决策学的优秀学术研究及著作中，似乎没有哪个能够直接解决伪科学在这一领域明显不受控地传播的问题。在金融领域，纳西姆·塔勒布所著的畅销书《随机漫步的傻瓜》和《黑天鹅》指出了严重问题的存在。但那对风险管理人员来说并没有太多实用建议，对评估金融领域以外的风险帮助很小。我们有必要针对各种不同的风险，向广大读者指出这些问题。

由于若干原因，就这一主题进行写作颇具挑战性。其中最重要的一点是，任何诚实、有效的风险管理应对方法都会戳到别人的痛处。自第一版问世以来，这种情况并没有发生改变。我在本书中所持的一些观点让那些支持流行风险管理方法（其中有些已经被编入国际标准）的人感受到威胁。因此，我力求确保书中对某些方法的缺点提出的每一项关键主张都得到其他研究的支持，而不仅仅是我个人的观点。研究得出了压倒性的结论——用客观标准来衡量，我们在风险管理方面所做的大部分工作并没有为管理风险这个问题增添任何价值。它实际上可能让情况变得更糟糕。

撰写本书的最大挑战是获得广泛的受众。虽然对大多数人来说，更好的风险管理解决办法即意味着更好的定量分析，但有关风险分析和管理的专业数学论著无法获得足够多的受众。已经出版的大量技术性书籍似乎尚未渗透进管理学市场，我没有理由认为本书会有更好的表现。我在此采取的办法是向读者提供刚好足够多的技术信息，以便他们能够在风险管理上实现180度大转弯。在风险管理方面，他们可以停止使用占星术之类的方法，至少开始探索使用更好的办法。对于风险管理人员而言，掌握这些方法将为其提供更长久的职业生涯，以及超越本书范围的研究。这更像是光复占星家的第一本天文学书籍——我们必须批判旧思想，迎接新潮流。

道格拉斯·W. 哈伯德

2020 年 2 月

致　谢

　　许多人在许多方面帮助我完成了这本书。我为本书采访过一些人，有些人为我提供了他们自己的研究（一些甚至是在发表前），还有人花费大量时间审阅我的手稿，并提出了许多改进意见。在此我要特别感谢斯坦福大学的萨姆·萨维奇博士，他在上述所有方面都给予我极大的帮助。

里德·奥格利尔	吉姆·戴尔	哈里·马柯维茨
戴维·比尔登	吉姆·富兰克林	杰森·梅维斯
克里斯托弗·基普·博恩	安德鲁·弗里曼	比尔·潘宁
安德鲁·布拉登	维克·弗里卡斯	萨姆·萨维奇
戴维·布德斯库	丹·加罗	约翰·斯凯勒
鲍勃·克莱门	约翰·赫斯特	江毓星
雷·科弗特	史蒂夫·霍耶	汤普森·特里
丹尼斯·威廉·考克斯	戴维·哈伯德	戴维·沃斯
托尼·考克斯	卡伦·珍妮	斯蒂芬·沃尔弗拉姆
戴安娜·德尔·贝尔·贝卢兹	里克·朱利安	彼得·艾伦·史密斯
吉姆·德洛克	丹尼尔·卡尼曼	杰克·琼斯
罗宾·迪隆－梅里尔	艾伦·库比茨	史蒂夫·罗默曼
罗布·多纳特	菲奥娜·麦克米伦	

目 录

第一部分 危机概论

第1章 对风险管理的合理质疑 ………………………………… 3
　"共模故障" ……………………………………………………… 5
　关键定义：风险管理和一些相关术语 ………………………… 7
　失败意味着什么 ………………………………………………… 12
　本书的范围和目标 ……………………………………………… 14

第2章 风险管理现状综述 ……………………………………… 17
　短暂且过于表面的风险管理发展史 …………………………… 17
　组织风险管理现状 ……………………………………………… 20
　当前的风险及其评估方法 ……………………………………… 21

第3章 我们如何知道哪些方法有效 …………………………… 29
　轶事：药品生产外包的风险 …………………………………… 30
　为什么很难知道哪些方法是有效的 …………………………… 31
　对自我评估的评估 ……………………………………………… 33
　对风险管理进行潜在的客观评估 ……………………………… 37
　我们可能发现什么 ……………………………………………… 43

第 4 章 入门：一个简单的稻草人量化模型 ……… 47

一个简单的"一对一替代"模型 ……… 48

专家作为工具 ……… 50

"不确定性运算"速览 ……… 52

建立风险容忍度 ……… 55

支持决策：缓释率收益 ……… 57

让稻草人变得更好 ……… 58

第二部分　失败的原因

第 5 章 风险管理"四骑士"：阻止末日的一些（大多）真诚的尝试 …… 63

精算师 ……… 65

战争宽客："二战"永久地改变了风险分析 ……… 67

经济学家 ……… 70

管理咨询：权力纽带和出色的推销如何改变风险管理 ……… 75

比较四骑士 ……… 80

亟待解决的重大风险管理问题 ……… 82

第 6 章 告别象牙塔：纠正关于"风险"概念的混乱 ……… 85

弗兰克·奈特定义 ……… 86

奈特对金融和项目管理的影响 ……… 89

建筑工程学定义 ……… 92

风险作为预期损失 ……… 93

定义风险容忍度 ……… 95

定义概率 ……… 100

扩充词典 ……… 103

第 7 章 专家知识的局限性：为什么我们对不确定性的认识与我们自以为的不一样 107

- 太空英雄：一群心理学家拯救了风险分析 108
- 心算：为什么我们不该相信脑海中的数字 110
- "灾难性的"过度自信 113
- "王牌"思维：过度自信的可能原因和后果 118
- 不一致和人造结果：不该产生影响的因素产生了影响 122
- 校准测试答案 127

第 8 章 比没用更糟：最流行的风险评估方法及其为何行之无效 131

- 评分法和风险矩阵的几个例子 132
- 那能算"中等"吗？：为什么措辞含糊不能抵消不确定性 136
- 量表的预料外影响：你不知道的事情可能会伤害你 139
- 不同但听上去相似的方法和相似但听上去不同的方法 147

第 9 章 熊、天鹅和其他阻碍风险管理改善的因素 157

- 算法厌恶和关键谬误 158
- 算法 vs 专家：归纳研究结果 161
- 关于黑天鹅的笔记 165
- 主要的数学误解 170
- 所谓特殊情况：认为风险分析有用但不适合自己 177

第 10 章 即使定量分析师也出错的地方：定量模型中常见的基础错误 183

- 蒙特卡洛模拟使用情况调查 184
- 风险悖论 186
- 金融模型和灾难的真貌：正态分布并不寻常 193
- 追寻牛群规律：相关性问题 198
- 测量反转——额外信息的价值 202
- 蒙特卡洛模拟太复杂了吗 204

第三部分　如何纠正

第 11 章　以有效方法为起点 ………………………… 209
- 用正确的语言 ………………………………… 210
- 对概率进行校准 ……………………………… 215
- 运用数据构建初始基准 ……………………… 220
- 检查替换 ……………………………………… 227
- 简单风险管理框架 …………………………… 230

第 12 章　改进模型 …………………………………… 237
- 实证输入 ……………………………………… 237
- 向模型中添加细节 …………………………… 247
- 提高专家主观估计的更优方法 ……………… 252
- 其他蒙特卡洛模拟工具 ……………………… 254
- 建模者的自我检验 …………………………… 256

第 13 章　风险共同体：组织内外的风险管理问题 …… 261
- 统筹全局 ……………………………………… 262
- 管理模型 ……………………………………… 264
- 激励校准文化 ………………………………… 268
- 组织之外的问题：宏大的解决方案 ………… 272
- 来自 Trustmark 公司的实际体会 …………… 274
- 关于定量模型和更好决策的最后思考 ……… 276

额外校准测试及其答案 ……………………………… 279

第一部分

危机概论

第 1 章

对风险管理的合理质疑

> 把握宇宙的真实面目远比坚持妄想要好得多，无论妄想多么令人满意和安心。
>
> ——卡尔·萨根
>
> 今天一切都好，这是我们的错觉。
>
> ——伏尔泰

你最大的风险是什么？你是如何知道的？这些问题对于任何组织来说都是至关重要的，无论其身处什么行业，规模多大，结构如何，有什么样的环境、政治压力或技术变革。在这些组织中，任何管控风险的尝试都应该涉及回答这些问题。

我们需要对风险管理方法中迅速发展的新趋势进行尖锐提问，特别是当这些方法旨在帮助指导和保护重大投资并为关键的公共政策提供参考时。十多年前当我写下本书的第一版时，人们迟迟没有对风险管理方法提出合理的质疑。

本书的第一版问世于 2008 年和 2009 年经济大衰退的末尾。此后发生的一些重大事件给经济和人类健康与安全带来了巨大损失。这里仅举几个例子：

- "深水地平线"近海漏油事件（2010 年）
- 福岛第一核电站核灾难（2011 年）
- 密歇根州弗林特市水污染事件（始于 2012 年）
- 三星 Galaxy Note 7 电池故障（2016 年）
- 多起大型数据泄露事件（艾可飞、安森、塔吉特等）
- 美铁出轨/碰撞事件（2018 年）

上述事件和 21 世纪初的其他自然、地缘政治、技术和金融灾难周期性地加快了（也许只是暂时的）公众、企业和立法者对风险管理的兴趣。这继续促进了几种风险管理方法的发展。

各个组织确定风险的方法大不相同。其中有些方法——用于评估和减轻不同类型、不同规模的风险——是风险管理史上近期新增的，而且越来越受欢迎。有些方法已经相当成熟，得到业界的高度评价。一些方法采用非常软性的定性评估，另一些则采用严格的定量评估。我们想知道其中哪些方法更好，哪些有着根本性的缺陷。

实际上，关于不同方法的有效性有着非常令人信服的证据，这些证据不仅仅是传闻轶事。正如我们将在本书中看到的那样，这些证据是基于大型对照实验的详细测量结果。关于哪些方法是有效的，一些观点甚至建立在数学依据之上。所有这些都会得到详细探讨，但就目前而言，我将跳过这部分内容直达结论。遗憾的是，结论并不是一个好消息。

我的结论是，大多数得到广泛使用的风险管理方法并不是基于任何经过验证的风险分析理论，也没有真正的科学依据表明它们可以显著改进风险管理决策。在确实存在科学数据的情况下，数据甚至表明这些方法中的许多没有考虑到风险分析中已知的误差来源，或者更糟糕的是，它们还添加了更多误差。

大多数管理人员都不知道评估一种风险管理方法需要注意什么，他们更可能被某种"分析安慰剂效应"（关于这一点将有更多讨论）所愚弄。即使在最好的情况下——即对风险管理方法本身的有效性进行密切跟踪和客观测量——我们也可能在一段时间内无法获得充分的证据。

不过更典型的情况是，风险管理方法本身并没有业绩评测标准，即使在最勤奋、最注重指标的组织中也是如此。这种普遍的能力缺失——即有时难以在行之有效和行之无效的方法之间进行区分——意味着无效的方法可能会广为流传。一旦某些方法被采用，机构惯性就会在标准和称其为"最佳做法"的供应商的协助下将其固化。有时候，它们甚至被编入法律。它们就像潜伏期很长的危险病毒一样在各个公司之间流转，早期没有显露出不良反应，到真正发现的时候为时已晚。

对需要作出关键决策的组织来说，有缺陷但被广泛采用的风险管理方法将不可避免地带来严重后果。我们对风险的评估和管理在很大程度上支撑着一些关键决策，它们不仅关系到企业的财务安全，还关系到整个经济甚至是人员性命。读者可能已经开始看到本章开头第一个问题的答案："你最大的风险正是用无效方法评估风险。"

"共模故障"

2017年对商业航空旅行的安全性而言是不平凡的一年。世界范围内没有任何人因飞机失事死亡。几十年来，航空旅行已经成为最安全的旅行方式。即便如此，2017年的纪录也有一定的运气成分在内，但这种运气不会持续太久。同年，波音737 MAX系列客机推出了一个新型号：737 MAX 8。在首次推出这款机型后的十二个月内，就有超过100架波音737 MAX 8投入使用。

2018年和2019年，波音737 MAX 8发生了两起坠机事故，共造成339人死亡。这表明在航空旅行中仍然很可能发生某种特定类型的故障。尽管在撰写本书时，这两起737 MAX 8坠机事故的细节仍未彻底浮出水面，但看上去这是共模故障的一个例子。换而言之，这两起坠机事故可能与同一原因有关。这是某些工程领域系统风险分析常用的一个术语，意味着几个故障可能有着共同原因。这就像链条上有一个薄弱环节，但这个薄弱环节是多个链条的一部分。

在本书问世的40年前，我与航空旅行的另一个共模故障有着间接联系。1989年7月，我担任艾奥瓦州苏城的陆军预备役部队指挥官。那是我们为期两周的年度训练的第一天，我已经带着一小队支援人员前往威斯康星州的麦考伊堡。其余部队本来要在当天下午出发，比我们晚了五个小时左右。但就在主力部队准备出发参加年度训练之际，我所在部队的其他人员被派去参与当地的一次重大紧急任务。

美联航飞往费城的232号航班因为严重的机械故障而改道飞往苏城小机场。飞机坠毁了，造成111名乘客和机组人员死亡。幸运的是，大量紧急救援人员到场和机组人员高超的飞行技巧使得机上185人得以获救。我所在部队的大多数人在年度训练的第一天忙着从停机坪和附近的玉米地里搜寻死者。

在飞行过程中，DC-10安装在尾部的发动机出现了重大故障，导致快速旋转的涡轮叶片像弹片一样向四周飞出。涡轮机产生的碎片成功切断了其他三个冗余液压系统的管路，使飞机几乎失去控制。虽然通过改变剩余两台翼装发动机的推力，机组人员能够引导飞机朝机场方向飞去，但缺乏尾部控制使其无法正常降落。

航空官员将此次事件称作"十亿分之一"的事件，媒体也重复这种说法。但由于算术错误比十亿分之一要常见得多，所以如果有人告诉你，刚刚发生的事情只有十亿分之一的发生概率，你就应该考虑他们计算错误的可能性。

可能和最近的737 MAX 8坠机事件一样，此次事件也是共模故障的一个例子，因为造成多个故障的是同一个原因。如果三个液压系统的故障是完全独立的，那么DC-10的三个液压系统全都发生故障的可能性极小。但由于三个液压系统的管路都在尾部发动机附近，单一事件就可能导致所有的液压系统受损。共模故障抹杀了冗余带来的裨益。同样，一个软件问题可能会导致多起737坠机事故。

现在想想，如果不是在涡轮叶片检查过程中出现美国国家交通安全委员会（NTSB）所说的"对人为因素的不充分考虑"，那么DC-10涡轮叶片上的裂缝或许会被发现。发生人为错误的可能性是否大于十亿分之一？回答无疑是肯定的。大型复杂软件系统（比如像波音737 MAX 8使用的系统）中的人为错误几乎是不可避免的，需要极其严格的质量管控才能避免。从某种程度上来说，人为错误是系统中更为常见的共模故障。

但共模故障的分级可以更进一步。假设风险管理方法本身存在重大缺陷。如果这样的话，那么无论是液压系统还是软件，设计和检查程序中的问题将很难被发现，并且最终更有可能变成现实。事实上，有缺陷的风险管理是终极共模故障。

假设不仅仅是某家航空公司风险管理存在缺陷，大多数组织亦是如此，那么像"卡特里娜"飓风、2008/2009年金融危机、"深水地平线"漏油事件、福岛核事故，甚至波音737 MAX 8坠机事故等灾难，其后果没有得到充分规划的原因可能仅仅是评估风险的方法有误。通过某些途径成为标准的无效风险管理方法将这种脆弱性传播给它们接触到的一切事物。

风险管理过程本身的失败可能是终极共模故障。薄弱的风险管理方法实际上是组织中最大的风险。

在我撰写本书第一版时发生的金融危机是共模故障的又一个例子，它可以追溯到美国国际集团、雷曼兄弟公司、贝尔斯登等公司以及监管它们的联邦机构的风险管理失败。此前宽松的信贷环境和过高的杠杆头寸再加上经济下行造成了一连串贷款违约事件，令机构间的信贷收紧，然后进一步推动经济下行。政府和企业依靠糟糕的风险管理方法来做决策，而这不仅影响到涉及数十亿或数万亿美元的风险决策，还关乎涉及人类健康和安全的决策。

幸运的是，解决这个问题要付出的代价几乎总是只占风险规模的一小部分。例如，对一个价值过亿美元的大型 IT 投资组合进行更现实的风险评估，费用不会超过 100 万美元——可能还会少得多。遗憾的是，更严谨、更科学的风险管理方法尚未得到普及。一旦涉及重大风险（比如前面列举的那些风险），这对企业利润、经济、公共安全、国家安全和你我而言都是一个大问题。

美国宇航局（NASA）的一位科学家曾经告诉我 NASA 是如何对风险事件做出反应的。如果她开车去上班，途中偏离道路撞上了一棵树，那么 NASA 管理层会开设一门课程，教大家如何避免撞到那棵特定的树。从某种程度上说，这是大多数组织处理风险事件的方式。他们可能会解决造成事故的直接原因，但不会率先考虑最初的风险分析是否出了错，最终导致这类事件的发生。

关键定义：风险管理和一些相关术语

广义的"风险管理"包含很多主题，但这个词的实际使用范围往往要窄得多。这是因为"风险"的使用范围太窄，"管理"的使用范围太窄，或者两者兼而有之。我们还需要讨论其他几个经常出现的关键术语，以及它们如何与风险管理结合在一起，特别是"风险评估""风险分析"和"决策分析"这些术语。

如果你开始寻找风险的定义，你会发现许多措辞最终表达的意思是一样的，也有少数一些存在很大差异的版本。就目前而言，我将绕过一些阐述风险是什么的更深层次的哲学问题（是的，有一些这样的问题，后面会提到），同时避开一些似乎有特殊用途的定义。第 6 章会讨论为什么我提出的定义比其他各种互斥的定义更可取，尽管支持后者的人都认为他们的定义才是"唯一正确"的定义。

现在，我将专注于讨论一个有关"风险"的定义，尽管它与该术语的某些用法相抵触，但它最能代表这个术语公认、数学上行之有效的用法（譬如精算学），以及任何英文字典甚至是普通民众对这个术语的使用。

> **风险的定义**
>
> **长定义**：用不同程度损失及其对应的发生概率来衡量潜在的损失、灾难或其他不良事件。
>
> **短（等效）定义**：坏事发生的可能性。

第二个定义更切中要害，但第一个定义描述了一种量化风险的方法。首先，我们要确定一个不良事件发生的概率。然后我们需要从经济损失、生命损失等角度来确定这个事件导致的损失规模有多大。

不良事件可能涉及方方面面，包括自然灾害、重大产品召回、主要债务人违约、黑客发布敏感的客户数据、围绕着驻外办事处的政局动荡、工伤事故，或者流感疫情大暴发导致供应链中断。它也可能是个人的不幸事件，比如上班途中发生车祸、失业、心脏病发作等。几乎所有可能出问题的事情都是风险。

鉴于风险管理通常适用于组织中的管理流程，所以我对个人风险的关注会少一点。当然，心脏病发作是一项需要评估的重大个人风险，我肯定会努力控制这项风险。不过当我谈论风险管理的失败时（正如本书的标题所指出的那样），我真正关注的并非某个人能否更好地管理个人风险，比如通过减肥来避免心脏病发作等。我更关注的是那些大型组织，它们表面上已经采用某种正规的风险管理方法来制定关键的商业和公共政策决策。

现在，让我们来讨论"风险管理"这个短语的后半部分。和"风险"一样，我发现"管理"一词有多种冗长的定义，但这里有一个定义似乎能代表并兼顾许多优秀的观点。

> **管理的定义**
>
> **长定义**：为实现既定目标而规划、组织、协调、控制与指挥资源。
>
> **较短、更通俗的定义**：动用你手上的资源来获得你所需要的东西。

当我们把"风险"和"管理"放在一起的时候，有一些限定条件虽然应该是极其明显的，但还是值得一提。当然，当一位高管想要管控风险的时候，他或她其实是希望降低风险，或至少确保在谋求更好机遇的同时，风险是可以接受的。由于当下的风险规模及其来源并非一目了然，所以降低风险或使风险最小化的一个重要环节就是弄清楚风险在哪里。与其他所有的管理项目相类似，风险管理也要有效利用有限的资源。

当然，我们必须接受这样一个事实：风险乃是企业所固有的，降低风险仅在一定程度上切实可行。综上所述，这里对"风险管理"有一个定义（同样，其含义与其他研究提出的许多定义并无太大区别）。

风险管理的定义

长定义：识别和分析风险，确定风险的轻重缓急，然后协调、经济地使用资源，以减少、监测和控制不幸事件发生的可能性及/或影响。

短定义：善于把握机会。

风险管理方法表现为多种多样的形式，但其最终目标是在资源有限的情况下，相对于正在谋求的机遇，将公司某些领域的风险降至最低。这方面的一些名称几乎已经成为整个商业领域的专门术语。一种流行（我认为值得称道）的趋势是将"企业"一词放在风险管理的前面，以表明它是企业应对风险的一种综合办法。企业风险管理（ERM）是风险管理中涌现许多新趋势的类别之一。我把ERM称作一种风险管理方案，因为人们所了解的风险管理通常是指这一类。我还会把方案与实际方法区分开来，因为企业风险管理可以用完全不同的方法来实施，可以是软性方法，也可以是定量方法。

以下是一些风险管理方案的示例，它们与管理不同种类的风险有关（请注意：其中一些可以是其他方案的组成部分，同一个方案也可以包含各种不同的方法）：

- 企业风险管理（ERM）
- 项目组合管理（PPM）或项目风险管理（PRM）
- 资产组合管理（如在金融投资中）

- 灾难恢复和业务连续性计划（DR / BCP）
- 治理风险与合规（GRC）
- 紧急情况 / 危机管理程序

我们需要管理的风险类型包括人身安全、产品责任、信息安全、各种形式的保险、投资波动、监管合规、竞争对手的行动、工作场所安全、让供应商或客户分担风险、外国政府的政治风险、自然灾难后的业务恢复，或其他任何可能导致重大损失的不确定性。

如先前的定义所述，风险管理工作包括分析风险和降低风险，以及建立对风险的容忍度并管理进行上述所有活动的资源。风险管理的所有组成部分都很重要，但读者会注意到，本书将花费大量篇幅来评估风险分析的方法。所以，我将在此提供风险分析的长短定义。

风险分析的定义

长定义：详细审查风险的组成部分，包括评估各种不同事件发生的可能性及其最终后果，最终目标是为风险管理工作提供参考。

短定义：确定自己的风险是什么（以便你可以采取一些措施）。

请注意，一些风险管理人员会对风险分析和风险评估加以区分，也有人将它们同义使用。前者往往是因为管理人员认为风险的识别与风险分析是分开的，两者共同构成了风险评估。我个人认为，风险的分析和识别是一个循环往复的过程，两者之间没有明确的界限。也就是说，我们刚开始对风险进行一些识别，但是在分析的时候，我们会识别出更多的风险。所以我可能倾向于互换着使用"分析"和"评估"这两个词。

很显然，如果风险分析方法存在缺陷，那么风险管理肯定会被误导。如果最初的风险分析不是基于有意义的衡量，那么降低风险的方法势必会针对错误的问题。如果风险分析失败了，那么最好的情况是，风险管理工作只是在浪费时间和金钱，因为它最终无法改进决策。在最坏的情况下，错误的结论会把组织引向一条它原本不会走上的更危险的道路。试想一下，在下列情况下，有缺陷的风险管理会对某个组织或公众产生怎样的影响：

- 美国大公司的投资和项目组合审批以及优先次序安排
- 企业和政府面对重大安全威胁（包括网络安全威胁在内）需要采取的保护措施
- 批准价值数十亿美元的政府计划
- 确定何时需要对老旧桥梁或其他基础设施进行额外维护
- 评估病人在医疗保健方面的风险
- 识别疫情引发的供应链风险
- 将药品生产外包给海外的决策

只有在企业、政府计划甚至个人生活遭遇重大灾难之后，这些领域以及其他很多领域的风险才会显现出来。显而易见，对这些风险的错误估量将导致重大问题——在某些情况下问题已然发生。

用于评估这些风险的特定方法可能被吹嘘为"正规、结构化"方法，甚至可能被宣称"已经得到验证"。对各组织进行的调查甚至显示，说风险管理计划"成功"的管理人员比例相当大（关于这一点将有更多说明）。或许他们宣称风险管理方案成功的原因是它有助于"建立共识""沟通风险"或"改变文化"。

由于一些组织所采用的方法实际上并没有以一种数学和科学上合理的方式来评估风险，所以管理层甚至没有依据来确定一种方法是否有效。有时候，管理层或供应商依靠调查来评估风险分析的有效性，但这些调查几乎总是所在组织的自我评估。它们不是独立、客观地去衡量降低风险的努力成功与否。

我把重点放在风险管理的分析环节上，因为如前所述，风险管理必须部分地以风险分析为依据。然后，如何降低风险要根据降低风险的成本以及这方面的预期效果来确定。换句话说，选择如何降低风险也涉及另一层风险分析。

但这绝不意味着我们可以把风险分析与风险管理混为一谈。除了风险分析，我将在本书的后面部分谈到其他一些问题。但应该明确的是，如果风险分析这个环节很薄弱，那么整个风险管理也会因此而失败。如果风险分析出问题了，就是风险管理的首个也是最根本的共模故障。

正如风险分析是风险管理的一个子集一样，在一般决策过程中，风险管理也是决策分析的子集。当人们做决策的时候，风险与机遇并存，决策分析是针对该主题进行的定量分析。倘若有了风险管理却不整合到一般决策过程中，那就像一家商店只卖左手手套，不卖右手手套。

失败意味着什么

现在我们已经给风险管理下了定义，我们还需要讨论一下风险管理失败是什么意思。除了某些个例，风险管理失败可能不是很明显。而这正是问题的一部分。

首先，关于我刚才提到的轶事，我有几点看法。我相信上述坠机事件所涉及的航空公司和飞机制造商可能采用了他们认为是审慎的风险管理方法。我也相信，我所列举的其他灾难涉及的其他许多组织并不总是忽视风险管理工作。当我提到"风险管理失败"时，我指的不仅仅是疏忽大意所导致的结果，譬如说故意不采用可以避免安然公司倒闭的会计控制措施。这不是我在本书中探讨最多的那种失败。我将更多地关注那些诚心希望控制风险、但最后以失败而告终的例子（我假定很多组织都是这样的情况），尽管我们知道事后可能出现的诉讼一定会提出相反的意见。我会侧重于那些认为自己已经采用了有效的风险管理方法，却不知道其实际情况没有得到丝毫改善的组织。

其次，我提到这些轶事的部分原因是为了说明轶事在展现风险管理的成败时具有一定局限性。没有哪个单一事件必然会造成风险管理的失败。连续零灾害的幸运事件也无法证明风险管理是有效的。

在我看来，这跟讨论风险管理的某些方法大相径庭。我听一些人谈起过公司的各种不幸轶事，将其作为风险管理失败的证据。我不得不承认，这些故事往往很吸引人，特别是在局势复杂且后果特别惨重的情况下。但我认为次贷危机、"9·11"恐怖事件、流氓交易员、"卡特里娜"飓风、大型网络攻击或福岛核事故的细节更多的是给人们带来了一种病态好奇心，而不是让人们对风险管理有更深的了解。也许这些故事会让管理人员感到好受一些，因为他们没有（目前为止）犯下如此可怕的错误。

我会继续使用这样的例子，因为这有助于人们理解相关概念。但在衡量风险管理的成败时，我们需要比奇闻轶事更好的评估方法。大多数情况下，轶事在风险管理中只能用来说明一个问题，而不能用来证明一个观点。

因此，当我宣称风险管理失败时，我不一定是基于个别的不幸事件。毕竟，一些没发生灾难的组织有可能只是运气好，他们所做的事情可能和发生灾难的组织没什么实质性区别。当我谈到风险管理失败的时候，至少是出于以下三个原因之一，所有这些都与轶事无关。

1. **风险管理本身的有效性几乎从未得到评测**：风险管理最大的失败是：通常没有可验证的依据来表明所采用的方法能够改善风险评估和降低风险，尤其是那些较软性（同时也更受欢迎）的方法。如果唯一的"证据"是当初倡导该方法的管理人员对成功的主观感知，那么我们没有理由认为这种风险管理方法不会带来负面后果。对于像风险管理这样的关键问题，我们应该要求有积极的证据来证明它是有效的——而不仅仅是接受没有证据证明它是无效的。对任何计划来说，成功的部分要素在于有可衡量的证据来证明它是有效的。对其自身的风险一无所知是风险管理的失败。这也是风险管理常常未能避免的一种可以避免的风险。

2. **某些环节经过评测是失效的**：风险管理的某些环节确实存在实证证据，它们表明这个过程存在一些严重的误差和偏见。鉴于许多风险管理方法都有赖于人的判断，所以我们应该想想那些表明人类如何错误地感知风险以及系统性低估风险的研究。如果这些问题不被发现和纠正，那么它们将使任何哪怕部分基于人类评估的风险管理方法失效。通过主观评分或不严谨地使用历史数据，其他方法也会增加误差。即便某些最严谨的定量方法也无法产生与历史观测结果相吻合的结果。

3. **某些确实有效的环节未被使用**：有些方法在受控的实验室环境和现实世界中都被证明是有效的，但在大多数风险管理过程中却未被使用。这些方法在现实世界中是相当实用的，虽然它们可能更复杂。就风险管理对决策的影响程度而言，我们有充分的理由来使用这些方法。

总而言之，这些失败说明了一个事实，即我们仍未解决涉及风险管理本身的一些不必要风险。现在该以一种有意义的方式来评估风险管理本身，以便我们能够更准确地判断风险管理在哪些方面出了问题，以及要如何纠正。

本书的范围和目标

我写这本书的目的是：（1）接触到尽可能广泛的管理人员和分析师受众；（2）提供足够多的信息，让他们放弃使用无效的风险管理方法，以及（3）让他们开始采用更好的解决方案。

第一个目标——获得广泛的受众——要求我不从某个特定行业的角度出发，狭义地讲述风险管理。我认为许多现有的风险管理书籍都是重要的经典著作，但我发现没有哪一本覆盖面很广、提到各种不同方法的优缺点。有专门为金融分析师和经济学家编写的金融风险分析书籍。有针对工程师和科学家的工程与环境风险分析书籍。还有许多风险管理方法是为软件项目、计算机安全或灾难恢复领域的管理人员准备的。许多书籍在谈到风险管理的时候恍若它们的方法涵盖了各个领域。它们似乎没有意识到彼此的存在。

广泛的受众目标也意味着我不能只写最新的灾难。读者如果拿起2009年本书的第一版，他们可能会认为我所说的风险是指金融风险。如果我是在2011年福岛第一核电站事故或更近期的灾难发生后写下这本书，那么风险的含义可能就会大不相同。但风险不是做选择题，最好的方法并非只针对某一类风险。考虑风险就意味着考虑尚未发生的事件，而不仅仅是去年的新闻。

最后，要吸引广泛的受众，我不能只为一小部分专家再编写一本讲述定量方法的深奥书籍。这方面已经有一些非常优秀的论著，我不打算多做赘言。本书将讨论几个稍具技术性的问题，但篇幅不长，只是为了介绍一些重要概念。因此，我将花费少量篇幅来讨论精算学上发展成熟的方法以及工程学上的质量控制，把更多重点放在涌现许多不同风险管理方法的领域以及最高层次的风险管理（比如ERM）上。

这种仅讨论适量技术问题的策略也能满足后面两个目标（即让管理人员放弃使用无效的方法，并促使他们走上更好的风险管理道路）。本书不会使大多数管理人员掌握更多定量和科学的风险管理方法。我只是想说服他们做出彻底改变，远离他们目前最有可能在使用的方法。

为了实现这些目标，本书其余内容将分成下面几个部分：

- **第一部分：危机概述**：第1章介绍问题本身及其严重性。第2章简要介绍评估风险和缓解风险的多种方法，并讨论了管理人员如何评估自己公司在这些方面的表现。第 3 章探讨了如何评估风险管理方法。第 4 章将展示一个简单的"稻草人"模型，它可以作为开发完全定量模型的基础（在我们对当前的风险管理方法进行漫长且详尽的批评时，这也有助于我们考虑替代方案）。

- **第二部分：失败的原因**：在介绍了有关风险管理的四个基本流派后，我们将讨论不同的风险管理领域在基本术语上的混乱差异。然后，我们将讨论流行方法存在的几个仍未得到解决的主要误差来源。我们将列举一些妨碍人们采用更好方法的谬误。最后，本书的这部分将概括一些即使采用最为量化的方法也依然存在的重大问题。

- **第三部分：如何纠正**：最后一部分将逐一探讨如何纠正前面提到的风险管理方法中存在的误差来源。我们将以第 4 章介绍的基本稻草人模型为基础。我们还将讨论更好的方法背后的基本概念，包括如何考虑概率、如何将科学方法和测量手段引入风险管理。最后我们将讨论一些问题，涉及如何在组织和政府中创造一种风险管理文化，以便推动和鼓励更好的风险管理。

我将在本书网站 www.howtomeasureanything.com/riskmanagement 上为那些需要更多实践范例的读者提供电子表格样本。那些喜欢综观全局的人仍然可以很好地了解问题，不会感到被一些技术细节所拖累；希望获得更多信息的人则可以得到具体的实例计算。该网站还将为所有读者提供一个平台，以了解不断变化的风险、新的想法以及有兴趣就这些问题发表评论的其他专业人士。

> 如需了解本书的详细案例、讨论组和有关风险管理的最新消息，请参阅本书网站 www.howtomeasureanything.com/ riskmanagement。

◆ 注释

1. 我对"安慰剂效应"的使用需要一个限定条件。医学上的安慰剂效应是指患者在接受本应是惰性的治疗后，在主观上和某些情况下客观上可以看到病情有所改善。这纯粹是一种心理效应，但这种改善可能是客观可测的（比如降低血压或胆固醇）。但当我在本书中提到安慰剂效应时，我的意思是除了主观印象中的改善外，客观上没有得到任何改善。

2. Capt. A. C. Haynes, "United 232: Coping with the 'One-in-a-Billion' Loss of All Flight Controls," *Accident Prevention* 48, June 1991.

第 2 章

风险管理现状综述

> 不冒险的人通常每年犯两次大错。敢冒险的人通常每年也犯两次大错。
>
> ——彼得·德鲁克

在我们开始改变任何体系之前,最好先了解一下它的现状,并弄清楚它是如何变成这样的。风险管理是一个非常古老的概念,它在过去几十年里发生了巨大的变化。

任何概念都有其历史包袱,这往往会限制我们当下对这个概念的思考,风险管理也不例外。制度的发展、标准的编纂以及职业的成熟都会导致我们所有人的思维方式受到更多限制。所以在考虑现状之前,让我们先看看我们是如何走到今天这个地步的。

短暂且过于表面的风险管理发展史

可以这样说,组织的风险管理至少在某位国王或酋长第一次决定加固城墙、缔结安全同盟或储存多余的粮食以防饥荒时就存在了。最早期文明的一个特征似乎是缔结多方协议,这是更为正式的风险管理。自古巴比伦以来,贸易商通过下列方式来管理长途运输货物的风险:让买方向卖方提供贷款,只有当货物安全抵达目的地时才会连本带利地偿还贷款。古巴比伦国王汉谟拉比的《汉谟拉比法典》规定,为遭遇强盗或洪灾伤害的人提供一定的赔偿或补偿。巴比伦也是银行业的发源地,放款人从精心挑选债务人开始管理风险。

然而在整个人类历史的大部分时间里,风险管理是一种无人指导的降低风险的行为。人们总是凭直觉来选择为什么样的风险做好准备。自启蒙时代开始以来，风险管理有了很大变化，其不同之处在于采用更系统的方法来评估风险。17世纪概率论和统计学的发展使人们能够对风险进行有意义的量化。但这些数学研究的典型背景是定义明确的机会博弈。这些强大的新工具仅在特定行业中被用于特定场合，即便在这些领域，它们的推广也非常缓慢。

从18世纪到20世纪初，风险的定量评估在保险业和银行业中得到了体现——很大程度上也仅限于保险业和银行业。尽管精算师这个词出现的时间甚至早于概率论，但直到19世纪中叶，精算师才成为一个有资格认证要求的成熟职业，他们使用的方法便被称为精算学。

在那个时期的晚些时候，我们看到定量风险分析被应用于金融市场，或许还有某些处理公共卫生事务的政府机构。但直到20世纪中叶才真正有零售商或制造商考虑采用类似方法来评估企业运营、新产品、市场营销或重大收购活动的风险。出于这个原因，许多企业的管理人员可能把风险管理当做保险的同义词，或仅采取最简单、最明显的预防措施（很多人在今天仍这么做）。比如在安全是风险管理主要动力的领域（航空、采矿等行业），它最多只是一种有效的核对方法。

到20世纪60年代，传统保险业之外的专业人士（即工程师和经济学家）开始采用新方法和新工具。计算机的出现以及利用定量模型生成数千种随机场景的能力使人们可以对不确定的输入进行数学运算。除保险业以外，核电、石油和天然气领域的工程师是最早采用此类方法的人。经济学家更多的是受到博弈论和决策论等数学领域的影响，后者为常见的决策问题（尤其是不确定情景下的决策）提供了数学描述。工程师和经济学家的方法都与概率论的基本思想有关，它们的发展很大程度上与精算学无关。

到20世纪末，人们开始使用第四套独立的方法，作为风险管理的一部分。这些方法和以前由精算师、经济学家或工程师提出的方法几乎没有联系。为追踪新兴风险殚精竭虑的管理人员渴望用一种简单的方法来总结风险状况，而不必采用之前那些更加量化（有时候也更晦涩）的方法。

到20世纪90年代，各大咨询公司推出了被称作"风险矩阵"的常见风险分析工具的早期版本，以及各种定性风险评级或风险评分法。这些方法易于使用且易于交流。在某些情况下，急于采用某种风险分析法的压力会促使人们采用最简单的方法，而不考虑其有效性。一旦某种方法获得了上升势头，审慎的管理人员就会越发倾向于使用其他人都在使用的方法。系统受到的每一次冲击（如自然灾害、经济衰退、恐怖主义、新兴网络安全威胁等）都会鼓励人们更广泛地采用任何一种已经站稳脚跟的简单方法。

企业掀起了一股愈演愈烈的"风险文化"热潮。为了加以澄清，风险评估和风险管理出现了一些所谓的正规方法论。其中一些方法已被纳入颇有影响力的标准体系，如国际标准化组织（ISO）和美国的国家标准技术研究所（NIST）。许多咨询公司在这些方法的基础上开发出更多版本，还有不少公司基于相同的理念创建了量身定制的风险管理方法。

如果说管理人员需要更多激励措施才会实施风险管理，那么新规定为他们提供了额外的推动力。自1988年以来，《巴塞尔协议》I、II和III为银行业风险管理制定了新的国际标准和要求。在美国，2002年的《萨班斯—奥克斯利法案》和2001年布什执政期间通过的《总统管理议程》（PMA）对所有重大政府项目的风险分析提出了全面要求。所有这些法规都要求不同的组织采用风险分析方法，但没有规定太多细节，风险分析通常被解读为较简单的定性方法。欧盟2018年通过的《通用数据保护条例》（GDPR）指出，违反有关公众个人数据规定的公司可能面临巨额罚款。但其对风险评估的要求只有"高风险"等定性描述。《多德—弗兰克华尔街改革和消费者保护法》（2009年）特别要求联邦存款保险委员会（FDIC）使用风险矩阵。

风险评估需求的增长速度远远超过人们对不同解决方案相对表现的认知。最流行的新方法不一定建立在经得起科学和历史检验的早期方法基础上。然而2008/2009年的金融危机向我们揭示，即便金融领域使用的量化风险管理方法也存在不足。

因此，就风险管理的解决方案而言，让我们试着描绘出这个迅速扩张的"狂野西部"。该领域的发展很快，所以这种描述可能很快就会变得不完整。眼下，让我们研究一下现代组织如何进行风险管理、它们使用哪些风险评估法以及哪些降低风险的方法。

组织风险管理现状

在一本十年才出新版的书中讲述任何东西的"现状",似乎是对现实的一种非常低效的描述。但(遗憾的是)该领域缓慢的变化使我们更容易捕捉到风险管理的现状,即使是在这种不经常更新的情况下。

要想了解风险管理的现状,我们可以借鉴我在风险管理领域的关系网提供的案例。我本人在一定程度上也是这样做的。但我们拥有的最好工具是对组织中不同级别的管理层进行结构化调查。我的公司(哈伯德决策研究公司)与咨询公司毕马威(KPMG)的荷兰办事处合作,调查了来自53个国家和地区、涉及众多行业的283个组织与风险专家。这些组织的规模各不相同:84个组织的员工人数不到100人,70个组织的员工人数超过1万人。受访者包括分析师、风险经理、首席执行官以及介于两者之间的许多管理层。我们的重点是调查相关组织以及风险专业人士实际评估和管理风险的细节,以及这些努力的效果如何。

除了这项调查,我还更新了本书第一版中提到的三大咨询机构的调查摘要。我们将观察2007年至2018年期间由经济学人智库(EIU)、怡安全球风险咨询公司和甫瀚咨询进行的一些调查。我还会提供哈伯德决策研究公司进行的另外两项较小调查所得出的一些相关结论,这些调查询问了与风险管理相关的问题。它们分别是:2015年对173位网络安全专家进行的调查;2018年对80位项目经理进行的调查。所有调查均包含来自世界各地组织的答复,涵盖许多行业的小公司、财富500强公司以及大型政府机构。以下是调查结果的摘要:

- **风险管理的增长速度很快,但可能已经有所降温**:2007年怡安的调查显示,50%的受访者声称组织有正规的风险管理职能部门,88%的受访者表示董事会参与风险问题。在一段时间里,风险管理的增长显然很快。怡安2017年的调查显示,如今有66%的受访者声称组织有正规的风险管理职能部门——比2015年略有所下降。

    这些数据与哈伯德决策研究公司/毕马威的调查结果不太一致。后者的调查发现,在目前拥有风险管理职能部门的机构中,65%的机构表示它们自2007年以来就这么做了(该差异可能源于受访者数量的不同）。另外，根据怡安的调查，这些部门员工人数的增长已经趋于平稳。

- **为风险管理提供支持——大多数**：经济学人智库 2017 年的报告显示，上一年只有 21% 的受访者担心风险管理得不到高层管理人员的支持，另外只有 15% 的受访者预计这会成为下一年的问题。但哈伯德决策研究公司／毕马威的调查发现，有更高比例（31%）的受访者认为"高层管理人员没有认识到风险评估的重要性"。

- **风险管理尚未充分发挥影响力**：关于风险管理的影响力，哈伯德决策研究公司／毕马威的调查发现，67% 的受访者表示风险评估被用于在"重大决策"中提供"一些指导"或"重要指导"。而经济学人智库 2017 年的调查发现，只有 47% 的受访者表示风险管理在战略决策中发挥了作用。

当前的风险及其评估方法

怡安、甫瀚咨询和经济学人智库的调查都询问了受访者他们最大的风险是什么。当然，此类调查的结果随时可能发生变化，但这反映了当下的情况。

表 2.1 总结了每项调查得出的前五大风险。三项调查的结果均有所差别，但请注意，怡安和甫瀚咨询的共识要多于它们与经济学人智库之间的共识。这可能是因为经济学人智库特地询问了未来 12 个月的风险，而其他两个组织未指定时间范围。经济学人智库的受访者也许认为，这些风险更多的是指近期风险。

这些风险评级调查已经进行了很多年，在可预见的未来可能还会继续，但我们也应该问问各个组织是如何确定这些风险是他们的主要关注点的。

表2.1　三项调查显示的当前最大风险

甫瀚咨询	怡安	经济学人智库
颠覆性技术	声誉受损	需求疲软
内部抗拒变革	经济放缓	本行业内部市场不稳定
网络威胁	竞争加剧	融资困难
法规变更	法规变更	劳动力问题（熟练工短缺、罢工等）
及时识别风险和风险升级	网络威胁	汇率波动

在这个问题上，三项调查没有提供许多细节。哈伯德决策研究公司/毕马威的调查试图填补这方面的空白。在这些研究的帮助下，我们有了以下发现：

- **受访者大多会说他们的方法是"正规的"**：怡安 2017 年的调查发现，60% 的受访者表示他们已经采用了正规或部分正规的风险管理方法。该比例与公司规模成正比——在收入超过 100 亿美元的公司当中，有 96% 的公司表示他们采用了正规方法。总体而言，约有 70% 的公司声称自己采用了正规或部分正规的方法。

- **正规大多是指"定性方法"而非定量方法**：哈伯德决策研究公司/毕马威的调查发现，这些收入超过 100 亿美元的公司所说的正规方法大多（74%）是指定性评级或评分法，也许是采用定性风险矩阵的某种形式。在收入超过 100 亿美元的公司中，只有 16% 的公司（就所有公司而言，这一比例为 20%）表示他们使用定量方法——也就是说，他们使用工具（比如模拟法和精算师、统计学家或量化风险分析师所熟悉的工具），并根据数学计算和实证方法得出明确的概率。在他们使用的定量方法中，最常见的是蒙特卡洛模拟（85%），其次是对历史数据的统计分析（77%）。贝叶斯统计（56%）或效用论（17%）之类的方法用得更少一些。

- **采用定量方法存在障碍，但并非不可行**：在甫瀚咨询 2007 年的调查中，57% 的受访者表示他们"尽可能充分地"量化风险，这一比例高于 2006 年的 41%。正如我们指出的那样，鉴于在所有公司中只有 20% 左右使用某种形式的概率方法，所以甫瀚咨询调查的大多数受访者似乎不认为这些方法是可行的。事实上，我们的调查发现，42% 的受访者表示采用定量方法的一个障碍是"对这些方法的实用性和有效性存疑"。不过我们的调查显示，那些使用模拟、统计等定量方法的用户来自各行各业，公司规模有大有小。定量方法在某些行业（如金融、保险业等）很常见，不过这些行业之外的用户可以说和定性方法的使用者一样多样化。显然，在对其存疑的行业和领域中，这些方法也有活跃的用户。

上述调查在某些关键点上与我个人的经验相吻合。我看到大多数组织说他们遵循某种正规的方法，其实只是说他们遵循某种既定程序。这个既定程序（即已被认定为有效）是否基于数学和科学上合理的原则则是另一回事（这一点稍后再谈）。根据哈伯德决策研究公司／毕马威的调查，表 2.2 总结了有哪些风险评估方法正在被使用。

表 2.2 中的每个类别都包含许多具体变化。所以让我们来详细研究它们当中的每一个。

表2.2 根据哈伯德决策研究公司/毕马威调查，对所用风险评估方法的总结

方法	使用这些方法的受访者比例
基于某项标准（ISO，NIST等）的风险矩阵	14
内部开发的风险矩阵	27
其他定性评分或评级法	32
概率方法（如基于数学的方法，模拟，统计实证法等）	20
其他所有方法（包括专家直觉，各种审计和检查单法）	7

专家直觉、检查单和审计

在这些方法当中，最基础的是表 2.2 "其他所有方法"类别中的一种——专家直觉。这是风险管理方法的一个基线。它是纯粹的直觉，不受任何类型的结构化评级或评估系统的约束。没有分数、概率、量表，甚至没有标准化类别。这种方法有利有弊。专家确实知道一些东西，特别是如果我们能对各种偏见和常见误差作出调整的话。其他方法必须表现出在直觉方面的显著改进，才能真正为决策提供参考价值（事实上我们会在后文说明，未经辅助的专家直觉并不是最糟糕的方法）。

我们还把各种形式的审计和检查单归入"其他所有方法"类别。它们并不根据实测对风险进行任何结构化优先排序，只是确保你不会忘记一些重要的东西并能系统地寻找问题。你肯定希望你的飞行员和外科医生使用检查单，以防遭遇欺诈或犯错；你也希望对公司的账目进行审计。我在这里提到它们是因为有人可能认为检查单有时候在风险管理上仅发挥评估作用。大多数组织会使用某种审计和检查单，即使它们不属于风险经理可能担心的那些问题。

风险矩阵

最常见的风险评估方法是某种形式的风险矩阵。在哈伯德决策研究公司／

毕马威的调查中，共有41%的受访者说他们使用风险矩阵，其中14%的受访者使用基于某项主要标准（如NIST、ISO、COSO等）的风险矩阵，27%的受访者使用内部开发的风险矩阵。内部开发的风险矩阵在收入超过100亿美元的公司中最为常见，39%的公司表示这是他们使用的方法。

风险矩阵是最简单的风险评估方法之一，这也是它们受欢迎的一个原因。它有时候被称作热图或风险图，能够提供一种视觉化效果，这在与高层管理人员沟通时常被认为是必需的。图2.1是一个使用文字分类和数字评分的风险图示例。

如图2.1所示，风险矩阵是一个二维表格，通常一条轴代表事件发生的可能性，另一条轴代表事件所造成的影响。一般情况下，我们通过文字标签来评估可能性大小以及影响程度。

影响	可能性				
	1	2	3	4	5
	极不可能	不可能	可能	有可能	很有可能
5. 灾难性				G	A
4. 严重			C	B D	
3. 中等				E	F
2. 较小			H		
1. 可忽略不计					

图2.1 这有用吗？使用数字或文字来分级的风险图示例

譬如说，可能性可以划分成可能、不可能、极不可能等不同级别。影响可以划分成中等、严重等不同级别。有时候我们用数字来代表不同的级别，最常见的是划分成1到5级，其中1代表可能性或影响最小的一级，5代表最高级。有时候我们把这些数字相乘，然后得到介于1至25之间的"风险评分"。风险矩阵常被进一步划分为若干区域，代表总风险的等级（高—中—低或红—黄—绿），在这里总风险是可能性和影响的函数。

在很多领域，风险矩阵产生了许多变化。它们可能在所使用的文字标签、数字量表（无论其本身是否量化）和其他方面有所不同。第8章将对此进行更多介绍。

其他定性方法

除风险矩阵外，第二种最常见的风险评估方法是定性方法。其中包括简单地将风险分为高、中、低三档，甚至不像风险矩阵那样首先对可能性和影响进行评估。这些方法还包括更复杂的加权评分法，即使用者对某个环境下的几个风险指标进行评分，将每个指标乘以一个权重，然后把它们相加。举例来说，在安全风险评估中，该方法的使用者可能会根据是否涉及危险物质、高温、重物、行动受限等情况对某项特定任务进行评分。他们对每种情况进行评分（比如 1 到 5 分），然后分别乘以权重。最后得到的结果是一个加权风险评分，以此来划分不同的风险级别（例如，总分 20 分到 30 分为高风险，超过 30 分则是极度危险）。这种方法有时可以参考前面提到的检查单和审计方法来完成。

数学和科学方法

最精明的风险分析师最终都会使用某种形式的概率模型，通过数学计算来得出遭遇各种损失的概率及其严重程度。它是保险业和金融业大部分领域进行风险建模的基础。这种方法有其自身的弊端，但正如牛顿是爱因斯坦的起点一样，它代表了我们不断完善风险管理的最佳机会。它可以像其他方法一样使用主观输入，但也能接受历史数据或实测结果。其包括工程中使用的概率风险分析，以及金融业和保险业使用的量化方法。这意味着用概率分布来量化不确定性。概率分布是一种显示各种可能结果有多大概率的方式。比如说，每年可能有 5% 的概率发生重大数据泄露。一旦发生泄露事件，则有 90% 的可能损失在 100 万美元到 2000 万美元之间。

如先前调查所示，量化方法通常涉及蒙特卡洛模拟。这是在输入本身不确定的情况下进行运算的一种方法，即用概率分布来表示结果。在计算机上运行数千个随机样本，以确定根据输入（譬如说，各种可能的网络攻击及其后果）得到的输出（网络攻击造成的总损失）概率分布。

科学和数学方法还包括各种类型的历史数据统计分析。尽管在风险分析中，数据缺乏有时被认为是一个问题（在哈伯德决策研究公司/毕马威的调查中，16% 的受访者表示这是个问题），但统计方法表明你需要的数据远比你想象中更少。而且，如果我们足够机智的话，你拥有的数据也比你想象中更多。

有几类方法并非严格基于统计法或概率法，但可能会跟数学或科学方法混为一谈，至少它们的支持者是这样认为的。一种是确定性财务分析。所谓确定性是指不确定因素未明确表示为概率。读者可能对这一类方法比较熟悉，电子表格中的传统成本效益分析就是一个例子。所有输入（虽然可能只是估计）均以确切数字来表示，但有时这种方法也会被用在风险分析上。比如说，使用折现率来调整未来的现金流，以反映高风险投资的下限值。人们还可能为各种决策的成本和收益计算最佳情况及最坏情况。

最后一种方法有时会跟风险管理中的数学方法归为一类，这其中包括预期效用论，后者为我们提供了一种利用数学方法在风险和收益之间进行权衡的办法。这些方法加在一起形成了一种比风险分析更为广泛的量化方法：决策分析。正如第 1 章所述，风险分析只是决策分析的一部分。我们将花费更多时间讨论这些方法。

"偏好理论"下的其他方法最初只是作为前面提到的预期效用论的衍生方法而出现。但它们并非是在风险和收益之间进行权衡，而是旨在以数学方式协助人们对多个不同目标进行权衡。名称各异但功效相似的方法包括多属性效用论（MAUT）、多准则决策（MCDM）和层次分析法（AHP）。它们比简单的加权评分法更具数学有效性，但最终依靠的是专家的偏好陈述，而非预测或估计。就层次分析法而言，它使用一种更复杂的方法来确定专家的判断是否至少具有内部一致性。与迄今列出的其他方法一样，这些方法被用在许多决策分析问题上，尽管这些问题可能严格来说不属于风险评估。我们在此涵盖这些方法是因为它们已被用于根据风险来评估决策。

无论选择哪种方法，我们都应该用它来指导具体行动。许多行动涉及的决策关乎是否以及如何通过某种方式来减轻风险。你可能决定投资新的网络安全控制、对供应链进行更严格的控制、使生产流程多样化、增加审计人员数量、要求进行新的培训等。如果这些都是免费的，你会选择全部。如果所有降低风险的方法成本一样、效果一样，那么你可以按照自己的喜好随机选择。但事实并非如此。你面临的风险大于你实际能控制的风险，而各个方案的性价比也有很大不同。所以你必须确定优先次序并做出选择。

如果这些方法只是用于评估接待区的企业艺术或在哪里举行公司野餐，那么进行评估的紧迫性就不会那么高。但正如我已经指出的那样，这些方法被用于评估企业和政府机构的许多最大、最冒险的决策。幸运的是，其中一些方法经过修正，得出的办法可以使专家直觉的基准情况获得显著改善。但有些方法非但没有改善专家直觉，反而明显增加了专家直觉的误差。在这个问题没有得到解决之前，要想改进风险管理是不可能的。

◆ 注释

1. "Fall Guys: Risk Management in the Front Line," Economist Intelligence Unit, 2010, https://advisory.kpmg.us/content/dam/advisory/en/pdfs/risk-assurance/risk-management-front-line.pdf; "Best Practice in Risk Manage-ment: A Function Comes of Age," Economist Intelligence Unit, 2007, http:// graphics.eiu.com/files/ad_pdfs/eiu_Risk_Management.pdf.

2. "Global Risk Management Survey 2017," Aon Corporation, 2017; "Global Enterprise Risk Management Survey," Aon Corporation, 2010; "Global Risk Management Survey 2007," Aon Corporation, 2007, https://www.aon.com/getmedia/d95563c6-a3b8-4ff1-bb45-0ed511c78f72/2017-Global-Risk-Management-Survey-Report-rev-120318.aspx.

3. "Executive Perspectives on Top Risks for 2018," Protiviti & NC State Poole College of Management, 2018; "2007 U.S. Risk Barometer: Survey of C-Level Executives with the Nation's Largest Companies," Protiviti, 2007, https:// www.protiviti.com/sites/default/files/united_states/insights/nc-state-protiviti-survey-top-risks-2018.pdf.

第 3 章

我们如何知道哪些方法有效

> 领导者应该位居前线，挺身而出，抬高标准以检视自己，同时欢迎其他人的检视。
>
> ——联邦快递首席执行官弗雷德里克·史密斯
>
> 首要原则是切勿自欺欺人，而你是最容易被骗的人。
>
> ——诺贝尔物理学奖得主理查德·费曼诺

据一些风险管理调查显示，组织往往对其自身的风险评估和风险管理方法感到满意。例如，大型咨询公司德勤 2012 年的一项调查发现，72% 的组织自认为在风险管理方面"极其有效"或"非常有效"（略高于 2010 年的 66%）。换句话说，大多数组织认为他们的风险管理是有效的。但正如费曼诺所说，我们很容易被骗。

一个更难回答的问题是："有什么证据可以证明它是有效的？"对于此前没有想过这个问题的公司来说，这应该是眼下的当务之急。如果公司无法回答这一问题，那么就没有理由认为它的风险管理努力正在奏效，或者能够针对正确的风险。评判标准必须是一些可以由组织内其他利益相关者或外部审计人员核实的客观标准。

大多数公司（据哈伯德决策研究公司 / 毕马威的调查显示，这一比例达到 69%）甚至没有尝试衡量风险管理是否有效。在那些说他们确实这么做的公司当中，大多数（63%）只是对员工进行问卷调查，提出诸如"你对风险管理的有效性作何评价？"之类的问题。也许现在仍不明显，但有些方法可以客观地衡量风险管理，即使这样的做法并不常见。

本章将介绍我们在衡量风险管理时遇到的困难以及克服这些困难的一些解决办法。但首先，为了强调评估风险管理的重要性，让我们来看一个涉及许多人健康和安全的例子。

轶事：药品生产外包的风险

2007年，我应邀在消费者保健用品协会（一个制药行业协会）组织的一次会议上发言。活动组织者对我就常见风险管理方法的不同看法特别感兴趣。主题演讲结束后，活动组织者要求我参加另一场会议并向听众提供我的意见。该会议讨论药品生产外包的一种新型风险管理方法。他们认为，如果我能对这种新方法进行现场评估，进而展开讨论，那会很有意思。

评估外包风险显然是此次会议的一个主题，会场上座无虚席。主讲人是一位非常受人尊敬的化学工程师，他开始描述基于主观加权评分的风险评估方法。这种方法对多个"风险指标"进行评分，各项指标的得分为1到5分。

事实上，一种更为复杂的方法常被用于评估制药行业的不同风险。快速闸门分析（它也有多种名称，如相位门分析或分层把关分析）被用于确定开发某个新产品的备选方案是否应该从配方推进到动物试验，再从动物试验推进到人体试验，直到最后公司决定是否将其推向市场。许多制药公司在快速闸门分析的每个阶段都使用经过验证的统计方法。

主讲人和听众都认为，他们所描述的加权评分法是接近行业"最佳做法"的方案。当我问起时，会场中没有人声称自己拥有更好的办法。大多数人对此问题根本没有进行风险分析。

幸运的是，对于提出风险管理解决方案的公司来说，它还没有看到不健全的风险分析可能造成的最坏情况。但如果整个行业在处理外包问题时要么采用不科学的风险分析方法，要么根本就没有风险分析，那么最坏的情况是无法避免的。

对于制药行业或其他行业使用的任何风险管理方法，我们必须再次询问："我们怎么知道它是有效的？"若不能回答这个问题，那么我们最重要的风险管理策略应该是想办法来回答它，并采用行之有效的风险评估和风险缓解方法。

为什么很难知道哪些方法是有效的

我们应该对任何决策方法（不仅仅是在风险管理方面）的有效性持怀疑态度，原因之一是我们容易受某种"分析安慰剂"的影响。

你可能了解制药行业是如何使用安慰剂的。为了测试一种新药的有效性，他们不会单单询问患者或者医生是否觉得新药有效。为了确定新药真的有效，服用真药的病人必须比服用安慰剂（可能是糖丸）的病人病情有显著改善。就连医生也不知道哪些病人使用了安慰剂，这样他们的诊断就不会有偏见。

分析安慰剂会让人产生一种错觉，认为某种分析方法改进了决策和估计，即使它并没有产生任何帮助。安慰剂意味着"取悦"。毋庸置疑，在风险管理中，仅仅是结构和形式上的表象就会让一些人感到高兴。实际上，在风险管理中用安慰剂进行类比有些过于简单。在医学研究中，安慰剂除了让人产生病情有所改善的错觉外，实际上还能产生积极的生理效应。但当我们在风险管理中使用这个词时，我们的意思是除了决策有所改进的错觉外，并没有其他裨益。不同领域进行的几项研究表明，我们每个人都可能受分析安慰剂的影响：

- **体育赛事预测**：芝加哥大学 2008 年的一项调查追踪了参与者对体育赛事结果的预测。这些参与者在未被告知队伍或队员名称的情况下获得了有关参赛队伍的各类信息。当粉丝们在给定的比赛中获得更多有关参赛队伍的信息时，他们就更加确信自己选中的是获胜者，虽然无论他们获得多少信息，其选中获胜者的概率几乎是不变的。在另一项研究中，体育迷们被要求与他人进行合作以改善预测。同样，合作后他们的信心上升了，但对实际结果其实并无影响。事实上，他们甚至很少改变参与讨论前的看法。合作的净效果是对参与者已经决定的事情进行进一步确认。
- **心理诊断**：另一项研究表明，临床心理学家可以通过收集更多有关病人的信息，在诊断和预估各种危险行为时变得更有信心，尽管其预判与病人实际行为之间的偏差并没有得到改善。
- **投资**：麻省理工学院的心理学研究人员保罗·安德烈亚森在 20 世纪 80 年代做了几次实验。实验结果表明，在投资组合中收集更多关于股票的信息可以提高人们的信心，但这对投资组合的收益却没有任何改善。在一项研究中，他展示了人们倾向于对新闻做出过度反应并认为额外的信息具有参考价值，尽管平均而言，这些行为并没有改善收益。

- **冷知识估计**：另一项调查合作裨益的研究要求受试者从一本年鉴中估计冷知识。它考虑了多种形式的互动，包括德尔菲法、自由形式讨论和其他合作方法。虽然这种互动并没有改善个体估计的平均值，但受访者确实对结果感到更满意。
- **测谎**：1999年的一项研究调查了受试者在受控测试中侦测谎言的能力，其涉及对"嫌疑人"进行视频模拟审讯。犯罪嫌疑人是演员，研究人员要求他们在伪装犯罪中隐瞒某些事实，以制造被发现的真实紧张感。观看录像的一些受试者接受了测谎培训，另一些则没有。接受过培训的受试者对自己的测谎判断更有信心，尽管他们在侦破谎言方面比未受过培训的受试者表现更差。

这些只是许多类似研究中的一部分。这些研究表明，培训、信息收集与合作可以提高我们的自信心，但不能改善实际表现。我们没有理由认为，在许多不同领域观察到的基础心理学不适用于企业或政府的风险管理。某些领域存在安慰剂这个事实意味着其他领域也可能存在安慰剂，除非数据显示情况并非如此。

在危机管理中，如果我们更容易吸取经验教训，那么安慰剂的作用可能不会那么持久。然而在任何环境下，学习都不是一个必然因素。两位多产的心理学家——丹尼尔·卡尼曼和加里·克莱因——曾写过一篇文章，讲述如何吸取经验教训。

卡尼曼和克莱因对专家如何做出判断持有相反的观点。克莱因属于"自然决策"派，认为消防等领域的专家在复杂局势下有着惊人的直觉判断。卡尼曼则是"启发式和偏见"研究的代表人物，侧重于分析人类判断中呈现的各种错误。他们联袂写了一篇论文，试图比较这些明显相互抵触的观点。但他们发现，两人在一些重要方面并无分歧，所以他们决定将论文命名为《专家直觉的条件：分歧失败》。

两人发现，他们一致认为在任何领域培养专家直觉都不是经验的自然结果。专家们需要"高有效性"的反馈，才能从估计和决策结果中吸取经验。我们的反馈应该是持续（我们大部分时间都能得到反馈，即使不是全部）、快速（我们不需要等待很长时间）和明确的。

风险管理无法提供卡尼曼和克莱因认为我们所需要的那种持续、快速和明确的反馈来作为学习的基础。风险管理人员在做出估计、决策或建议时，在一段时间内甚至不知道效果如何。如果在实施新政策后风险下降了，你怎么才能知道这是新政策起的作用？需要多长时间才能确认结果与所采取的行动有关？你如何确定这个结果不光是靠运气？

在评估各种风险管理方法的表现时，我们不会依靠任何专家的陈述，无论他或她具有多高的知识水平或声望。因此，即使投身量化管理咨询生涯长达30年，我在风险管理的经验方面已经有了一些可信度，但我不会依靠自己的权威来断定哪些方法有效、哪些方法无效。相反，我将求助基于大型实验的已发表研究。书中提到的任何来自"思想领袖"的轶事或引语仅用于说明观点，不用于证明观点。

我认为只有坚持理性和证据才能得出关于现实的可靠结论，这一点是毋庸置疑的。最好的证据来源是大量随机样本、临床试验、无偏见的历史数据等。然后我们应使用适当的数学方法对数据进行评估，再进行推断。

对自我评估的评估

风险分析可能存在安慰剂效应、在风险管理中仅靠经验学习难度较大，以及风险管理普遍缺乏客观的业绩衡量标准，这些因素意味着我们应该对这一领域的自我评估保持警惕。我们应该牢记上文提到的丹尼尔·卡尼曼和加里·克莱因论文的一个特别声明：

> 据说真正的专家知道他们什么时候不知道。但非专家（无论他们是否认为自己是专家）肯定不知道他们什么时候不知道。所以主观信心不是评判直觉判断和决策有效性的一个可靠指标。（第524页）

风险管理人员也是人。我们大多数人对自己的评价至少会有少许膨胀，这样的趋势一点都不奇怪（朋友和家人都会证实我也不例外）。例如，87%的斯坦福大学 MBA 学生认为自己的学习成绩在全班可排在前 50%。其他调查显示，大多数人认为自己至少比 50% 的人更受欢迎、更好看、更健康和更会开车。

这些都是邓宁—克鲁格效应的例子，即某一领域最无能的人往往对自己的能力最过于自信。我最早在本书的第一版中提到这一现象，但从那以后，该现象得到了更广泛的认可（可能有些过度使用）。这一理论来自康奈尔大学心理学家贾斯汀·克鲁格和戴维·邓宁。两人在一篇标题刺眼的文章中发表了他们在自我评估领域的研究，文章题为《无能和无知：对自身无能的认知困难导致自我评价膨胀》。他们的研究显示，大约三分之二的人认为自己在逻辑推理能力、幽默感和语法方面比大多数人更强。虽然我刚才提到的后面几项研究并不是专注于管理，但如果你认为 C 级管理层和受过培训的商务专家更现实、更有理由保持自信的话，等你读完这本书的第二部分再说吧。

我们没有理由认为当自我评估风险管理时可以避免同样的问题。正如我们在调查中看到的那样，人们很少对风险管理的有效性进行评估。在缺乏客观衡量标准的情况下，考虑到分析安慰剂的影响、卡尼曼和克莱因描述的低有效性问题以及邓宁—克鲁格效应，对风险管理的有效性进行自我评估是不可靠的。

有一句古老的管理格言说："你不能管理你无法衡量的东西。"（这句话常被误认为是 W.E. 戴明说的，但其实是一个不证自明的原理。）管理学大师彼得·德鲁克认为评估是"管理者工作中的第四基本要素"。鉴于风险管理的主要目标——降低风险或使特定机遇的风险最小化——肉眼看来可能不是很明显，所以我们只有仔细评估才能发现。各组织只有对风险管理进行评估，才有理由相信自己在风险管理方面"非常有效"。

来自甫瀚咨询和怡安（第 2 章中进行调查的两家公司）的风险管理专业人士也对调查中各组织的自我评估表示怀疑。甫瀚咨询董事总经理吉姆·德洛克表示："声称自己在风险管理方面'非常有效'的组织数量远远高于我们的预期。"回忆一下，在甫瀚咨询的调查中，57% 的受访者表示他们"尽可能充分地"量化风险（在风险管理方面评价自己"非常有效"的受访者比例更高，达到 63%）。然而这并不是德鲁克在考察各个组织的风险管理时亲身观察到的情况："我们的经验是，大多数公司并未量化风险。我很难相信他们像报告中所说的那样对风险进行量化分析。"

作为精算师、北美产险精算学会会员、曾任怡安全球风险咨询公司董事的克里斯托弗·(基普)·博恩同样对调查显示的风险管理量化方法的使用情况持谨慎态度。博恩表示："对大多数组织来说，最先进的做法是进行定性分析。他们进行调查和召开研讨会，然后得出一份风险清单。他们从可能性和后果两方面考虑，开发一个评级系统，每个指标用比如 1 到 5 的分数来评估。"在博恩这样的精算师看来，这并非风险的量化分析。

从我自己的经验出发，我也更赞同德鲁克和博恩的意见，而非自我评估调查得出的结果。我认为哈伯德决策研究公司 / 毕马威调查显示的结果可能是使用量化方法的一个上限。每当我向一大群管理人员发表有关风险管理的演讲时，我都会要求那些采用明确的风险管理方法的人举手。举手的人很多，平均下来可能有一半。然后我要求那些对风险进行评估的人继续举手，很多人放下了手。接下来，我要求那些在评估风险时使用概率的人继续举手（请注意，考虑到我们所说的风险定义，这一点非常重要）。更多人放下了手，也许还有一两个人仍举着手。然后我说，如果他们认为自己对风险事件概率和损失的评估是基于统计分析或精算学使用的方法，那么请继续举手。在那之后，所有人都放下了手。这不意味着我提出的方法不实用。我经常用这些方法来解决各种问题（后面我会更详细地讨论认为这种方法不实用的错误观点）。

当然，一些管理人员认为我提出的评估风险管理的标准有些不公平，他们仍然认为自己的风险管理计划是成功的。当问到他们有什么具体证据来证明其成功时，我发现他们会对自己目前使用的风险管理方法提出一系列有趣的辩解。然而在这些辩解理由中，有很多东西并不构成证明某种方法有效的证据。我有理由相信这些辩解相当常见，不仅是因为我经常听到这样的辩解，还因为在怡安、《经济学人》和甫瀚咨询的调查中，许多辩解理由被援引为风险管理的好处。

以下是一些常见但无效的主张，它们被当成证明风险管理成功的证据：

- 当被问及时，风险管理人员会说参与这一流程的其他利益相关者声称该努力是成功的。他们甚至可能进行了正式的内部调查。但正如先前的研究所示,自我评估是不可靠的。此外,如果不对风险管理进行独立、客观的评估,那么任何成功的感觉可能只是一种安慰剂效应。也就是说,他们可能认为自己的处境有所改善,仅仅是因为他们认为自己正在为此做些什么。

- 某些方法的支持者会指出,这种方法是"结构化的"。有很多结构化的方法最终被证明是行不通的(比如说,占星术就是结构化的方法)。
- "企业文化改变"常被认为是风险管理的一个主要好处。就其本身而言,这并不是风险管理的目标——尽管一些风险管理调查显示,风险管理人员认为这是风险管理工作的主要好处之一。但这种变化重要吗?如果企业文化改变不会真正导致风险降低或明显改善决策,这重要吗?
- 支持者会说,这种方法"有助于建立共识"。这是一种奇怪的常见反应,仿佛取得共识本身就是风险管理的目标,而不是更好地分析和管理风险。如果某种方法让人建立共识、走上一条彻底灾难性的道路,那么它只会导致该组织更快地走上错误的道路。
- 支持者声称,该方法的基本理论已在数学上得到证明。我发现在大多数情况下,当人们使用这种说法时,讲话的人其实无法给出或解释数学上的证据,也说不出这是他或她从哪里听来的。在许多情况下,这似乎是人们不加质疑、口口相传的说法。即使该方法基于某个得到广泛认可的理论,比如期权理论(该理论的发明者于1997年获得诺贝尔奖)或现代资产组合理论(1990年获得诺贝尔奖),数学上合理的方法被误用也是很常见的(那些著名的方法本身也存在所有风险管理人员都该知道的一些重要缺点)。
- 某种方法的提供者声称,其他组织也购买了该方法、然后得出上文提到的某个或多个结论,这证明了该方法有效。我把它称作"推荐证据"。但如果之前的用户在评估该方法时用到的标准不比我们前面提到的更好,那么这样的推荐并不能证明其有效性。
- 最后也是最让人绝望的辩解是声称:"至少我们在做点儿什么"。我经常听到这样的说法,这让我感到吃惊,仿佛讲话的人毫不在乎"做点儿什么"到底是让事情变得更好还是更坏。想象一下,某位病人抱怨耳痛,医生无法解决这个问题，于是开始锯掉病人的脚。医生为自己辩解说："至少我在做点儿什么。"

除某些例外情况（例如保险、某些财务管理领域）外，风险管理不是一个具有标准化认证要求的专业，其最初使用的方法也没有经过严格的科学测试或数学证明。所以我们不能肯定第 2 章调查的每个受试者是否真的使用有效的标准来评估他或她的成功。但即使风险管理人员具备某种统一的专业化认证，对他们进行调查仍不是评估风险管理效果的一个有效办法。这就好比通过调查家庭医生、而非进行临床试验来评估阿司匹林的有效性。我们要做的是对风险管理成功与否进行客观的评估。

对风险管理进行潜在的客观评估

如果自我评估还不够，那么可以采取哪些客观措施来评估风险管理？从根本上讲，风险管理的客观评估标准应该基于是否降低了风险、降低了多少风险，或者对给定的回报而言风险是否可以接受。为此，风险管理方法应当具备适当评估风险的方法。要评估风险管理的有效性，我们必须评估风险本身。

我们在第 1 章里讲到，风险可以用事件发生的概率及后果的严重程度来衡量。如果我们能在较长时期内观察某个事件，那么我们就可以说出该事件发生的频率和可能造成的影响。如果一家大型零售商试图降低因入店行窃而造成损失的风险（此类事件每家商店每个月可能发生一百次以上），那么在改进安保措施之前进行一次盘点，一个月后再进行一次盘点，就足以发现变化。但风险管理人员通常不会担心诸如入店行窃之类的高频率和低损失事件。

对塔吉特百货或沃尔玛这样的零售商来说，偷窃应该很常见，以至于它更多的是一种完全预料得到的成本，而非风险。同样，60 瓦白炽灯泡缺货或某件商品标错了价格等"风险"通常不是风险管理人员心目中最重要的风险。最大的风险往往是那些比较罕见、但可能造成灾难性后果的事件——甚至可能是该组织从未遇到过的事件。

如果它是一个罕见事件（比如组织希望建模的许多更严重的风险），那么我们需要很长时间来观察事件发生的频率及其可能造成的影响——假定我们能在观察到足够多的事件后幸存下来。譬如说，假设零售商的 IT 部门采取一项重大举措，使销售点和库存管理系统变得更加可靠。如果这些系统宕机一小时或更长时间的概率从每年 10% 降低到每年 5%，那么光看第一年的表现如何确认这一点？如果他们真的碰巧遇到一次，并且该事件造成的损失约为 500 万美元，我们如何用它来估计可能的损失范围？

幸运的是，有一些方法可以确定风险管理的有效性，而不需要我们坐等事件发生（这正是你试图避免的事情）再来评估风险。

以下是六种潜在的评估方法，即使你要管理的风险很罕见，它们也应该有效：

- 大型实验
- 因果关系直接证据
- 组成环节测试
- 格式错误
- 完整性检查
- 对正确的问题作答

大型实验

评估风险管理有效性的最具说服力——同时也是最艰难——的方法是对数十个乃至数百个组织进行长期的大规模实验。这仍然很耗时（比如等待风险事件在你自己的组织中发生），但它的优势是能在正式研究中观察数量更多的公司。举例来说，如果风险管理的目的是降低发生某些事件的风险，而这些事件非常罕见，单凭实际结果不足以得出结论，那么我们就不能只用一个组织的短期经历。即使改进后的风险管理对降低各种风险导致的损失有显著效果，也可能需要大量样本才能确信风险管理是有效的。

当然，为了测试不同的风险管理方法而让消费者接受对健康有潜在危险影响的实验似乎是不道德的（参与药品试验的患者至少是自愿的）。但如果你能进行类似于刚才所说的研究，结果将是一个很好的证据，表明一种风险管理方法比另一种要好得多。如果我们计算一下（我在后面会进行介绍，也会在网站上展示一个案例 www.howtomeasureanything.com/riskmanagement），我们会发现如果事件发生的概率没有不同，这个结果不太可能是纯偶然的。两组都有经历过不幸事件的公司，也有没经历过不幸事件的公司，所以我们只能通过观察所有公司经历的汇总来推断这些风险管理方法的表现。

虽然上面所说的这项研究可能是不道德的，但现实中也有一些类似的大型研究案例，它们旨在调查企业行为。举例来说，2003 年 7 月《哈佛商业评论》发表了一项研究结果，涉及 160 个组织，目的是评估 200 多种流行管理工具（如 TQM，ERP 等）的有效性。然后，调查对各种管理工具的使用程度进行外部评测，将其与 5 年内的股东回报进行比较。在一篇题为《什么是真正有效的方法》的文章中，研究人员惊讶地得出结论："我们调查的大多数管理工具和技巧与出色的业绩表现并无直接因果关系"。如果你的组织即将对这些方法中的某一种进行重大投资，那么了解这一点很有帮助。

另一项研究基于较早期但更加相关的数据，探讨保险公司使用的不同风险管理方法。它对 19 世纪中期英国保险公司的业绩进行了详细分析，当时精算学刚刚兴起。在 1844 年到 1853 年间，保险公司成立和倒闭的速度更像现在的硅谷，而非保险业。在此期间成立了 149 家保险公司，之后只有 59 家公司幸存下来。研究发现，使用统计方法的保险公司更有可能继续存活下去（此研究稍后再讨论）。最初被视为具有竞争优势的精算法后来成了业界标准。

同样，这也是评估风险管理方法的一种较为困难的办法。对组织而言，最好的办法是依靠他人进行的研究，而非自己进行研究——前提是他们能找到相关研究。或者像保险业的研究那样，数据都是历史数据，只要你愿意就能把所有数据都挖出来。幸运的是，我们还有其他评估方法。

因果关系直接证据

当然，至少对单个公司来说，自己进行大型实验通常不太现实。幸运的是，我们还有其他方法来回答这个问题，不一定要自己进行大规模受控实验。例如，在某些情况下风险管理方法发现了显然会演变成灾难的事件（比如说在手提箱里发现一枚炸弹），原因仅仅是因为它使用了一种新型塑料炸药嗅探装置。另一个例子是通过 IT 安全审计发现了一起精心策划的资金挪用事件。在这些案例中，我们知道如果没有特定的工具或程序就极不可能发现并解决这些风险。同样，如果采取一些审慎的风险管理措施，有些灾难性事件显然是可以避免的。例如，如果一家银行的坏账风险过高，而合理的程序绝不会允许如此高的风险，那么我们可以颇具信心地将问题归咎于风险管理程序（或这种程序的缺失）。

但因果关系直接证据并不像乍看起来那样简单。有时候，风险管理工作在避开一种风险的同时似乎又加剧了另一种较难发现的风险。

譬如说，美国联邦航空局目前允许带2岁以下儿童出行的父母仅购买一张成人票，让孩子坐在大人膝盖上。假设联邦航空局正在考虑要求父母为每个孩子购买座位，无论其年龄大小。如果我们看到在一场事故中每个分开坐的幼儿都活了下来，那是不是证明新政策降低了风险？实际上并没有——即使我们假设这些孩子显然因为新规定而活了下来。美国联邦航空局已经完成的一项研究发现，更改"膝上儿童可免票"的规则将使出行家庭的机票总费用平均增加185美元，从而导致五分之一的家庭改成开车出行而不是坐飞机出行。如果考虑到开车会带来更高的旅行死亡率，事实证明改变这一规定会造成更多人死亡，而非挽救更多人的生命。所以我们仍需对照其他一些有关整体风险的独立评估，以审查即便存在明显因果关系的案例。这种方法的危险在于：即使因果关系很明显，它也可能只是轶事证据。关于风险管理方法是否有效，我们仍需要用其他方法来验证这一结论。

组成环节测试

在缺乏大型受控实验或明显的因果关系的情况下，我们仍有办法评估风险管理方法的有效性。组成环节测试着眼于风险管理的"齿轮"，而非整机。如果整个方法没有经过科学测试，我们至少可以看看该方法的具体组成部分在受控实验下的表现。即使数据来自不同的行业或实验室环境，从几个来源得到的一致结论应该给我们提供有关该问题的一些信息。

实际上，一些大型风险管理方法中的许多单独组成环节都经过了详尽测试。在一些情况下，测试结果可表明某个组成环节给风险评估增加了误差，或至少是没有提供任何改进。我们还可以证明，其他组成环节拥有强大的理论支持，并且用客观、科学的方法进行了反复测试。

下面是一些现有的组成环节级别研究的示例：

- **综合数据**：风险管理的一个关键组成部分是我们如何综合历史经验。在依靠专家来综合数据和得出结论的情况下，我们应该研究专家意见与统计模型的相对表现。
- **已知的人为误差和偏见**：如果我们依靠专家意见来评估概率，我们应该回顾一下探讨专家在评估事件可能性方面的表现、其不一致程度和常见偏见的研究。我们应考虑调查隐藏或明确的激励因素以及无关因素对专家判断有何影响。我们应该知道如何通过解决这些问题来改进风险估计。
- **估算汇总**：在许多情况下，我们将要求几位专家进行估算，并以某种方式汇总他们的估算。我们应考虑研究各种不同的专家汇总方法的相对表现。
- **定性量表的行为研究**：如果我们依赖各种评分法或评级法（例如，用 1 到 5 分或高 / 中 / 低来评估某项指标），那么我们应该考虑探讨说明这些方法的实际使用情况以及量表的主观特征对其使用有何影响的实证研究结果。
- **分解**：我们可以研究如何将问题分解成若干部分、然后逐一评估这些部分的不确定性，通过这种办法来改进估算。
- **量化模型的误差**：如果我们使用的是更加量化的模型和计算机模拟，则应当了解此类模型中最常见的已知误差。我们还需检查模型中的数据来源是否基于已被证明能做出现实预测的方法。

如果我们使用 AHP、MAUT 等模型或类似的决策分析系统来进行风险评估，它们应满足同样的标准，即有可衡量的记录显示其曾做出可靠预测。我们还应该意识到某些方法会带来一些已知的数学缺陷，这些缺陷有时会使结果无意义。

格式错误

彻头彻尾的数学错误应该是一个方法不合格的最明显证据，在某些情况下我们会发现这种错误。这不仅仅是简化假设或使用快捷经验法则的问题。只要有任何经验证据表明它们是有用的，那些方法都能提供帮助。但在我们偏离数学计算的时候，经验证据就显得更为重要了。如果与完全有效的数学解决方案相比，偏离已知的数学方法在简单性方面（这通常是走数学捷径的一个主要原因）没有提供任何裨益的话，情况更是如此。

在某些情况下，数学上不规范的方法实际上可能导致危险的错误决策。例如，我们不该像许多风险评估方法那样，对顺序量表进行加法和乘法运算。稍后我们将展示一些正式分析，说明这些程序如何导致错误的结论。

完整性检查

即使我们使用最好的方法，如果我们在识别风险方面存在缺失，就无法把这些方法应用于风险管理。如果一家公司把风险管理看做是"企业风险管理"，那么它就应该考虑到企业的所有重大风险——不仅仅是法律风险、投资组合风险、产品责任风险、工人安全风险、业务连续性风险、安全风险，等等。但这一标准并不意味着只有识别出所有可能的风险，风险管理才能成功。即使是最谨慎的组织也会遗漏一些没人能想得到的风险。

不过某些组织的风险管理将一些广为人知的风险排除在外，仅仅是因为它会涉及整个组织，或者跟风险管理人员的从业背景有关。如果公司的风险管理仅从法律或安全角度来看待风险，那么它会系统地忽略许多重大风险。你根本无法管理一种完全不在雷达预警上的风险。

前面提到的调查和许多"正规方法论"都制定了详细的风险分类法以供参考，每种分类法各不相同。但风险管理的完整性是一个程度问题。使用详细的分类法能够提供帮助，但并不能保证相关风险都被识别。

更重要的是，我们不能仅因为描述风险用的是完全不同的语言，就把风险排除在外。例如在谈论风险时，我们不必对网络风险、金融投资组合风险、安全风险和项目风险使用完全不同的术语。如果项目风险为 42 分、网络风险为黄色、安全风险为中等、投资组合风险的夏普比率为 1.1、新产品有 5% 的概率不能实现收支平衡，那么总风险是多少？我们可以并且也应该使用同一类评判标准，这样才能全面考虑整个企业的风险。

风险管理人员应始终认为，其考虑的风险清单无论范围多广，终究是不完整的。我们能做的是从多个角度持续评估风险，并将其与一套通用指标进行比较来提高完整度。在第三部分中，我们将讨论制定分类法时需要考虑的一些角度，希望它们能帮助读者思考以前没有考虑到的风险。

对正确的问题作答

对风险管理方法进行首个也是最简单的测试是确定它是否回答了下列相关问题："我们在哪些地方降低了风险，降低了多少风险，成本是多少？"能明确和具体地回答这些问题的方法通过了此次测试。如果某种方法不能回答这些问题，则该方法没有通过测试——事实上有许多方法都未能通过测试。

例如，仅提供一份公司十大风险的清单或者将风险分为高、中、低三档并不能解决问题。当然，对任何风险管理方法来说，这是一个必要的早期步骤。我有时候听人说这样的方法是有用的，因为它有助于启动对话。是的，这可能有用，但如果仅止于此的话，它仍留下大量亟待完成的繁重工作。

这就好比一家建筑公司提供了新建筑物的重要特征列表，如"大型会议室""带喷泉的漂亮开放式入口"，然后没有制订详细计划就抽身离去，更不用说实际建造这栋建筑物了。这样的清单是一个起点，但远非可用的计划，更勿论详细的蓝图或成品建筑了。

相关风险管理应以风险评估为基础，最终落实到明确的决策建议上。一个组织是该花 200 万美元将其第二大风险 x 减少一半，还是花同样多的钱消除不在前五大风险之列的三种风险？理想情况下，风险缓释可被评估为一种"缓释回报率（return on mitigation）"，以便我们可以确定代价各异的不同缓释策略的优先级。只知道某些风险较高而另一些风险较低，并不如知道某项缓释策略有 230% 的投资回报率（ROI）而另一项只有 5% 的投资回报率，或者总风险是否在我们的风险容忍度之内那样有用。

我们可能发现什么

我们将花费一些时间讨论前面提到的几种评估方法，但我们会把更多时间放在组成环节测试上。一定程度上是因为有大量研究探讨风险管理各个组成环节的表现，如改进主观估计的方法、量化方法的效果、使用模拟法、汇总专家意见等。

不过，即使风险管理人员在风险管理过程中仅使用组成环节测试，许多人也可能发现他们目前使用的方法存在严重缺陷。就许多流行风险管理方法的组成环节而言，目前并无证据证明它们是否有效，一些甚至有明确证据显示它们会增加误差。另一些组成环节虽未得到广泛使用，但与其他方法相比显示出令人信服的改进。

由于在有效性方面缺乏真实证据，一些从业人员会使用前面提到的辩解理由。我们会在随后的章节中讨论其中一部分观点。

读者会看到，其中一些辩解理由也可被用来证明占星术、命理学或水晶疗法的"有效性"。当管理人员能够区分占星学和天文学的差异时，他们就可以开始采用行之有效的方法了。

风险管理成败频谱表

1. 最好。公司建立量化模型来进行模拟运算；所有的输入数据均使用经过验证的统计方法进行验算，当最优时采用额外的经验评估法，并对风险和收益进行组合分析。建模人员始终对任何模型持怀疑态度，对照现实情况进行检查，并用客观的风险衡量标准不断完善风险模型。同时也努力系统地识别公司的所有风险。

2. 较好。至少使用一些经过验证的组成环节来建立量化模型；扩大风险管理的范围，将更多风险纳入其中。

3. 基线。用管理人员的直觉推动风险评估和缓释策略。没有尝试进行正规的风险管理。

4. 较糟（仅仅是没用）。使用详细的软性方法或评分法，或者使用错误的量化方法，但至少管理人员没有将它们视为可信赖的方法。这可能不比基线差，但它们确实浪费了时间与金钱。

5. 最坏（比没用更糟糕）。管理人员很有信心地使用无效的方法，尽管这些方法增加了风险评估的误差。他们也许在看似复杂的方法上花费了很多精力，但仍然没有客观、可测量的证据表明其能够改善直觉。使用这些"复杂"的方法远比什么都不做或仅仅在无效的方法上浪费金钱要糟糕。它们导致企业做出原本不会选择的错误决策。

一家公司如果使用既定方法对自己进行诚实的评估，就会发现它处在成败频谱表的某个位置。根据我所描述的风险管理成功的标准，读者可能已经知道，我认为解决方案应当基于更复杂的量化方法。你可能还不相信这种方法是最好的或者是实用的。我们稍后再谈这个问题。现在，让我们来看看上面提到的成败频谱表（见风险管理成败频谱表）。

请注意，在这个表里，对风险管理不采取任何措施实际上并不是最坏的情况。它处在表的中间位置。那些以"我至少在做点儿什么"为理由，为其风险管理工作辩护的公司表现可能更糟糕。对风险管理来说，什么都不做并不是最糟糕的事情。最糟糕的是采用一种未经验证的方法——无论它看起来是否很复杂——然后非常自信地执行下去。

◆ 注释

1. 为了保护在此次闭门会议上介绍该方法的公司的隐私，我对某些细节进行了修改，但所使用的基本方法仍然是主观加权评分法。
2. C. Tsai, J. Klayman, and R. Hastie, "Effects of Amount of Information on Judgment Accuracy and Confidence," *Organizational Behavior and Human Decision Processes* 107, no. 2 (2008): 97–105.
3. C. Heath and R. Gonzalez, "Interaction with Others Increases Decision Con-fidence but Not Decision Quality: Evidence against Information Collection Views of Interactive Decision Making," *Organizational Behavior and Human Decision Processes* 61, no. 3 (1995): 305–326.
4. Stuart Oskamp, "Overconfidence in Case-Study Judgments," *Journal of Consulting Psychology* 29, no. 3 (1965): 261–265, doi: 10.1037/ h0022125.Reprinted in *Judgment under Uncertainty: Heuristics and Biases*, ed. Daniel Kahneman, Paul Slovic, and Amos Tversky (Cambridge, UK: Cambridge University Press, 1982).
5. P. Andreassen, "Judgmental Extrapolation and Market Overreaction: On the Use and Disuse of News," *Journal of Behavioral Decision Making* 3, no. 3 (July–September 1990): 153–174.
6. D. A. Seaver, "Assessing Probability with Multiple Individuals: Group Inter-action versus Mathematical Aggregation," *Report No.* 78–73 (Los Angeles: Social Science Research Institute, University of Southern California, 1978).
7. S. Kassin and C. Fong, "I'm Innocent! Effects of Training on Judgments of Truth and Deception in the Interrogation Room," *Law and Human Behavior* 23 (1999): 499–516.
8. D. Kahneman and G. Klein, "Conditions for Intuitive Expertise: A Failure to Disagree,"

American Psychologist (September 2009): 515–526.

9. "It's Academic," *Stanford GSB Reporter* (April 24, 2000): 14–15.
10. E. Zuckerman and J. Jost, "What Makes You Think You're So Popular? Self-Evaluation Maintenance and the Subjective Side of the 'Friendship Paradox,'" *Social Psychology Quarterly* 64, no. 3 (2001): 207–223.
11. D. M. Messick, S. Bloom, J. P. Boldizar, and C. D. Samuelson, "Why We Are Fairer Than Others," *Journal of Experimental Social Psychology* 21 (1985): 480–500.
12. N. D. Weinstein, "Unrealistic Optimism about Future Life Events," *Journal of Personality and Social Psychology* 39 (1980): 806–820.
13. O. Svenson, "Are We All Less Risky and More Skillful Than Our Fellow Drivers?" *Acta Psychologica* 47 (1981): 143–148.
14. D. Dunning and J. Kruger, "Unskilled and Unaware of It: How Difficulties in Recognizing One's Own Incompetence Lead to Inflated Self-Assessments," *Journal of Personality and Social Psychology* 77, no. 6 (1999): 121–134.
15. N. Nohria, W. Joyce, and B. Roberson, "What Really Works," *Harvard Business Review* (July 2003).
16. H. Bühlmann, "The Actuary: The Role and Limitations of the Profession since the Mid-19th Century," *ASTIN Bulletin* 27, no. 2 (November 1997): 165–171.

第 4 章

入门：一个简单的稻草人量化模型

> 建一点，测一点，学很多。
> ——"宙斯盾"武器系统项目经理、海军少将韦恩·迈耶

在接下来的几章里，我将回顾现行研究如何评价流行的定性方法和某些量化、概率方法的表现。有些读者可能更熟悉前一类方法，对于后者至少需要某种参考。在听到各类方法相对表现的细节之前，有人可能想开始尝试使用简单的量化模型。无论是哪种情况，我们都有必要尽早介绍一种非常简单的量化模型。

有些读者可能对什么是量化方法有误解，他们可能过早地将其视为不可行的复杂方法，需要统计学或精算学博士学位或者不切实际的数据量才能付诸实施。这与事实大相径庭。从非常简单到非常复杂，量化解决方案种类繁多。担心任何量化方法在实践中难以管理是我们需要尽早解决的另一个问题。

我在哈伯德决策研究公司的团队曾为一家电力公司的基础设施投资建立量化决策模型。他们之前已经开发出自己的风险矩阵（如第 2 章所述），但对使用更加量化的模型存在抵触心理。其担心的一个问题是，他们最终会得到一个极其复杂、管理起来很烦琐的量化模型，类似于他们的同事在核电风险评估中使用的模型（如第 2 章所述，核电行业是最早使用蒙特卡洛模拟的用户之一）。鉴于核电行业需要保持高度谨慎，概率风险评估工程师开发了非常详细和复杂的模拟法。这家公司显然认为使用概率模型是一种极端复杂、孤注一掷的选择。实际上，量化模型的复杂程度有高有低，即使最简单的模型也能为我们带来裨益。我们先说一个最简单的模型。

作为一个初始稻草人量化模型，我将向读者介绍所谓的"一对一替代模型"。这是最简单的概率模型，可以直接替代风险矩阵。对大多数风险管理人员

而言，"一对一替代模型"在第 3 章末尾提到的"风险管理成败频谱表"中可以算作"较好"。在引入基础概念之后，我们将逐步介绍更多想法，以进一步扩展这个模型。

我在上一本书《网络安全风险领域的数据化决策》里介绍了这种模型。读者似乎对尽早介绍这个模型、在此基础上进一步扩展的想法接受良好，而且该理念不仅适用于网络安全领域。我仅作少许改动，将其泛化到网络安全领域之外。如果你看过前一本书、对此概念较熟悉的话，你可以略过或跳过这部分内容。

在第三部分中，我们将探讨更详细的模型和更先进的方法。但就目前而言，我们将从一个能取代常见的风险矩阵、使用最简单的量化指标的模型开始。我们仍将对风险事件发生的可能性和影响进行主观估计，但用的是概率方法。一些我们要介绍的概念（比如如何提供主观概率）会在后面作更详细的说明，但这应该可以帮助你入门。

为了使量化模型尽可能地易于使用，我们将提供基于 Excel 的解决方案——不需要可视化 Basic 语言、宏命令或插件。

Excel 拥有非常庞大的用户群，本书的大多数读者即使没有编程、统计学或数学建模的背景，也会对 Excel 有一定了解。读者不需要从头开发这个模型，下列网址（www.howtomeasureanything.com/riskmanagement）有一个完整的工作示例可供下载。

本章内容将为这本书的其余部分奠定基础。稍后，我们将逐步添加改进。你将学会如何检验你对概率的主观评估，然后对它们加以改进。你将学会如何用数学上合理的方法，利用一些观测来进一步改进估计。你将学会如何在必要时为模型添加更多细节。

一个简单的"一对一替代"模型

我们可以替代掉许多风险管理人员已经熟悉的方法——风险矩阵——的要素，走上更好的风险评估之路。和风险矩阵一样，我们将只依靠相关风险领域的行业专家的判断。他们将继续对事件发生的可能性和影响做出主观、专业的判断，就像分析师现在对风险矩阵所做的那样。在风险矩阵中，除了网络安全分析师可能已经使用的帮助判断的信息外，我们不需要其他数据。而现在，专家可以使用尽可能多的数据，为最终的主观判断提供参考。

我们建议，专家不要使用高、中、低或1分到5分这样的指标，而是要学会主观地评估这些指标背后的实际数量，即事件发生的概率和用美元金额来表示的事件影响。在表4.1中，我们总结了如何用明确的概率方法来替代常见风险矩阵的每个要素。

类似于风险矩阵，我们提出的方法实际上只是你当前不确定状态的另一种表达方式。它还不能反映出对风险的适当评估，因为我们使用的是关于外部世界的经验数据。我们只是在陈述我们目前对此的不确定性。但现在，我们表达这种不确定性的方式使我们能够明确传达风险，并借助新的信息来更新这种不确定性。

表4.1 量化模型与风险矩阵的简单替代

被替代对象	我们用……来替代（每一项还有更多内容）
用1到5或高中低来评估事件发生的可能性。示例："x的可能性为2"或"x的可能性为中等"	估计在特定的时间段内（例如1年内）事件发生的可能性 未来12个月里，事件x有10%的概率发生
用1到5或高中低来评估事件影响。例如："x的影响为2"或"x的影响为中等"	估算出货币化损失的90%置信区间："如果发生事件x，则在90%的情况下损失在100万美元至800万美元之间"
在风险矩阵上标绘可能性和影响得分	用可能性和影响的量化指标来生成损失超越曲线（一种表达风险的量化方式），使用简单的蒙特卡洛模拟，在电子表格中完成
将风险矩阵进一步划分为低、中、高或绿、黄、红等风险级别，并猜测你是否该做某事或者该做什么事	将损失超越曲线与风险容忍度曲线进行比较，并根据风险缓释的回报率确定行动优先次序

我们可以看到，传统风险矩阵上的每个点被下载电子表格中的一列所取代。

让我们总结该方法的各个步骤，首先是得出概率的主观估计值，接下来对这些估计值进行计算，将其汇总成一个总风险（得出一条损失超越曲线），然后是利用输出结果做决策。

专家作为工具

在我们所说的"一对一替代"模型中，我们将使用与风险矩阵相同的估算来源，即来自该企业所在行业的领域专家。也许此人是一位供应链、项目管理、网络安全、产品责任或该组织其他方面的专家。

同样，你也会依靠这些专家来评估传统风险矩阵或其他定性风险模型中所列的风险。正如专家可以在传统风险矩阵中评估事件发生的可能性和影响一样，他们也能用有意义的量化指标来评估这些要素。

我们将在后续步骤中讨论如何加入额外的外部信息。但抓住你当前的不确定状态是任何评估问题的一个重要起点。我们只需要按照以下步骤建立一个基本结构。

1. 确定一个风险列表。对风险进行分类有不同的选择，但现在我们假定它跟传统风险矩阵使用相同的风险列表。对应风险矩阵上的每一个点，在下载的电子表格上创建一行输入。无论风险的名称是什么，请在电子表格的"风险名称"一栏中输入该名称。

2. 确定风险事件可能发生的具体时间段。可能是一年、十年或任何有意义的时间段——只要对所有风险统一使用该时间段即可。

3. 对于每一种风险，主观分配一个概率（0 到 100%），代表所述事件在指定时间内发生的概率（例如，"未来 12 个月内，发生系统数据泄露事件 x 的可能性为 10%"）。从技术上讲，这是上述事件在该时间段内至少发生一次的概率（稍后我们将考虑如何对一个时期内可能多次发生的事件进行建模）。

4. 对于每一种风险，在该事件发生 90% 的置信区间内主观分配一个金钱损失范围。换句话说，此范围足够宽泛，你有 90% 的把握实际损失将在所述范围内（例如，应用程序发生数据泄露为 x，那么它有 90% 的可能损失在 100 万美元到 1000 万美元之间）。不要试图捕捉最极端的结果（注意：以 90% 的置信区间为例，损失仍有 5% 的概率低于下限，5%

的概率高于上限）。

5. 如果可能的话，请多位专家提供估计值，但不要开会试图让他们达成共识。只需提供已定义事件的列表，然后让每个人分别作答。如果某些人给出的答案与其他人截然不同，请调查他们对事件的解读是否有所不同。例如，一个人说某件事在一年内发生的可能性为5%，而另一个人说该事件每天发生的可能性为100%，那么他们对问题的解读可能有所不同（我本人就见过这种情况）。但只要他们对问题的解读至少是相似的，那么取其结果的平均值即可。也就是说，算出所有事件发生概率的平均值，得到一个概率；算出所有损失下限的平均值，得到一个下限；算出所有损失上限的平均值，得到一个上限。

6. 一旦我们在表中录入每种风险发生的可能性和损失的90%置信区间，便可以进行下一步：运行模拟将风险相加。

我需要简单谈谈使用这种方法可能面临的一些障碍。有些人可能会反对主观估计概率。一些分析师可以毫不犹豫地说，在1到5的分级中该风险等级为4，或者该风险等级为中等。但他们可能认为，量化概率有一定要求，这使得量化不可行。不知为何，在试图陈述有意义的概率时，一些在含糊不清的方法中完全不成问题的东西成了主要障碍。

这是一个常见的误解。使用主观输入来进行计算在数学上是有效的。事实上，我们会看到在统计学中，有些问题只能通过用概率表达不确定性的先验状态来解决。而这些情况实际上与任何领域的决策最密切相关，尤其是在风险管理领域。稍后，我们将讨论支持这种方法的研究，包括一些证明其有效性的大规模实证研究。此外，我们会展示读者可以通过一系列简短的练习来测试和提高自己在评估概率方面的技巧。随着时间的推移，这些练习可以帮助他们不断进步。我们称其为校准概率评估。我们将表明，有相当多的研究证明这种方法的有效性。

就目前而言，你只需要知道大多数专家通过训练都能主观评估概率，而且这种技能是客观可衡量的（尽管这听起来有点讽刺）。

要改进专家判断，我们可以想办法解决其他两种误差来源：专家判断高度不一致，以及在用概率方式思考时容易犯常见的推理错误。我们将在后面的章节中讨论这些改进问题。

当然，传统的风险矩阵根本不会处理这些误差来源。如果说使用概率方法的主要问题是缺乏数据，那么你也缺乏数据来使用非量化的方法。正如我们所说，无论是风险矩阵还是一对一替代法，到目前为止它们都基于相同的数据来源，即相关风险领域的专家意见。而且我们不能假定，使用数学上含糊不清的定性方法就可以避免你在没有经过训练的情况下使用量化概率可能给决策带来的任何误差。缺乏数据并不能通过非量化的方法来得到缓解。含糊不清无法抵消不确定性。我们将在后面的章节中讨论更多反对使用量化方法的理由，无论这些量化方法是简单还是复杂。

"不确定性运算"速览

现在我们已经记录了一系列潜在事件发生的可能性和影响范围，我们需要用一种量化方法来对其进行总结。如果我们使用精确、确定的点值——在这种情况下我们假装能准确预测所有结果——那么运算就像把已知损失相加一样简单。但鉴于我们想要捕捉和汇总不确定性，所以我们必须使用概率建模的方法将其相加。

那么，当我们没有确切的数值而只有范围时，该如何在电子表格中进行加减乘除呢？幸运的是，我们有一个实用、经过验证的解决方案，并且可以在任何现代个人计算机上执行——那就是我们在第2章中简要提到的蒙特卡洛模拟。

蒙特卡洛模拟根据输入的概率，用计算机生成大量情景。对于每一个情景，计算机为每个未知变量随机生成一个特定值，然后将这些特定值输入一个公式来计算该情景下的输出值。此过程通常涉及数千个情景。

要想了解更多历史，我们需要回顾一下曼哈顿计划。这是美国在第二次世界大战期间研发首枚原子弹的计划。参与该计划的一些数学家和科学家开始模拟数以千计的随机试验，以帮助解决某些非常困难的数学问题。斯坦尼斯拉夫·乌拉姆、尼古拉斯·梅特罗波利斯和后来的约翰·冯·诺伊曼发明了一种方法，在当时简陋的计算机上使用这种方法来帮助解决与研制原子弹有关的数学问题。他们发现，当一个模型有许多高度不确定的输入时，随机进行数千次试验是找出不同结果概率的一个办法。在梅特罗波利斯的建议下，乌拉姆以著名的赌博业热点地区蒙特卡洛来命名这种基于计算机生成随机情景的方法，以纪念乌拉姆的叔叔，一个赌徒。现在，凭借计算机能力更强大（不管用什么标准来衡量，都比曼哈顿计划的时候强大几十亿倍）这一优势，蒙特卡洛模拟被用于评估发电、供应链、产品开发、投资组合、网络安全等多种不确定因素和风险。

我们将使用蒙特卡洛模拟来计算诸如这些问题的答案："考虑到我所说的所有风险，我们明年损失超过 x 的可能性有多大？""如果我实施风险缓释措施 y，会产生多大的变化？"，以及"某个风险缓释措施的回报率是多少？"像风险矩阵那样的定性方法无法回答这类问题。为了回答这些问题，我们将生成图 4.1 中所示的损失超越曲线（LEC）。

LEC 是一种以数学上明确的方式将风险可视化的方法。它已被用于金融资产组合风险评估、精算学以及核电和其他工程领域的概率风险评估。在其他一些领域，它也被称为超越概率，或者是互补累积概率函数。图 4.1 展示了一个 LEC 示例。

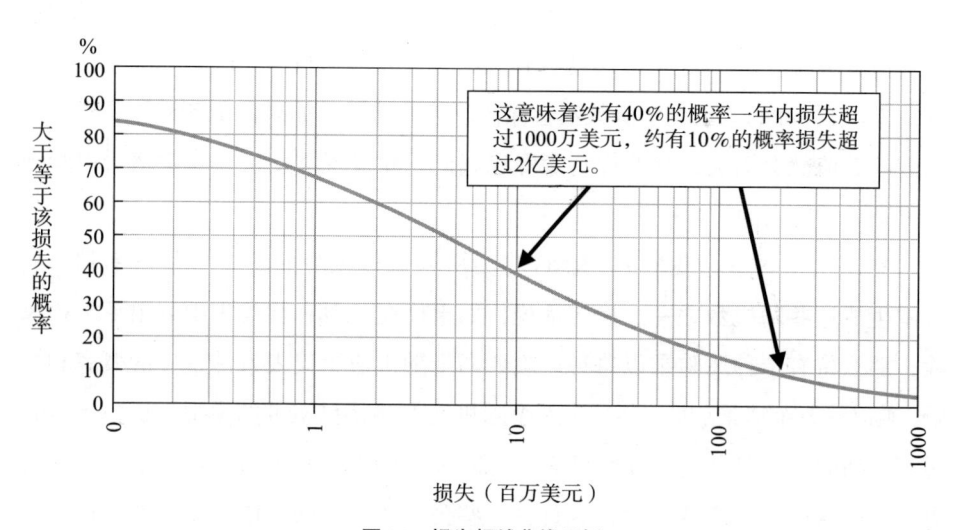

图4.1 损失超越曲线示例

要生成 LEC，你可以从网站上下载电子表格，用你输入的风险来生成一万个情景。电子表格会计算出一万个情景中损失超过 LEC 图横轴上显示的具体金额的情景数量。比方说，如果一万个情景中有 900 个情景的总损失超过 1000 万美元，那么 LEC 图上就会有一个点，横轴为一千万，纵轴为 9%。如果有 100 个情景的损失大于 6000 万美元，那么在横轴 6000 万美元和纵轴 1% 的地方就会有一个点，依此类推。把这些点相连形成一条曲线就是损失超越曲线。

为了生成随机情景，我们使用所谓的伪随机数生成器，即 PRNG。Excel 有一个随机生成函数 rand（），它可以生成介于 0 到 1 之间的值。但我们将使用一种不同的 PRNG，由我和哈伯德决策研究公司的员工开发。

我决定使用自己的 PRNG 而不是 Excel 的 rand（）函数有两个原因。首先，在随机性统计测试中，哈伯德决策研究公司的 PRNG 表现优于 Excel 的 rand（）函数。与 Excel 的 rand（）函数相比，PRNG 中非常隐蔽的模式（只有使用数百万个生成值，进行复杂的统计测试才能检测到）在哈伯德决策研究公司的 PRNG 中出现得更少。换句话说，我们的方法在统计学上似乎更随机。

此外，与 Excel 的 rand（）函数不同，哈伯德决策研究公司的 PRNG 可以反转和重放，就像视频的快进和倒退那样。它为每个随机情景使用唯一的标识符，该"试验 ID"将始终产生相同的结果。在我们的电子表格中，你会看到电子表格的顶部有一个滚动条。这使你能够逐一滚动浏览所有的情景。如果你想回到情景编号 9214，你可以滚动找到该编号，并得到与第一次看到时完全相同的结果。Excel 的 rand（）函数不会保留以前的结果。如果你重新计算一个表，以前的数值就会消失，除非你特意保存它们。我发现重新创建特定情景以验证结果是非常有用的。

在每个情景下，我们的 PRNG 将为所列每种风险的每个事件概率和影响范围生成这些随机数之一。换句话说，如果你在一对一替代表中列出了十种风险，那么将有十种风险乘以每种风险的两个随机值（代表事件发生的概率和影响）乘以一万个情景（即总共二十万个随机值）。利用 Excel 的模拟分析（what-if）运算表功能可以保存这一万种情景。其简称为模拟运算表，Excel 的这一功能可以让你每次改变一个或多个值，计算一些公式或模型的不同结果。在本例中，我们通过改变试验 ID，为模型中的每个随机情景（即试验）生成不同的结果。该表的每一行显示某个特定情景下所有事件的总和。

请注意，数据表包含 {= 表（单元格地址）} 的函数。你不能直接在电子表格中写下此函数。如果你使用 Excel 的模拟分析功能简单地创建一个模拟运算表，Excel 将创建此函数（你可以查看 Excel 的帮助，看看如何在当前版本中创建它，不过下载表格已经为你创建了一个）。

如果你没有使用蒙特卡洛模拟法的经验，你会发现它们可能比你想象中更简单。我和我的员工经常用蒙特卡洛模拟来解决各种实际业务问题。我们看到，许多人一开始对蒙特卡洛模拟法有些抵触，但在用过这个工具后，他们最终成为它的狂热拥趸。

现在，让我们总结一下如何使用蒙特卡洛模拟法。我在第一个附录中提供了有关 Excel 公式的更多细节，在下载的电子表格中也有进一步说明。

1. 对于我们先前在电子表格中列出的每一种风险，我们要确定事件是否发生。如果风险事件每年发生的可能性为 5%，则模拟将使用一个公式，使事件在 5% 的情景中随机发生。

2. 如果发生了风险事件，模拟将确定其影响。它将使用"对数正态"分布 90% 置信区间提供的范围。在 90% 的时间里，模拟将选择一个位于该区间的随机值；在 5% 的时间里，模拟值将高于上限；另外 5% 的时间里，模拟值将低于下限。因为其形态，这种分布对于评估事件造成的影响很有帮助。它不能产生零或者负值（零或负值在评估风险事件造成的影响时根本没有意义），但可能产生高于上限的值。

3. 模拟针对每一种风险运行一万个情景。在每个情景下，所有风险造成的所有影响（如果有的话）被相加并显示在数据表中。数据表中的每一行显示在特定情景下发生的所有损失之和。

4. 创建另一个表，该表计算损失超过某个金额的情景的数量。这会生成一系列点，用于绘制损失超越曲线。

建立风险容忍度

我们能承受多大的风险？关于如何量化这一点（后面还会讲到），其实有一套完善的理论。但本着让稻草人尽量简单却又能量化的精神，我们将再画一条曲线与 LEC 进行比较。如果我们的 LEC 在这条"风险容忍度"曲线之下，那么该风险是可以接受的。

理想情况下,风险容忍度曲线是在某个级别的管理层会议上收集的,与会者可以根据政策阐明该组织愿意承受多少风险。我从许多组织那里收集了几种类型的风险容忍度曲线,包括多个网络安全应用程序的风险容忍度曲线。

上述会议一般在90分钟内完成。它包括简单地向管理层解释这一概念,然后请他们在曲线上确定几个点。我们还需要确定我们要用的是哪条风险容忍度曲线(比方说,单个系统每年面临的风险、整个企业每十年遭遇的风险等)。一旦我们完成基础工作,我们就可以从主观选择的一个点开始,提出下列问题:

分析师: 好的,今天我们要确定你对风险的容忍度。请想象一下,我们把所有(前面讨论过的)风险相加。总的来说,你是否能接受每年因所列风险有10%的概率损失超过500万美元?

高　管: 我倾向于不承担任何风险。

分析师: 我也是,但眼下你在许多方面承担风险。你总是可以花更多钱来降低风险,但这显然是有限度的。

高　管: 是的。我想我愿意接受因这些风险而导致每年有10%的概率损失500万美元或更多。

分析师: 那么20%的概率呢?

高　管: 这有点棘手。让我们坚持10%吧。

分析师: 好的,那就10%。现在,如果损失更大(譬如说5000万美元或更多),你愿意接受多大的风险概率?百分之一可以吗?

高　管: 我想我的风险厌恶度比这更高。我可能会接受每年有1%的概率损失在2500万美元或更多。

依此类推。在绘制三四个点后,我们可以插补剩余的,然后交给高管进行最终审批。电子表格里有一个小表,用于输入这些点来绘制风险容忍度曲线。

这个过程在技术上并不困难,但重要的是要知道如何应对一些潜在问题或反对意见。一些高管可能会指出,这种做法感觉有点抽象。在这种情况下,可以给他们举一些本公司或其他公司的真实案例,说明损失情况以及其发生的频率。

此外,有些人可能倾向于只针对给定的预算考虑这种曲线——比方说,"能否接受这样的风险取决于避险成本是多少"。这也是一个合理的问题。如果高管愿意花更多时间，你可以根据不同的避险支出水平对风险容忍度作更多说明。

想要解决该问题的高管应当知道，风险容忍度不只是 LEC 的"上限"那么简单。这正是决策分析领域所要解决的问题。稍后我们将介绍这方面的知识，作为权衡风险与潜在回报的一种方式。但就目前而言，简单的一对一替代模型在此使用"风险容忍度"这个词来表示一个组织愿意接受的最大可承受损失，暂不考虑其回报。

支持决策：缓释收益率

归根结底，风险分析的目的是支持决策（即便用的是我们要替代的风险矩阵）。但我们之前遇到的困难是为特定的风险缓释措施或控制措施选择具体的资源分配。多大的损失才值得我们将一种高风险转变为中风险？是 5000 美元还是 500 万美元？或者说，如果我们有 800 万美元与供应链相关的风险预算，涉及 80 种低风险、30 种中风险和 15 种高风险，我们该怎么办？如果花同样的钱可以缓释一种中风险或者几种低风险，我们又该如何选择？

如果你（和我一样）看到有人问这样的问题："如果再花 100 万美元，我们可以使这种风险从红色变成黄色吗？"那么你可能会对这种方法感到不满。显然，当管理层不得不做出分配有限资源的选择时，传统的风险矩阵就无法提供太多参考价值了。一些人可能觉得他们可以根据经验和直觉从定性分析转向具体的决策，但正如我们稍后要说明的那样，这会产生更多问题。

组织要做的是计算"控制收益率"，也就是用预期损失减少的货币化价值除以控制成本。为了像其他收益一样用百分比来表示这种收益率，我们通常用风险减少的预期值除以降低风险的成本，然后减去 1，得到一个百分比。减去 1 是为了让结果显示为收益减掉成本的百分比。

$$控制收益率 = \frac{风险减少的预期值}{降低风险的成本} - 1$$

在量化决策方法中，"预期"一词通常是指某个数额的概率加权平均值。因此，预期损失是指通过蒙特卡洛模拟得出的损失平均值。如果我们采用控制措施来降低风险，然后模拟一组新的损失，那么这些损失的平均值会更低（通过减少发生损失的概率，减少损失造成的影响，或两者兼有）。采取控制措施前后的损失值之差就是刚才给出的简单公式中的预期损失减少。如果预期损失减少与成本完全相同，则此公式表明控制收益率为零。对其他形式的投资来说，这是一种常用算法。

你还得确定这种预期损失减少会在什么时间段内发生。如果控制措施是一项持续支出，随时可以开始和叫停，则我们可以用一年的收益（损失减少）和一年的成本来进行简单的公式计算。如果控制措施是一项一次性投资，能在此后较长的时期内提供收益，请按照贵公司有关资本投资的财务惯例来进行计算。你可能需要用给定的贴现率计算投资流的现值，以此计算收益。或者你可能要给出一个内部收益率。我们在此不多做赘言讨论这些方法，但一些比较简单的财务计算完全可以用 Excel 中的功能来完成。

让稻草人变得更好

以质量控制、时间序列预测及其他许多统计领域的研究而闻名的统计学家乔治·博克斯曾说过："本质上，所有模型都是错的，但有些模型是有用的。"我为这句话补充一个推论：有些模型比其他模型要有用得多。在本书的其余部分，特别是在第三部分，我们将通过添加其他特征，逐步增加这种有用性。

即使就这种非常简单的量化模型而言，我们在第 2 章中讨论的组成环节测试也可以帮助我们确定我们是否能按该章中提到的风险管理成败频谱表将某个方法归类为"较好"。现有研究表明，仅靠避免定性方法的含糊不清、分解不确定数量，甚至使用蒙特卡洛模拟就能改善我们对风险的评估。关于这项研究，我们稍后再谈。

现在，你选择在这个模型中添加多少内容以使其更加完善？这要取决于你愿意管理多少细节以及风险的严重程度。如果你有非常大的风险，特别是关系到公司存亡的风险或涉及人身安全的风险，那么你可能需要添加更多细节。对于学过基础编程、数学或金融学课程的读者来说，他们也许能轻而易举地添加更多细节。但鉴于我们在书中讲到的内容都可以在 Excel 内部处理，所以这些都是可选工具。

我们将在本书的后面部分详细介绍这些改进,但眼下我们已经展示了简单的一对一替代模型是什么样的。

下面简要总结了我们在后面几章中要讲的让该模型"减少误差"的一些方法:

- **改进主观判断**:研究表明,如果我们能够针对过度自信和前后不一致等问题作出调整,那么专家的主观意见可能会非常有用。我们还知道一些得出判断或汇总许多专家判断的方法比其他方法更好。
- **添加更多输入**:通过分解事件发生的可能性和影响,我们可以添加更多细节。也就是说,我们可以利用其他输入来计算事件发生的概率或影响,而不仅仅是直接进行估计。例如,产品召回的影响可能涉及收入损失、法律责任、召回的运营成本等。
- **考虑相互关系**:一些事件可能是相互关联的。也许某些事件是其他事件发生的必要条件,而有些事件可能会引发连锁反应。鉴于我们采用量化方法对风险进行建模,那么只需在电子表格中添加更多规则,就能对任何类型的关系进行建模。
- **使用其他类型的分布**:我们最开始使用的是简单的二元(即事件是否发生)分布和对数正态分布。还有更多分布可供选择,它们可能更符合对风险进行估计的领域专家的意图,或者更适合它们所要代表的数据。
- **使用经验数据**:即使在许多人认为数据非常有限或不完善的情况下,我们也能进行有用的统计推断。一种常见的误解是,你需要进行大量观测才能做出推断。但事实上,如果我们使用一套基于贝叶斯统计的方法,那么单一事件也能让我们更新概率。
- **结合决策分析方法**:如本章前面所述,关于风险容忍度的概念还有更多补充。稍后我们将介绍来自预期效用论和决策分析的其他方法。当风险分析成为决策分析的一部分、风险管理被完全纳入管理层决策时,你需要想办法来权衡风险和收益。

现在我们已经介绍了你在风险管理中可以使用的最简单的量化方法,让我们退一步来讨论为何需要作出改变。在第二部分中,我们将讨论关于风险的各种相互冲突且容易混淆的概念、对专家表现的研究、当下流行的定性方法所存在的问题，以及对某些量化方法的有效和无效反对意见。我们将在第二部分开始时进一步阐述第 2 章中提到的风险管理简史，以便我们能更好地了解这些相互竞争的方法最早是如何产生的。

◆ 注释

1. Stanislaw Ulam, *Adventures of a Mathematician* (Berkeley: University of California Press, 1991).

第二部分

失败的原因

第 5 章

风险管理"四骑士":阻止末日的一些（大多）真诚的尝试

> 历史是教育与灾难之间的一场竞赛。
>
> ——H.G. 威尔斯

历史上一些最大的灾难——如 2008 年国际金融危机或前面提到的 737 飞机失事——促使人们寻找灾难发生的原因。针对这些需求，专家会提供许多不同的理论。这些理论大多出于主观判断。与可能更接近事实真相的复杂解释相比，人们更容易得出和接受涉及阴谋、贪婪、甚至愚蠢的解释。

一个叫做"汉隆剃刀"的原理告诉我们："当用愚蠢足以解释时，就不要将其归咎于恶意。"我想对此补充一条更笨拙但更准确的推论："在一个复杂体系中，当问题可以被适度理性的人遵照激励机制来解释时，就不要将其归咎于恶意或愚蠢。"倘若人们在缺乏统一协调的情况下根据自身利益各行其是，这也会造成在一些人看来是阴谋或无知明证的结果。

考虑到这一点，我们需要了解今天我们所看到的风险管理方法是如何在不同力量的作用下发展形成的。与大多数体系、文化和习俗相类似，当下的风险管理是在此过程中逐渐出现压力和发生突发事件所造成的结果。拥有伟大想法、颇具影响力的人物会在何时何地出现大致是随机的。战时需求和新技术推动了其他事态发展，影响到当今的风险管理。一些有其自身动机的机构应运而生，为某些方法的推广使用创造了势头。这些机构的研究目标和方法不同于学术界，两者对同一问题的看法也大相径庭。这些方法的使用者会受到协会的影响，后者的出现与其说是偶然，不如说是精心计划的。

为了勾勒出风险管理的现状，我根据风险管理所关注的问题类型和所使用的方法，将其分为四大类。它们有很多重叠之处，我相信其他人也会提出不同但同样有效的分类法。但我认为，对照这些类别和方法，风险管理人员可以找到自己的位置。

风险管理"四骑士"

- **精算师**：这些最早的风险管理专业人士使用多种科学和数学方法。最初，他们专注于评估和管理保险及养老金行业的风险，但现在已经扩展到其他风险领域。
- **战争宽客**：工程师和科学家们在第二次世界大战期间使用模拟法，并将大多数决策建立在数学运算的基础上。今天，他们的晚辈是概率风险分析、决策分析和运筹学的使用者。
- **经济学家**："二战"后出现了一套新的金融分析工具，用于评估和管理各种金融工具以及资产组合的风险与收益。今天，各类金融分析师是这些方法的主要使用者。它与战争宽客有一些重叠。
- **管理咨询师**：大多数管理人员及咨询师使用更靠直觉的方法来进行风险管理，这些方法严重依赖个人经验。他们还为这些较软性的方法发明了详细的"方法论"，特别是在处理信息技术问题的管理人员影响力逐渐增加之后。这些方法的使用者和开发人员通常是业务经理本人或非技术业务分析师。我将把各类审计人员（如安全、会计等领域）纳入这个群体，因为他们使用的某些有影响力的方法有着共同的起源。

你属于哪一类？管理咨询领域的人可能没听说过工程师或精算师使用的一些方法；即使他们听说过，也可能认为这些方法不切实际。读这本书的工程师可能知道我要讨论的某些方法完全是切实可行的，但或许不知道他们的方法包含一些系统性误差。金融分析师或经济学家可能隐约知道来自其他领域的一些解决方案，但不知道全部。学术研究人员（他们的研究重点可能是这些方法的任意一种组合）不一定知道他们所研究的方法在现实世界中的使用情况。不管你属于哪一类，我们都可能探讨一些你平常不太关注的问题。

精算师

当然，风险管理领域最古老的职业是保险业的精算师。如今保险业常常是量化风险分析的一个典范，但在（很长）一段时间里，保险业并没有我们今天所知道的精算师。

早在16世纪，"精算师"这个词被用来指代记录账目的业务员。当时，做精算师与概率论或统计学没有太大关系，后者出现在保险业的时间不早于17世纪。即使这些方法确实出现了，它们也并不常见——并且在接下来的两个世纪中没有标准化要求。

在19世纪中叶之前，拥有一家保险公司的股份比起投资更像是赌博（虽然2008年美国国际集团的股东可能会声称这一点并没有太大改变）。购买保单并不能保证保险公司能在合法索赔中弥补你的经济损失。在保险业的精算师被普遍接受（并有法律要求）之前，使用定量方法来评估风险是一种竞争优势，那些不使用统计方法的人则为此付出了代价。例如，我在第2章中提到英国在1844年至1853年期间有149家保险公司成立，其中只有59家幸存下来。这比现代保险公司的倒闭率要高得多，即使是在2008年。

那些倒闭的保险公司往往没有使用数学上有效的保费计算方法。保险公司必须估计或有损失，确保他们手头有足够的储备金，以便在出现索赔时进行支付。未能正确计算这一点的公司最终在灾难发生时将无力支付理赔，或者它们会走向另一个极端，即收取过多保费以维持竞争力并保留太多储备金，而代价是向投资者支付过少的红利（尽管焦虑的投资者会确保后者几乎永远不会发生）。国际精算师协会称，这一时期有一家保险公司——公平公司——因为采用科学的计算方法而存活下来，"状况良好且蓬勃发展。"

1848年，在快速发展的保险业陷入动荡之时，伦敦精算师协会作为一个精算职业的协会成立了。其他国家很快也成立了精算协会。今天，谈到更量化的方法是否有助于改善决策这个问题时，保险业内部的争论并不多。人们普遍认为，若没有健全的精算方法，试图参与保险业竞争是愚蠢之举（即便不采用精算方法在大多数工业化国家是合法的）。

然而在经历了2008/2009年国际金融危机之类的事件后，一些人可能怀疑精算师是否真的比其他人有更多答案。如果精算学真的有效，那么在保险业巨头美国国际集团濒临破产时，美国政府为什么不得不接管它？

这是轶事对评估风险管理方法没有太大帮助的又一个例子，尤其是当事实被误解时。美国国际集团在名为"信用违约掉期"（CDS）的工具上持有大量头寸。抵押银行购买 CDS，以抵消借款人拖欠贷款的风险。这在金融界中被称为掉期，因为交易双方有现金交换，但付款条件和付款时间表不同。就 CDS 而言，一方预先向另一方支付现金，以换取未来当借款人拖欠贷款时对方给予的现金支付。

这看起来像保险，听起来像保险，感觉也像保险——但从法律上讲，它不像保险那样受到监管。和其他保险公司一样，美国国际集团的精算师必须核验该公司的储备金，以确保它能履行理赔支付责任。但因为 CDS 从法律上讲不是保险，所以精算师不负责审查此类风险。令美国国际集团受到伤害的不是经过精算师审查的那部分业务。遗憾的是，精算师是一个比较狭窄的职业。除了保险业和养老金行业，风险管理领域很少有经过认证、受监管的职业。

精算师职业的基本理念是健全的。他们是专业的风险管理人员，使用科学和数学上合理的方法，并且行为非常规范。当精算师签署声明，声称一家保险公司有能力偿还或有负债，并且除最罕见的灾难外能够承受其他所有灾难时，他或她就将自己的执业资格作为担保。与工程师、医生和审计师一样，精算师有责任报告他们对事实真相的最佳判断，如面临迫使他们违背这项原则的压力，必要时可以辞职。

与大多数传统机构相类似，长期以来精算师协会在与时俱进方面并不出名。抛开精算学这个名称不谈，精算师的首要目标并不是通过培训成为科学家。虽然有些精算师可能会参与原创性的研究，但大多数精算师更像工程师和会计师那样使用既定的方法。鉴于他们必然是一个保守的群体，所以精算师对采用新方法保持谨慎是可以理解的。

即使面对"二战"带来的一系列新发展，精算师们也要花费一些时间才能接受。但现在，在战时需求推动下出现的强大新方法已经被精算学视为标准的风险分析法。

2009 年（在本书第一版问世后不久），一个全球精算师协会创立了特许企业风险管理精算师（CERA）认证。目的是将久经考验的精算学方法推广到传统上与保险业无关的课题。通过 CERA 认证的精算师已经开始出现在诸如企业风险管理和运营风险管理之类的领域。这些领域过去更多的是采用软性咨询方法。这是一个值得欢迎的发展，本书其余部分将详细解释其原因。

战争宽客："二战"永久地改变了风险分析

当丘吉尔说"从未有这么少的人，为这么多的人作出这么大的贡献"时，他指的是保护英国公民免受德国轰炸机攻击的英国皇家空军飞行员。当然，皇家空军应该得到这种认可，但丘吉尔可能也在指解决战争关键问题的一小群数学家、统计学家和科学家。几个世纪以来，数学家和科学家对企业和政府运营产生了一定影响，但"二战"可以说为这些方法的威力和实用性提供了一个独特的展示机会。战争期间，这些思想家发明了许多有趣的解决问题的方法，这些方法将影响未来数十年的企业和政府运营，包括风险分析在内。

上述战时数学家团队之一是哥伦比亚大学的统计研究小组（SRG）。统计研究小组和盟军的类似团队一直在研究一些复杂问题，比如估算进攻行动的有效性和制定改进反潜行动的战术。在军事情报领域，此类统计分析在估计德国坦克月产量方面一直表现优于间谍。这些多种多样的问题和方法代表着运筹学（OR）的起源。

我在上一章中简要提到过，到战争后期，一群致力于曼哈顿计划的物理学家和数学家发明了蒙特卡洛模拟法。他们遇到了一个特别困难的问题，需要采用真正革命性的解决方法。这个问题是如何模拟裂变反应。铀或钚等放射性材料会逐渐衰变，以产生更轻的元素和中子。当铀等重元素的一个原子分裂（即发生裂变）时，它会释放能量和更多的中子。这些中子会导致其他原子分裂。如果该过程以某种持续、稳定的速率发生，则被称为临界。它所产生的热量可被用来发电。如果连锁反应迅速加速，就会产生叫做超临界的失控效应。这个过程中突然释放的热量会造成威力相当大的爆炸，或至少是熔毁。你可以想象，获得这个问题的正确答案有多么重要。

但问题是影响反应速度的因素有很多。一定体积内有多少裂变材料是一个因素。另一个因素是，用来进行裂变反应的容器是用吸收中子还是反射中子的材料制成的，这会使反应减速或加速。燃料和容器的几何形状会影响反应速度。即使在理想条件下，物理学家也无法计算出中子的精确轨迹——他们只能将其作为概率进行建模。事实证明，不可能用传统的数学方法来对该系统的行为进行建模。这是研究人员发明蒙特卡洛模拟法的最初原因——在没有精确数字的情况下进行数学运算。

战争结束后，蒙特卡洛模拟法在相关领域找到了其他应用。麻省理工学院的诺曼·拉斯穆森发明了概率风险分析（PRA），作为管理核电安全风险的基础。概率风险分析最初在有限范围内使用蒙特卡洛模型，用来模拟核反应堆的具体组成环节和它们之间的相互作用。其理念是，如果一个复杂系统的每个组成环节发生故障的概率能被算出来，那么整个系统发生故障的风险（如放射性冷却剂的释放、熔毁等）也能被算出来。

即使该风险事件以前从未发生过或特定的反应堆尚未建成，这一数据应该也适用。使用蒙特卡洛模拟法的概率风险分析在核安全风险管理中的应用范围、复杂性和影响力不断增加。现在，它被认为是该领域不可或缺的一个方法。

参与曼哈顿计划的科学家之一约翰·冯·诺伊曼在帮助开发和推广蒙特卡洛模拟法的同时，也在发展他的博弈论，后者旨在用数学方法来描述各类博弈。1944年，冯·诺依曼与经济学家奥斯卡·莫根施特恩合著了该领域的一部开创性巨作《博弈论与经济行为》。冯·诺依曼的粉丝之一是年轻的亚伯拉罕·瓦尔德，他是统计研究小组的成员之一，也为不确定情景下的博弈贡献了重要理论。

在一种重要的博弈中，玩家没有竞争对手，但必须在不确定的条件下做出决策——从某种程度上说，大自然就是另一个玩家。与竞争性博弈不同的是，我们不指望大自然的行为是理性的——它是不可预测的。用这种方法来建模的决策之一也许涉及是否投资一项新技术。如果管理人员对其进行投资并且投资成功，那么就会获得一些具体收益。但投资也可能一无所获。倘若管理者拒绝这个机会，那么投资本身不会带来损失，但其有可能错失一个重要机遇。

事实证明，企业和政府的许多决策均可被描述为一种对抗大自然的单人博弈。这演变成了决策论。"二战"后，决策论背后的理念被转化成企业和政府的实用工具。战后成立的兰德公司开始将这些理论、蒙特卡洛模拟法和其他各种方法应用于从社会福利政策分析到冷战核战略的一切事物。它还吸引了许多思想家，在 20 世纪剩余的时间里，他们的影响波及了决策和风险评估领域。

1968 年，斯坦福大学的罗恩·霍华德发明了"决策分析"（DA）一词，意指将该理论应用于现实世界的问题。与博弈论和决策论一样，霍华德最初对"决策分析"这个词的使用是指令性的。也就是说，它要指出决策者应该做什么，而不一定描述他们会做什么（对一些人来说，这个术语的含义后来扩展到包含上述两方面的意思在内）。

个人计算机（PC）的使用极大地提高了蒙特卡洛模拟法的实用性。20 世纪 90 年代，Decisioneering（决策工程公司，现为甲骨文公司所有）和 Palisade（帕利赛德）等公司开发了软件工具，允许用户在个人计算机上运行蒙特卡洛模拟。"二战"团队的学术后辈则继续推广这些工具，将其作为风险建模的一种实用且有理论支持的方法。

这些人当中的一个是斯坦福大学的萨姆·萨维奇教授，他是"二战"数学团队成员的后裔。他的父亲伦纳德·吉米·萨维奇是统计研究小组的成员，也是约翰·冯·诺伊曼的首席统计咨询师（仅凭这一点，在我听说过的统计学家当中他是最令人肃然起敬的）。吉米·萨维奇还撰写了《统计学基础》，其中包含博弈论和概率论的实际应用。他的儿子萨姆·萨维奇曾著书讨论蒙特卡洛模拟法，还发明了他自己的建模方法。他创立了 Probabilitymanagment.org，这是一个非营利组织，多年来我也有幸参与其中。

对许多工程师和科学家、部分金融分析师以及其他可能有量化分析背景的人来说，这是他们认知中的风险管理文化。他们经常使用系统模拟，对风险进行量化建模。精算师也把蒙特卡洛模拟作为风险分析的标准工具。

和精算师一样，这些人通常对别人在风险管理上的做法感到惊讶。他们每天都沉浸在量化方法中，经常受到数学领域其他同行的评议，他们的关注重点是改进自己的量化模型，而非研究一些人使用的非定量方法。当我向他们描述一些较软性的方法（比如说定性评分法，将风险分成高、中、低等不同级别）时，他们摇了摇头，说怎么会有人相信这样的方法能奏效。当他们接触到一些较流行的风险分析法时，我猜想他们的反应类似于天体物理学家碰上了占星家提出的理论。

我也希望看到量化风险分析师对下列问题做出积极回应："你怎么知道基于你的建模方法做出的决策会更好？"到目前为止，我看到更多人表现出对这个问题的真正兴趣，而非给出辩解式的回答。尽管大多数人尚未收集数据来验证他们的模型，但他们一致认为回答这一问题很关键。在收集数据对该问题作答方面，他们也普遍提供了帮助。当我指出蒙特卡洛模拟的常用方法存在一些已知问题时，他们似乎急于采纳这些改进。作为一个以科学为导向的群体，他们似乎对任何模型的缺点都保持警惕，甚至对验证最基本的假设持开放态度。我相信，在精算师和战争宽客的努力下，我们能找到改进风险管理的最佳机会。

经济学家

在20世纪90年代之前，诺贝尔经济学奖一般授予对通货膨胀、生产水平、失业、货币供应等宏观经济现象作出解释的人。在经济学历史的大部分时间里，人们浅尝辄止地对待风险和概率方法。第二次世界大战之前，经济学领域关于该主题的重要学术成就之一是弗兰克·奈特在1921年出版的著作《风险、不确定性和利润》。该书并未使用任何公式或计算方法来探讨风险、不确定性、利润或其他东西。相比之下，经济学家兼数学家约翰·梅纳德·凯恩斯同年出版的著作《论概率》在数学上更为严谨，可能对之后冯·诺依曼和瓦尔德等早期决策理论家的研究影响更大。但谈到经济学家如何使用风险、不确定性等基本术语，奈特在数学上不甚明确的想法获得了更多关注。

再次声明，我对风险管理的分类在各个类别之间存在重叠（我认为风险管理的任何分类都会出现这种现象）。战争宽客和经济学家的分类中都有数学家和经济学家，但由于历史原因，他们在方法上有些分歧，受其影响的群体差异很大。因此，当我谈到宽客的时候，我更多的是指运筹学和某些工程师使用的方法。我会更多地把经济学家和奈特以及他们此后对金融投资领域的影响归为一类（下一章将介绍有关风险的不同定义）。

奈特不太关注个人优化问题（即在特定环境下一个人最理想的行为是什么），比如瓦尔德等人所描述的在不确定条件下该做什么决策。直到"二战"后，至少在战争宽客的间接影响下，经济学家（凯恩斯是一个更早的例外）才开始用数学方法来思考风险问题。而直到最近，经济学才以一种更接近科学的方式考虑在不确定条件下评估人类决策行为的问题。

请想想，投资者总是不得不在不确定的情况下做出决策。关于未来收益的不确定性会影响他们对股票的估值、如何对冲损失以及如何为资产组合做选择。但在20世纪50年代之前，经济学中有关投资理论的文献几乎对风险问题保持缄默。这一点在今天看来似乎令人难以置信。1952年，25岁的哈里·马柯维茨——他曾是伦纳德·吉米·萨维奇的学生，也是兰德公司的新雇员——注意到投资理论中有关风险问题的缺失。

在兰德公司，马柯维茨遇到了乔治·丹齐格，后者和萨维奇一样以战争宽客的身份崭露头角（丹齐格曾任职于美国空军的统计控制办公室）。年龄较大的丹齐格向马柯维茨介绍了一些强大的运筹学优化方法。丹齐格发明了一种叫做线性规划的方法，该方法对运筹学产生了长达数十年的影响，它也为马柯维茨提供了如何用数学方法对资产组合进行多样化安排的思路。在马柯维茨进入兰德公司的同一年，他在《金融杂志》上发表了自己的观点。

马柯维茨在他的新理论中解释说，类似于它所包含的投资，一个资产组合有其自身的波动和收益。通过改变资产组合中各种投资的比例，可以产生许多可能的收益组合和收益波动。此外，由于某些投资的变化在某种程度上是相互独立的，所以原则上资产组合的波动会小于任何单个投资的波动。依此类推，你可能不确定扔一次骰子会得到什么结果，但你对扔一百次骰子得出的平均值要有把握得多。通过分散投资加上灵活配置每项投资在资产组合中所占的比例，投资者就能针对给定的风险与收益偏好来优化投资组合。马柯维茨的办法是使用丹齐格的线性规划法，根据投资者在给定的收益下愿意接受多大风险来寻找最佳投资组合。

当马柯维茨在1955年的博士论文中提出该解决方案时，米尔顿·弗里德曼（他在1976年获得诺贝尔经济学奖）是他的评审委员之一。根据马柯维茨的说法，弗里德曼起初认为马柯维茨的现代资产组合理论（MPT）并非经济学的一部分。弗里德曼可能没那么较真，因为马柯维茨确实成功通过了答辩。但优化需做出风险决策的个人选择这一问题以前确实不是经济学的一部分。弗里德曼本人就几个经济学课题开发了数学模型，但计算结果似乎都是确定的。显然，以量化、概率的方式来讨论风险对许多经济学家来说是一个新事物。

这与一个世纪以来经济学内部的总体发展趋势相吻合，即用概率方法来处理风险，将其视为个人决策者遇到的问题，而不仅仅是某种不甚明确的宏观经济力量。20世纪初，经济学文献中讨论风险的文章很少提及概率。直到20世纪下半叶，经济学期刊上的大多数文章都没有提到概率一词，更不用说对它进行数学运算了。

我使用名为JSTOR的学术研究数据库，查找了"风险"一词在经济学文献中出现的频率以及这些文章使用"概率"一词的频率。图5.1显示了以风险为主题的经济学文章提到概率这一概念的百分比。在1960年之前，大多数关于风险的文章（超过80%）甚至完全没有提到概率。不过到今天，用量化方法评估风险的趋势（这使得人们更多地提及概率一词）已经成为主流。

在马柯维茨首次发表现代资产组合理论大约二十年后，有人提出了另一种有影响力的理论，即利用投资风险对期权定价。期权是一种金融衍生品，它赋予持有者在未来某个时间点以固定价格买入或卖出（具体取决于期权的类型）另一种金融工具的权利，但不是义务。使用期权买入或卖出的金融工具叫做标的资产，它可以是股票、债券或商品。这个未来的时间点叫做期权的到期日，固定价格称为行使价。这与期货不同，期货规定双方必须在未来的某个日期以预定价格进行交易。

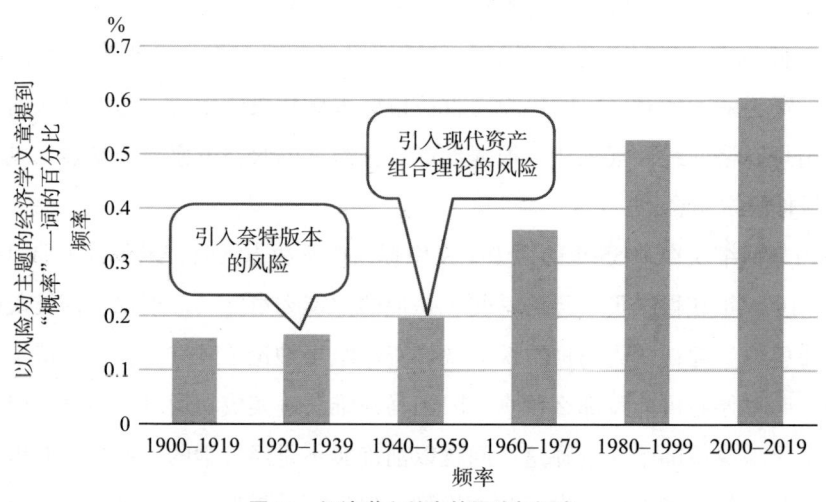

图5.1 经济学文献中的风险与概率

看跌期权赋予持有人在某个日期以某一价格卖出比如说一些股票的权利。看涨期权则赋予持有人在某个日期以某一价格买入该股票的权利。取决于标的资产在期权到期日的价格，持有人可能会赚很多钱，也可能什么都不赚。

仅当标的工具的售价高于期权的行使价时，看涨期权的持有人才会使用它。如果期权到期日标的工具的价格为 100 美元，而行使价为 80 美元，那么期权的所有者只需花 80 美元就可购买价值 100 美元的股票。该期权的价值等于两者的差价：每份 20 美元。但如果股票的售价只有 60 美元，那么这个期权就没有价值了（如果现行价格是 60 美元，那么以 80 美元买入某物的权利就没有价值了）。

但由于标的工具在到期日的价格是不确定的（可能是未来几个月后的价格），因此人们并不总是很清楚该如何给期权定价。罗伯特·C. 默顿在 1973 年提出了解决这个问题的办法。他是一位经济学家，在获得麻省理工学院经济学博士学位之前，他先接受的是应用数学、工程和科学领域的教育。另一位应用数学家费希尔·布莱克和迈伦·斯科尔斯（他是几个人里唯一一个只拥有经济学学位的人）进一步发展了这一理念。默顿和斯科尔斯凭借其对期权理论作出的贡献获得 1997 年的诺贝尔经济学奖（布莱克本来也能分享这个奖项，但他在两年前去世了，该奖项没有被追授）。现在这个模型被称为期权定价的布莱克—斯科尔斯方程式。

经济学的下一个重大发展是引入了经验观测的概念。有人会说，这是经济学第一次可以合理地被称为一门科学。现代资产组合理论（MPT）和期权理论（OT）关乎人们在理想情况下应该做什么，而不是描述人们实际做了什么。早期的经济学理论试图对此进行描述，但其假设市场参与者的行为是理性的。这就是所谓的"理性经济人"——在经济上做出合理行为的人。不过到 20 世纪 70 年代前后，一些研究人员开始调查人们在这些情况下实际做了什么。这些研究人员并不是经济学家，他们在很长一段时间内对经济学的发展趋势没有形成影响。但到了 20 世纪 90 年代，行为经济学理念开始对经济学产生影响。该领域开发的工具甚至被概率风险分析（PRA）的最先进用户所采用。

期权理论和现代资产组合理论与核电行业使用的概率风险分析至少有一个重要的概念差异。概率风险分析被经济学家称为结构化模型。系统的组成环节和它们之间的关系是在蒙特卡洛模拟中建模的。如果阀门 x 发生故障，就会造成泵 y 的背压损失，导致流入容器 z 的物质有所减少，依此类推。

然而在布莱克—斯科尔斯方程式和现代资产组合理论中，这些方法并没有试图解释价格变化的潜在结构。各种不同结果只是简单地表达为某个概率。而且和概率风险分析不同，如果历史上没有发生过某个系统层面的事件（如流动性危机），那么就无法计算其发生的概率。如果核电工程师以这种方式进行风险管理，他们将永远无法算出某个核电站发生熔毁的概率，除非同一反应堆设计发生了几次类似的熔毁事件。

当然，金融学领域也有一些尝试，试图找到各个因素之间的相关性，比如历史上某只股票的价格与油价或另一只股票的价格之间有何联动。但这种相关性也只是对历史走势的简单线性描述，并没有试图深入了解其潜在机制。这就像气象学和地震学之间的区别：两个体系都非常复杂，但前者至少会直接观测并对主要机制（如风暴前沿）进行建模。地震学家往往只能描述地震的统计分布，说不出地球深处在某一时刻发生了什么。概率风险分析更像前者，现代资产组合理论和期权理论更像后者。

其他方法是从期权理论和现代资产组合理论演变而来的，尽管它们都没有对这些早期理论有特别新颖的改进。例如，在险价值（VaR）被许多金融机构广泛使用，作为量化风险的一个基础。在险价值是指在给定概率下的最大损失（例如在某个投资组合中，5% 的在险价值是 1000 万美元）。在险价值实际上只是损失超越曲线（LEC）上的一个点。与 LEC 一样，在险价值是表达风险的一种方法——尽管单个点所能传递的信息要比整条 LEC 少得多。其他许多深奥的方法也从这些工具演变而来，我就不一一列举了。但如果房子的地基需要修补，我不会率先担心窗帘问题。

尽管期权理论、现代资产组合理论和在险价值被广泛使用，但早在 2008/2009 年金融危机之前，它们就成为人们批评的对象（金融危机之后更是如此）。正如本书后面会详细解释的那样，期权理论和现代资产组合理论所做的一些假设与人们在现实中观察到的情况并不相符。现实中发生重大损失的概率远比这些模型预测的要高得多。鉴于它们不像概率风险分析那样尝试对金融市场的组成环节（例如，单个银行、周期性重大破产等）建模，所以这些模型可能无法解释造成共模故障的已知相互作用。此外，我们还将说明与第4章介绍的损失超越曲线相比，在险价值（VaR）描绘的风险图有很大误导作用。

金融危机使许多人认为，这些金融工具是最需要修补的风险管理工具。诚然，它们还有很大的改进空间。但仅对最新发生的事件做出反应并不符合良好的风险管理的宗旨。风险管理是为了应对下一场危机。人们已经听到了改进流行金融工具的呼声。真正的大问题可能源于一种更流行的风险管理方法，由四骑士中最好的推销员——管理咨询师——所倡导。

管理咨询：权力纽带和出色的推销如何改变风险管理

20世纪80年代末，我得到了一份在我看来是一个新鲜出炉的MBA毕业生（尤其是来自中西部小型高校的MBA毕业生）梦寐以求的工作。那是八大会计师事务所风头正劲的时代，早在安然公司和安达信会计师事务所倒闭之前，当时所有的大型会计师事务所都设有管理咨询部门。我应聘加入了永道会计师事务所的管理咨询部门（MCS）。在相对较小的奥马哈办事处，我们没有专家。我能接触到来自许多组织的各种不同问题。

对于我们当时处理的问题，我倾向于把它定义为根本上是一种量化挑战，这也凸显了我的主要兴趣和才能。但这并不是我见到的大多数管理咨询师的工作方式。我注意到我的一些上司往往用我现在称作"PowerPoint思维"的方式来处理问题。我们都喜欢自己制作的PowerPoint幻灯片，尽管观众不一定这么想。这些幻灯片是用PowerPoint的智能图形功能来做的，但往往没有太多具体内容。鉴于委员会审议会对这些图表进行调整，所以无论其最初包含什么内容，有时会被进一步稀释。对于许多管理咨询项目，甚至是一些规模和范围很大的项目，PowerPoint幻灯片加口头演示是唯一可交付的成果。

我和其他初级咨询师开玩笑地说，这个过程是随机可交付生成器（RDG），仿佛演示文稿的真正内容还不如把吸引眼球的图片和流行语正确组合起来那样重要。幸运的是，永道也有务实的经理人和合作伙伴，可以防止RDG完全不受控地运行。但最让我惊讶的是，RDG似乎经常产生令客户满意的可交付成果（在20世纪80年代之前，有"可交付"这个词吗？）也许是八大会计师事务所的信誉使一些客户没那么挑剔。

我想如果我自称对管理咨询领域有相当充分的了解，有人会指望我写写彼得·德鲁克或 W.E. 戴明对管理咨询行业的影响。但站在我的角度，我看到了另一个重要趋势，它更多地受到《追求卓越》的作者汤姆·彼得斯、《再造企业》的作者迈克尔·哈默和《信息工程学》的作者兼软件工程师詹姆斯·马丁等人的影响。他们为那些正在谋求竞争优势的沮丧高管提供了更华丽的推销和更鼓舞人心的演讲。对我们这些想向客户展示我们对其所关注的问题很有研究的咨询师来说，我记得上述书籍一直在必读清单上。

传统上，高级管理咨询师本身就是经验丰富的管理人员，他们拥有 MBA 学位，通常来自国内最好的学校。但到了 20 世纪 80 年代，与信息技术相关的一种新型管理咨询给这个行业带来了新变化。

管理咨询师不是咨询经理的情况变得越来越普遍。有时候他们是软件开发人员和项目经理，试图用信息技术来解决客户的问题（并取得不同程度的成功）。

我入职永道会计师事务所的时候，IBM 的个人计算机问世才几年，仍未被许多大型组织所重视。大多数关键的软件应用要依靠使用 COBOL 和关系数据库的大型主机。八大会计师事务所和软件开发行业的其他公司都在提供服务，用理论上将企业需求放在首位的方式帮助组织不同的软件开发工作。前 IBM 高管詹姆斯·马丁在这方面产生了重大影响，他力推在系统记录企业需求的基础上开发软件。

然而像詹姆斯·马丁这样的创新者给八大会计师事务所带来了一个更重要的想法。为客户开发软件可能会有风险。如果出了什么问题，操作可能会延迟，生成错误的数据，进而对客户造成严重伤害。咨询师们找到了一种方法，可以获得信息技术咨询这项利润丰厚的业务——不少员工长期获得高额报酬——却不必承担软件开发所带来的风险与责任。他们可以开发方法论。与其把精力花在开发软件上，不如把时间花在为一些管理实践（比如，运行大型软件项目）开发几乎同样详细的书面程序上。使用这些方法需要获得授权，当然，往往也需要出售该方法论的公司提供大量培训和支持。詹姆斯·马丁也以同样的方式授权使用并支持他的"信息工程"方法论。

八大会计师事务所知道他们可以出售这样的方法论。如果你无法复制咨询行业的一些超级巨星，那么就记录某种结构化方法，请一群普通的管理咨询师来执行。对咨询公司来说，最理想的情况是你可以长期向某个客户派驻几十名初级助理，并以符合八大会计师事务所地位的丰厚日薪来收费。让企业和计算机保持"对齐"的业务只是门票。

我们所熟悉的风险矩阵恰恰为咨询师提供了这样的机会。它很直观，可以让每个人感觉自己真的在分析什么。风险矩阵也是一种简单的方法，可以轻松进行多次独立开发，但我对风险矩阵是否可能存在"零号病人"做了一些调查。关于风险矩阵的起源，我确实找到了几个有力的候选人，而且都与不同类型的审计师有关。

这些人是否有审计师这个头衔并不重要，我指的是那些以寻找错误、缺陷和违规行为为工作的人。这其中包括审计师这个词在会计领域的传统用法，也包括与遵守法规、安全等规定相关的工作。审计师需要进行周密和系统化的审核，核对他们所做的一切。但在风险管理上，这群人的工作可能与其他三骑士的早期研究无关。

早在20世纪70年代，负责系统可靠性和安全性的工程师就用到了"危害性矩阵"这一术语。类似于现在的风险矩阵，危害性矩阵将不同的潜在事件绘制在一张图表上，一条轴表示概率，另一条轴表示事件的严重性。至少在定义这种方法的标准之一中，事件的概率和严重性被有序分类。定义危害性矩阵的标准也对故障模式、影响和危害性分析（FMECA）的相关程序作出了定义。

20世纪80年代，石油和天然气行业的一位金融类审计师也开发出了类似的图表。前面提到的甫瀚咨询董事总经理吉姆·德洛克在20世纪八九十年代任职于安达信会计师事务所（在其倒闭之前）期间见证了这种方法的兴起。他讲述了加拿大海湾公司（一家石油和天然气公司）的金融审计师如何开发出他所谓的控制自我评估（CSA）方法，这种方法的表现形式与风险矩阵相同。也许这名审计师是受到了工程安全的影响，因为该公司可能使用了FMECA。不同的是，与工程安全评估员使用FMECA相比，这名金融审计师对CSA的使用要广泛得多。

根据德洛克的说法，该方法的原创者在会议上积极推广这种方法，它似乎受到了大型咨询公司的青睐。

德洛克对我说："到 20 世纪 90 年代中期，每一家大型咨询公司都上车了。"它们都开发了属于自己的风险矩阵版本，有时是三乘三版本，但通常是五乘五版本——分别有五个可能性和影响类别。

任职安达信期间，德洛克本人在内部审计和控制圈中很有影响力，并且是该方法的众多倡导者之一。德洛克后来完全放弃了风险矩阵，转而采用定量方法。他意识到有越来越多的研究在否定这些方法的价值（我们将在下面的章节中看到），也意识到这些方法没有借鉴更多的风险基础概念。该领域出版的标准、教科书和其他研究很少甚至完全没有引用精算学、概率论或决策论的早期研究。但风险矩阵已经站稳了脚跟，现在是人们迄今为止最熟悉的风险评估方法。

无论是好是坏，管理咨询师无疑是四骑士中最有效的销售代表。赚钱还意味着能够大规模提供咨询服务，雇用大量咨询师和少量有经验的员工，以保持较低的开支。因此，在风险管理领域或其他领域，大多数成功的管理咨询师自然而然地演化出了一套策略（请参阅下面的"如何兜售分析安慰剂"专栏）。

如何兜售分析安慰剂（即蛇油）

- **兜售 FUD**：恐惧、不确定和怀疑（FUD）有助于我们推销任何东西，尤其是风险管理服务。所有销售代表都会重复这样的口头禅：买东西最终是一种情绪化行为，在这方面 FUD 堪称翘楚。一个关键技巧是能够讨论历史上最大的灾难事件的细节。听众会认为他们学到了什么，即使他们并没有。

- **兜售结构化方法**：卖一项花一两个星期就能完成的咨询服务所付出的努力有时候不比卖一项花一年或更多时间才能完成的服务少。因此，如果你要出售咨询服务，最好卖一些要花费很多时间但仍然可以收取高费用的服务。要做到这一点，一种办法是说你使用一种结构化方法，它有很多具体的可交付成果。这些方法有其自身的认知价值，不管它是否被任何科学方法所证明。大多数管理咨询可能被潜在客户认为是无实质意义的，因为他们不知道自己到底能得到什么。采用结构化方法可以告诉客户，他们至少会获得一些确定的可交付成果，并告诉他们这方面有过先例。在实践中，结构化方法和团队中各个专家的经验具有同样大的权威。这也是一个差异化因素，特别是对大型咨询公司来说，因为通常只有它们才有资源来开发如此详细、有记录的方法。

- **兜售直观方法——不要担心其是否有效**：管理人员必须先了解一种方法，然后才能把它卖出去。和其他人一样，咨询师也会建立自我强化的信念，抵御外来攻击并嘉奖接受信念。他们摒弃更复杂的方法，理由是其过于复杂、理论化和不切实际。对大多数风险管理方法来说，客户无法区分安慰剂效应和真正的价值。以下技巧似乎可以产生价值感：
  - 把一切东西转换为数字，无论它们有多主观。对管理人员来说，数字听起来更好。如果你将其称为得分，则听起来更像打高尔夫球，这对他们来说更有趣。
  - 只要你至少有一个人的证言，你就可以随便使用"证明"这个词。
  - 召开大量"促进研讨会"来"建立共识"。
  - 绘制一个巨大的矩阵来展示你的方法和其他方法以及标准之间的联系。图表的用途并不重要。重要的是你的努力将被看到。
  - 可选。为此开发一个软件应用程序。如果你能在幕后进行一些他们不太理解的计算，那就会显得更神奇，因此也更合理。
  - 可选。如果你走软件路线，生成雷达图或气泡图。这样看起来更像是在认真分析。

这些销售策略非常有效，无论产品是否与精算师、工程师和金融分析师所熟知的更复杂的风险管理方法有关。

这些流行方法的影响怎么夸大都不为过。它们被用于各种重大决策，已经成为受人尊敬的标准组织所倡导的"最佳做法"。世界各地的组织很快采用这些方法，希望自己至少可以声称它们是在遵循国际惯例。以下是一些标准示例。和之前提到的量化方法相比，这些标准跟我描述的咨询师方法有更多共同点：

- 信息及相关技术控制目标（CobIT）。该标准由国际信息系统审计与控制协会（ISACA）和信息技术治理研究所（ITGI）制定。其包含一种评估 IT 风险的评分法。
- 项目管理知识体系（PMBoK）。该标准由项目管理协会（PMI）制定。与 CobIT 相类似，它包含一种评估项目风险的评分法。

- 《800-30 信息技术系统风险管理指南》。该标准由美国国家标准技术研究所（NIST）制定。它提倡另一种评分法，基于用高、中、低来评估风险事件发生的可能性及影响。

这些方法不仅不是风险管理的最佳做法（因为它们无视了早期量化方法的所有改进措施），而且你可能很难相信这些组织当中的一些代表着各自领域的标杆。譬如说，项目管理协会自己的《组织项目管理成熟度模型》（OPM3）手册说，该手册的编写工作已经逾期三年。按理说，在项目管理领域，项目管理协会应该是指导人们如何按时完成项目的头号权威机构。

其他标准组织并未推荐具体方法，但明确支持较软性的评分法，将其作为一种适当的解决方案。ISO 31000 标准规定"分析可以使用定性、半定量或定量方法，或结合使用这些方法，具体视情况而定。"它还补充说："在可能和适当的情况下，应对风险进行更具体和量化的分析，作为后续步骤。"但其没有指出"量化"的具体含义。这为该标准的使用者提供了很大的诠释空间。由于评分法更易于实施，这实际上确保了评分法将成为人们在遵守该标准时采用的主要方法。

请不要忘了，正如我们在第 2 章中提到的那样，一些流行方法正在进入立法。《多德—弗兰克华尔街改革和消费者保护法》明确要求联邦存款保险公司使用风险矩阵。该法规没有明确要求各家银行使用这一方法，但它可能对那些想向监管机构表明他们正为管理风险做出合理努力的银行产生一定影响。

读者可能在前面部分就确定，本书的大部分内容是在讨论为什么概率方法在经过某些改进后实际上对大多数重要决策来说是完全实用且合理的方法。同时，我还主张停止使用流行但无效的评分法，不管这些方法看起来多么实用。

比较四骑士

四骑士代表了四种不同、但有时候相关的风险管理方法。它们都面临不同的挑战，尽管一些方法面临的挑战更大。表 5.1 总结了这些问题。

虽然其他领域也有令人印象深刻的业内专家，但精算师职业是唯一具有某种正规、专业化标准和道德规范的领域。精算师最终往往会采用来自其他领域的最佳量化方法，但正如美国国际集团的案例所证明的那样，最大的风险往往在精算师的法律和专业职责范围之外。

表5.1 对四骑士的总结

骑士	使用者/用于	简要描述	挑战
精算师	从历史上看，保险业和养老金行业（但已经延伸到其他领域）	高度规范和结构化认证过程；建立在成熟方法之上，较保守	他们是早期采用数学方法来进行风险分析的一类人，但此后往往较保守，未能与时俱进；没有充分发挥权威
战争宽客	工程师，少数业务分析师和一些金融分析师	倾向于像看待工程问题那样看待风险分析问题；对系统具体组成环节和它们之间的相互作用进行建模	需要主观输入，不对已知的系统误差进行调整，建模很少结合实证分析
经济学家	金融分析师，一些应用于非金融投资领域（如项目、设备投资等）	专注于历史数据的统计分析，而非详细的结构化建模（虽然也有例外）	在极端市场变化的频率上仍做出已知为不正确的假设；往往避免结构化模型或认为它们是不可行的
管理咨询师	来自大型和小型企业的咨询师，各类审计师，不属于前几类的几乎所有人	主要基于经验；可能有详细记录的分析程序；使用评分法	方法未经验证；主观输入导致误差，评分法进一步放大了这种误差

跟精算师一样，核工程师和使用概率风险分析及源于战时定量分析师的其他方法的人也倾向于用数学上合理的方法来进行风险分析。但他们仍无法避免某些误差。与此同时，他们的方法仍被认为过于深奥和难以使用。有些方法和工具可以克服这种反对意见，但大多数风险分析师并不知道这些方法。

一些金融分析师本人是极具天赋的数学家和科学家，但他们似乎没有对其金融模型的许多基本假设加以质疑。如果有人能用概率风险分析的方法进行更详细的建模（或者他们确实这么做了，但显然没有引起管理层的重视），那么造成2008/2009年金融危机的那种共模故障和瀑布效应或许就能被发现。然而事实是，金融模型仅对市场进行简单的统计描述，忽略了这类系统故障。

最后，在风险管理的所有主要流派中，管理咨询师的推销最软性、最轻松和最成功。遗憾的是，他们也是最远离风险管理学的一类人，其所作所为可能弊大于利。

在这一点上，我想提醒读者我在本章开始时对"汉隆剃刀"原理的补充。我们不该以当事人无法控制的因素为理由，将迄今为止他们所使用方法的缺陷归咎于其本人。和其他所有人一样，大多数管理咨询师和审计师都在使用被奉为该领域最佳做法的方法。这些方法在大多数咨询师开始使用之前就已经发展起来了。他们现在用的方法不过是历史事件的产物。问题是他们现在该怎么做，特别是考虑到本书后面对一些方法的批评。

亟待解决的重大风险管理问题

本书剩余部分将对一个或多个风险管理流派所面临的问题进行分析，并提出解决这些问题的办法。以下专栏总结了六大挑战。

专栏中的前五点将在本书的第二部分（失败的原因）进行讨论，并与下面五章一一对应。最后一点将在多处论述。

> **风险管理的六大挑战**
>
> - **关于风险概念的混乱**：在风险管理的不同专业领域，分析师和管理人员用"风险"一词来代表一些截然不同的事物。因为解决方案的一部分是加强合作，所以我们需要使用统一的定义。
>
> - **在风险的主观判断上完全可以避免的人为误差**：大多数风险评估方法或多或少必须依靠领域专家的一些主观输入，但如果没有某些预防措施，领域专家在判断不确定性和风险时会出现令人惊讶的相同类型的误差。尽管研究表明，有些方法可以纠正人们所犯的某些系统性误差，但很少有人会这样做，最终结果是人们几乎普遍低估风险。
>
> - **指出流行方法的问题**：评分法使用的许多主观规则和数值不仅没有考虑到主观风险判断存在的问题（参见前一点），而且还会引入自身的误差，它们实际上可能让决策变得更糟糕。对大型、重要决策来说，使用其他分析方法会更好。
>
> - **妨碍人们使用更好方法的错误观念**：就连一些有经验的风险分析师也会为使用无效的方法辩解，认为更好、更复杂的方法不会奏效。但这些观点都

建立在有关定量风险分析本质的重大谬误之上。

- **即使最复杂的模型也反复出现误差**：大多数定量方法的使用者并不试图通过对照历史数据来评估其模型的可靠性。在流行量化建模工具的使用者当中，大多不存在质量控制，他们也很少使用现实生活观测。这些都是可以避免的问题，不应被视为是使用更好的风险分析方法的障碍。一些分析师假定他们的模型代表着一定程度的权威与真理，但事实并非如此。一知半解的模型在各种情况下被误用。

- **各种制度化因素**：其他几个因素不仅影响到风险评估（这是我们的重点），同时也影响到之后的风险管理。譬如说，毫无必要地分隔风险分析师（在同一组织内部和各个组织之间）意味着重大共享风险和关系在过度专业化的模型中被忽略。同样，低效的激励机制也会影响风险评估和风险管理。在计算大多数高管的奖金时，风险最小化未能成为一个考量因素；组织也没有必要的激励措施让领域专家给出可靠的预测或根据观察结果来验证旧的预测。正如第 2 章的调查所述，风险管理上的一个重要动力是遵守和使用所谓的行业最佳做法。如果船只正在下沉，至少船长可以指出他（她）遵守了既定程序。从船长的角度来看，这是一个理性的动机（我们都想减少自己受指责的风险），但在乘客看来，这可能是不够的。

◆ 注释

1. Attributed to a Robert Hanlon by Arthur Bloch in *Murphy's Law Book Two:More Reasons Why Things Go Wrong* (Little Rock, AR: Leisure Arts, 1981),but a similar quote was also used by Robert Heinlein in his short story "Logic of Empire," *The Green Hills of Earth* (New Rochelle NY: Baen Books, 1951).

2. H. Bühlmann, "The Actuary: The Role and Limitations of the Profession since the Mid-19th Century," *ASTIN Bulletin* 27, no. 2 (November 1997): 165–171.

3. Ibid.

4. D. Christopherson and E. C. Baughan, "Reminiscences of Operational Research in World War II by Some of Its Practitioners: II," *Journal of the Operational Research Society* 43, no. 6 (June 1992): 569–577.

5. R. Ruggles and H. Brodie, "An Empirical Approach to Economics Intelli-gence in World War II," *Journal of the American Statistical Association* 42, no. 237 (March 1947): 72–91.

6. R. A. Knief, *Nuclear Engineering: Theory and Technology of Commercial Nuclear Power* (Washington, DC: Taylor & Francis, 1992), 391.
7. R. Howard, "Decision Analysis: Applied Decision Theory," *Proceedings of the Fourth International Conference of Operations Research* (Boston: Author, 1966).
8. F. Knight, *Risk, Uncertainty and Profit* (Boston: Houghton Mifflin, 1921).
9. J. M. Keynes, *A Treatise on Probability* (New York: MacMillan and Co., 1921).
10. H. M. Markowitz, "Portfolio Selection," *Journal of Finance* 7, no. 1 (March 1952): 77–91.
11. MIL STD 1629, *Procedures for Performing Failure Modes, Effects and Critical-ity Analysis*, (Washington, DC: Department of Defense, 1974).
12. *ISO/DIS 31000—Risk Management: Principles and Guidelines on Implemen-tation* (Geneva, Switzerland: ISO, 2008/2009).

第6章

告别象牙塔：纠正关于"风险"概念的混乱

> 如果你想和我对话，请使用规范明确的语言。
>
> ——伏尔泰

即使在那些专门研究该课题的人当中，风险概念甚至是"风险"一词也引起了相当大的混乱。关于风险和风险管理，有许多根深蒂固且相互排斥的理念。在取得任何进展之前，我们必须先解决这些分歧。

你可能会认为，就"风险"一词的含义达成共识应该相对简单，而且这个问题应该早就解决了。如果真是这样就好了。不同的行业对其有不同的定义。有些人甚至不知道他们对"风险"一词的用法和其他人不同，他们可能会误认为自己正在和其他风险专业人士进行明确无误的沟通。

在开始风险管理的繁重工作之前，我们需要在词汇和概念上打下坚实的基础。首先，关于"风险"一词如何被用于不同的领域，让我们澄清一些混乱。我在第2章中对风险进行了明确定义，但值得在此重述。同样，我们还要澄清"不确定性"的相关概念，并区分这些概念的定性和定量用法。

（请注意，我在早前一本书《数据化决策：寻找商业无形资产的价值》中做出了同样的区分）

不确定性和风险以及对两者的衡量

- **不确定性**：缺乏完全的确定性——存在不止一种可能性。不知道"真正"的后果、状态、结果和价值。
- **对不确定性的衡量**：一组概率对应一组可能性。例如，"明天有60%的概率会下雨，40% 的概率不会下雨。"
- **风险**：一种不确定的状态，其中某些可能性涉及损失、伤害、灾难或其他不良后果（即可能发生坏事）。
- **对风险的衡量**：每一组可能性有量化的概率和量化的损失。例如，"我们认为，拟议中的油井有 40% 的可能会干涸，损失 1200 万美元的勘探钻井费用。"

上述描述不仅代表了保险业、其他行业及研究领域对这些术语的实际使用，而且也最接近普通民众对该术语的使用。虽然风险专业人士对这些术语的使用需要比普通民众更精确些，但在其他方面，这些定义与所有主要英语词典提供的解释完全一致。

但风险管理人员需要知道，并非人人都采用这样的定义——甚至并非所有的风险专业人士和学者都采用这样的定义。有些圈子会使用自己的语言，其中许多人坚持认为他们的定义是"正规"或专家"公认"的定义——却没有意识到别的专家对其他定义有着相同的看法。就如何管理风险而言，缺乏统一的定义实际上可能是造成许多分歧和误解的根源。

因此，让我们来讨论一下风险和相关术语的定义有何不同，以及如何纠正这种混乱。

弗兰克·奈特定义

弗兰克·奈特是 20 世纪初期一位颇具影响力的经济学家，他著有《风险、不确定性和利润》（1921 年）一书。该书以他 1917 年的博士论文为基础扩充，现已成为许多经济学家眼中的经典之作。在书中，奈特对不确定性和风险进行了区分，至今仍影响着一大批学者和专业人士：

（为了区分）可衡量的不确定性和不可衡量的不确定性，我
们可以用"风险"一词来指代前者，用"不确定性"一词来指代
后者。

根据奈特的说法，当我们无法量化各种不同结果的概率时，我们就有了不

确定性；而风险适用于我们能知道各种可能结果的概率的情况。但不论是过去还是现在，奈特的定义与这些术语在保险、统计、工程、公共卫生以及其他几乎所有涉及风险的领域的流行用法和实际使用都相去甚远。

首先，奈特没有提到发生损失的可能性，把它作为风险含义的一部分。他指出，关于风险，我们要做的就是量化各种不同结果的概率——这几乎与该词在任何领域的其他用法都相反。奈特的定义无关这些结果的一部分从某种意义上讲可能是不理想的。实际上，就在奈特出书的同一年，另一位相当有影响力的经济学家约翰·梅纳德·凯恩斯出版了《论概率》，他在书中对风险作出了不同的定义。以投资为例，凯恩斯将风险定义为做出"牺牲"的概率，即可能得不到回报的概率。凯恩斯对风险的描述不仅在数学上定义明确，而且符合大众对该词的理解。

其次，奈特对不确定性的定义似乎经常与其他研究人员和专业人士相矛盾，后者通过将概率应用于不同的结果来"量化不确定性"。实际上，奈特对风险的定义就是其他大多数人所说的不确定性。

奈特在该书的序言中说："本书几乎没什么重要的新内容。"但他对不确定性和风险的定义是相当新的——事实上，以前人们可能从未听说过。即便奈特自己也一定觉得他是在开辟新领域，因为他显然认为迄今为止还没有足够好的定义来区分风险和不确定性。他在书中写道："必须将不确定性与人们所熟悉的风险概念彻底区分开来，尽管人们从未恰当区分两者的含义。"

实际上，这些术语在许多领域的使用已经极为一致，有时在数学上也非常明确。即使在经济学中，人们也普遍认为不确定性可以用概率来量化表达，并且类似于凯恩斯的定义，他们认为风险必须包含损失在内。请参考以下经济学期刊引文，其中一篇是在奈特出书后发表的，另一篇是在其出书之前发表的：

> 所以概率关注的是据称不确定（强调）的判断。Economica，1922年

> "风险"一词在经济学上没有任何专门含义，但在此和其他地方（强调）代表遭受"损坏"或"损失"的可能性。《经济学季刊》，1895年

第一句话谈到概率（它在经济学、数学和统计学中被广泛认为是一个数量）

可适用于判断的不确定性。第二句话承认，人们通常把风险视为一种遭受损失的可能性。

早在奈特出书之前，我先前为风险和不确定性提出的定义就一直在数学领域使用，特别是在机会博弈方面。1900年之前，贝叶斯、泊松、伯努利等许多知名数学家都谈到了用量化概率来表达不确定性。这与奈特对这个词的使用直接相悖，因为奈特认为不确定性是无法衡量的。这方面的研究非常多，我甚至可以写一本书来讲述1900年之前关于衡量不确定性的理论。幸运的是，我不需要这么做，因为已经有了这样的书：《统计学历史：1900年前对不确定性的衡量》。

我遇到的一个关于不确定性的有趣定义出现在20世纪初的赌博心理学领域（在这里，不确定性再次被量化）。克莱门斯·弗朗斯于1902年在《美国心理学杂志》上发表《赌博冲动》一文，文中把不确定性定义为"一种悬念状态"。1903年，在赌博中使用不确定性这个概念已经很普遍，以至于其出现在《国际伦理学杂志》上："所以说，一定程度的不确定性以及冒险意愿是赌博的关键。"

即使在奈特提出他的定义后不久，其他领域仍在量化不确定性并将风险视为遭受损失或伤害的可能性。例如，1925年物理学家维尔纳·海森堡提出了著名的不确定性原理，该原理对一个粒子的位置及速度的最小不确定态进行了量化。研究在不确定条件下如何做决策的数学家们继续像我们一样定义不确定性和风险。整个保险业照常开展业务，完全不考虑奈特提出的替代定义。

一个简单的测试可以证明，奈特对"不确定性"一词的使用与我们的常识相悖。请向你周围的人提出以下三个问题：

1. "如果我要抛硬币，在我抛硬币之前，你会对结果感到不确定吗？"
2. "结果是反面的可能性有多大？"
3. "假设你没有对抛硬币下注或者用抛硬币的结果来决定其他事情，你在抛硬币这件事上有风险吗？"

几乎所有人都会回答说"是的，百分之五十，没有。"如果严格按照奈特的定义来回答，答案将是"不，百分之五十，有"。因为我们对问题2的回答表明这种可能性是可以量化的，所以奈特不得不说抛硬币不具有不确定性（他说不确定性是无法衡量的），尽管几乎所有人都会说是。同样，因为抛硬币符合他对风险的唯一标准（概率是可以量化的），所以他必须对问题 3 回答"是"，尽管我们大多数人会说没有风险，因为结果不涉及任何利害关系。

虽然奈特的定义与许多风险管理专业人士大相径庭，但即使在今天，他的定义仍影响着这个话题。我曾与一位新晋博士通信，她对一个重要政府项目进行了所谓的前期定量风险分析。在讨论风险时，我们对一些词的使用显然存在差异。她和奈特一样，用"不确定性"这个词来形容"不可量化的随机性"。她没有特别提到奈特，但指出尽管这不是常用的用法，但这是该术语"在文献中的定义"。为了证明这一点，她援引了一本相当重要的决策学选集《判断与决策：跨学科读本》的编辑提出的定义，后者的定义与奈特相同。我碰巧有这本书，在不到五分钟的时间里，我就在同一本书里找到了另一篇讨论如何"用概率来表达"不确定性的文章，这与我找到的几乎所有其他资料都是一致的。

奈特本人也承认，他的定义不是这些术语的惯常用法。尽管之前有大量研究对风险和不确定性进行量化，但出于某种原因，他认为这些词的定义并不恰当。遗憾的是，奈特的观点对许多经济学家和非经济学家产生了很大的影响，这进一步加剧了风险管理的混乱。我们姑且称它为——一个错误。在传奇经济学家（后面还有更多）的粉丝当中，这会给我打上异端的烙印。但这是一个错误的构思，并没有澄清任何事情。

奈特对金融和项目管理的影响

根据奈特的定义，风险不一定涉及损失。事实上，风险也可能指发生好事的概率。这也是某些领域的常用用法。在金融和项目管理行业，我们可以听到诸如上行风险之类的说法。

在金融界，经常与风险画上等号的词是波动性和方差。如果一只股票的价格倾向于发生剧烈和频繁的变化，则它被视为具有波动性，因此也会带来风险。这有时候会跟经济学家哈里·马柯维茨联系在一起，后者因现代资产组合理论（MPT）而获得诺贝尔经济学奖。

正如第 5 章中简要提到的那样，现代资产组合理论（MPT）试图定义一个理性的投资者如何在资产组合中选择投资，以使该资产组合的总体风险和收益达到最佳。

马柯维茨从未明确提出这样的定义。他仅指出，在大多数金融学文章中，"如果用收益波动来取代风险，那么表面意义几乎不会发生改变。"和风险一样，他认为如果收益足够高，那么波动是可以接受的。但在实践中，使用MPT的分析师往往将历史收益波动等同于风险。

虽然历史上收益波动较高的股票确实可能是高风险股票，但我们要注意这与我之前提出的定义有所不同。首先——这一点似乎很明显，几乎不值一提——仅当你持有该股票的头寸时，股票的波动性才对你构成风险。我通常对"超级碗"的结果持有很大不确定性（特别是因为我没有密切关注赛事），但除非我要下注，否则我就没有风险。

其次，即使这涉及一些利害关系，波动性也不一定等同于风险。比方说，假如我们玩一个游戏，我掷出一个六面骰子，无论掷出哪一面，我都会乘以100美元并付给你该金额。也就是说，你赢的钱介于100美元到600美元之间。你只需付我100美元就能玩这个游戏。掷骰子的结果存在不确定性（即方差或波动性）吗？是的；你可能无法从游戏中获得任何收益，也可能获得500美元的收益。你有风险吗？没有；任何结果都不会给你带来损失。

当然，市场上通常不存在这样的游戏，这也是为什么波动性可能被当做风险的代名词。在一个交易活跃的市场中，此类游戏的价格会被"抬价"，直到至少存在一定的亏损概率。想象一下，如果我拿着同样的游戏，给你办公室里出价最高的人玩，而不是只给你玩。很可能在几个人里有人愿意为掷一次骰子付出超过100美元的价格，在这种情况下，这个人就等于接受自己有可能蒙受损失。

市场会让任何一项结果有很大不确定性的投资需要足够高的成本，以至于可能出现亏损——所以对任何投资它的人来说这都是一种风险。

不过在金融市场上行之有效的方法并不总是与管理人员处理公司运营方面的投资息息相关。例如，如果你有机会为你的办公大楼安装更好的隔热窗，你可能会轻松省下比投资多得多的钱。虽然能源成本是不确定的，但你可能认为，只要能源成本现在不是一个小数，安装新窗户就是划算的。这跟股票的区别在于，没有更广泛的市场参与者可以跟你竞争这项投资。你有独家机会进行投资，其他投资者不能随便抬高价格（尽管窗户的价格最终可能会随着需求上升而上涨）。

当预期收益太小、哪怕是轻微的波动都会造成不良后果时，波动极小的运营投资也可能是有风险的。你可能会拒绝这样的投资，但在市场上，这项投资的价格会被压低，直到其对某人产生吸引力为止。

项目管理领域也把风险定义为潜在的好事或坏事。美国项目管理协会（PMI）2018年出版的《项目管理知识体系指南》就项目风险给出了以下定义："某个不确定事件或状态，一旦发生则会对项目目标产生积极或消极（强调）的影响。"

一定程度上因为项目管理协会的影响，该定义在项目管理领域得到了许多人认可。项目管理协会成立于1969年，到2018年它在全球拥有超过50万会员。除了发布项目管理知识体系（PMBoK）外，它还提供项目管理专业人士（PMP）资格认证。虽然项目管理协会试图涵盖所有领域的各类项目，但其成员大多是信息技术项目经理。

英国也有一些组织以这种方式定义风险。英国项目管理协会（APM）2010年发布的《项目风险分析与管理指南》把风险定义为"某个不确定事件或一组情况，一旦发生将对目标的实现产生影响"，并进一步指出"影响可能有好有坏"。

英国标准协会的《BS6079-1：2010年项目管理原则和指引》以及《BS6079-2：项目管理词汇》将风险定义为"特定威胁或机会（强调）发生的概率与频率，以及后果的严重程度。"

我与美国项目管理协会认证的项目管理专业人士讨论了风险的定义。我指出，将积极结果作为风险的一部分与决策学、保险业、工程概率风险分析和几十年来处理风险问题的其他大多数专业对这个词的用法有明显不同。他问道，为什么不让风险包含所有可能的结果，而不仅仅是负面结果。我说："因为已经有了一个词——不确定性。"

另一位项目经理告诉我，风险可能是件好事，因为"有时候你必须冒险才能获得回报。"的确，你常常要承受风险才能获得一些回报。但如果你能以较少的风险获得同样的回报，你肯定愿意这么做。这就像说开支本身是件好事，因为有了开支就能进行企业经营活动。但同样地，如果你能在减少开支的同时维持或改进经营，那么你肯定愿意尝试。一个人常常要做出牺牲才能获得回报，这个事实并不等于说这些牺牲本身就是可取的。正因为如此，它们才被称为"牺牲"——为了得到你想要的其他东西，你愿意忍受这样的付出。如果它是件好事，在其他所有条件都不变的情况下，你会希望它越多越好。只有当你认为自己能得到更多其他东西时，你才会接受更大的代价或风险。

事实上，你能找到的每一本英语词典（包括韦氏词典、美国传统词典、牛津英语词典，甚至是 Dictionary.com）都把风险定义为危险，造成损失、伤害或损害的可能性。没有一本词典提到风险也包含产生积极结果的可能性。风险本身是一种机遇（而不是人们为了获得机遇愿意付出的代价）的说法也跟现实生活中的保险业和理论界的决策论对该词的既定用法背道而驰。我们会看到，决策论中使用的避险总是指避免发生损失的可能性，而非避免获益的可能性。

由于项目管理知识体系（PMBoK）和其他项目管理标准似乎从未引用过奈特的话，所以我们不清楚项目管理协会（PMI）是否受到了奈特的影响。但至少我们知道它没有受决策学、精算学或一般概率风险分析的影响。此外，混淆"风险"一词的含义并不是 PMI 风险管理方法的唯一问题。在谈到有关其风险评估方法存在的问题时，我们将再次讨论 PMI。

总之，只有当某些结果涉及损失时，潜在不同的结果才意味着风险。无论是市场上进行交易的投资还是企业管理方面的运营投资，我们对风险的定义均适用于上述情况。

建筑工程学定义

当我在建筑工程行业进行风险分析咨询时，遇到了"风险"一词的另一种用法。工程师通常会给工程项目的成本设定一个范围，他们将其称为方差模型。钢材的价格在施工过程中可能会发生变化，所以他们必须对该数值设定一个范围。同样，对不同工种的小时费率或每个工种所需的工作量也需要设定一个范围。这些项目的不确定性将以范围来体现，比如"明年这项工作的小时费率是每小时 40 到 60 美元"或"该建筑物需要 75 天到 95 天才能完成"。

这种表述很直白,但他们并不认为这会对项目构成风险。他们用另一种风险模型来列举可能发生或可能不会发生的特定事件,比如"有 10% 的概率发生现场事故,导致工程停工"或"电工罢工的可能性为 20%"。风险一词的这种用法根据不确定性的来源是一个连续数值还是独立事件,对其加以主观区分。

在我提出的风险定义中,钢材和劳动力价格——它们可能比工程师预期中高得多——是一个合理的风险来源。

建设项目有一定的预期收益,成本增加和工期延误可能会使这种收益化为乌有,甚至造成项目的净损失。一些不确定的结果会导致损失,我们都应该将其称之为风险。风险跟不确定性是某个独立事件还是数值范围无关。

风险作为预期损失

有时候我碰到风险被定义为"不幸事件发生的可能性乘以发生此事件造成的损失"。我在核电、许多政府机构,有时在 IT 项目中遇到过这种用法。某一事件发生的概率乘以该事件造成的损失被称为事件的预期损失。

不熟悉决策学的读者应该注意,当风险分析师或决策科学家使用"预期"一词时,他们的意思是"概率加权平均"。预期损失是指将每个可能发生损失的概率乘以损失规模,再把所有损失相加(该数值可能跟最有可能发生的损失相差很大)。

在出现不必要的转弯之前,这个定义走在正确的道路上。它承认需要衡量不确定性和损失。但此定义对决策者作出了一个不必要的假设。它假定决策者是"风险中性"者,而非像大多数人那样是"风险厌恶"者。对风险中性者来说,一个不确定结果的值即等于它的预期值,也就是所有结果的概率加权平均值。比如说,看看你更喜欢下面哪种情况:

- 抛硬币,正面朝上对方给你 20000 美元,反面朝上你给对方 10000 美元。
- 对方给你 5000 美元。

对风险中性者来说,两者是相同的,因为它们的预期值相同:($20000×0.5)+(−$10000×0.5)= $ 5000。但由于大多数人并不是风险中性者,所以仅计算预期损失并将其等同于他们的风险偏好有些过于冒失。

管理人员认为某个风险的价值有多大（也就是说，她愿意为避免这一风险付出多少代价）取决于她的风险厌恶度，这不能光靠了解风险发生的可能性和涉及多少损失来确定。有些人可能认为，如果对方给你2000美元，那么上面提到的两个方案是等效的。还有人甚至愿意花钱阻止抛硬币，以免蒙受10000美元的损失。我们稍后会谈到量化风险厌恶度的问题。

与之前的做法相反，我们可以保留风险的单独组成部分，直到我们把它用在某个特定的风险厌恶型决策者身上。这相当于把风险视为一个矢量。矢量是用二维或多维来描述的量，它们在物理学中很常见。单一维度的数量（例如质量或电荷）用一个数字来表达，如"11.3千克质量"或"0.005库仑电荷"。但是矢量——例如速度或角动量——是一种既有大小又有方向的量。

和物理学中的矢量一样，我们不必将损失的大小和概率换算成一个数字。我们甚至可以有大量可能的结果，每个结果都有自己的概率和损失数额。如果有很多负面结果，并且每个负面结果都有损失的概率和程度，那么整个数据表就代表着风险（参见表6.1）。当然，损失及其概率往往有一个连续的数值范围。如果一个主要设施发生火灾，那么可能的损失就有一个范围，而这个范围内的每一点都有一个相应的概率。

如果你找到的任何风险定义声称风险是"危险、伤害、损失、损伤的概率、可能性和程度、数量、严重性"，那意味着它把风险当做一个矢量。对风险进行量化包括量化风险事件发生的可能性和后果，但不需要将其相乘。

表6.1　用矢量表示的项目失败风险示例

事件	可能性	损失
项目完全失败–损失资本投资	4%	500万到1200万美元
部分失败–不完全采用	7%	100万到400万美元

为了确定一组概率和损失是否比另一组更不理想，我们仍需要用单个数值来进行比较。我们只是不需要对风险中性作出假设。相反，我们需要知道如何量化风险厌恶度。换句话说，我们需要衡量我们的风险容忍度。

定义风险容忍度

你愿意承担多少风险？正如我们刚刚讨论的那样，大多数公司在一定程度上厌恶风险，而不是持风险中性的立场。但到底有多讨厌风险？这是一个非常具体的问题，需要得到同样具体的答案。数学上有一种明确的表达方式，但遗憾的是，人们常常用含糊不清的词语来描述它，在实际决策中几乎毫无用处。

关于个人或组织愿意承受多大风险的陈述可称作风险容忍度，有时也称为风险偏好。许多管理人员会交替使用这些词语，而且经常使用统一的政策声明来表达，例如：

> 在实现运营业绩目标方面，包括网络可靠性、产能及资产状况、灾难恢复和后续规划、信息系统故障及信息完整性在内，公司仅容忍低至中度风险。

我在一家咨询公司的白皮书中找到了这个示例，该白皮书可以帮助公司制定这些类型的政策声明。这显然是其中一位客户的真实风险偏好。

现在，让我们来考虑一下该声明到底在告诉目标受众什么？什么是"低至中度"风险？如果他们有一个 400 万美元的投资计划，可将网络中断的风险减少一半，这是否合理？如果同样的投资可以把发生"信息系统故障"的可能性从每年 6% 降低到 2%，他们该怎么做？当应用于现实世界的决策时，诸如此类的声明还需要更多解读，否则作为一项标准政策它们与实际决策几乎无关。

在第 4 章中，我描述了一种以明确的方式确定组织愿意承担多大风险的方法。利用损失超越曲线（LEC）图，我们再画另一条曲线，希望 LEC 完全处于该曲线之下。我们把这条曲线称为风险容忍度曲线。如果 LEC 在某个点高于风险容忍度曲线，那就表明我们的风险太大。这是一条相当明确的规则，无须更多诠释。

不过，我们还可以澄清更多问题。我们还可以根据潜在回报来量化我们能够接受多少风险。LEC 图上的风险容忍度曲线只展示了最大可承受风险，与潜在回报无关。其本身比白皮书中冗长且措辞含糊的"风险偏好"示例要有用得多，但如果我们还能量化在风险与收益之间做出权衡，那么风险容忍度曲线就会更有用。

例如，你的公司会花 220000 美元来避免有 2% 的概率损失 1000 万美元吗？如果你是风险中性者，你不会这么做，因为风险中性者认为该风险等同于必然损失 200000 美元，他们不会花比 20 万美元更多的钱来避免这一风险。但如果你的公司更像典型的保险客户，它就会支付这笔费用。

回答类似问题的一个办法是算出一个确定货币当量（CME）。CME 是一个确切和确定的数额，被某人认为和一个有多种不确定结果的赌注相当。如果我们提高这个数额，直到你觉得花钱避险和不花钱避险几乎没什么差别，那么你要付的钱就是该风险的 CME，但它是用负值来表示的。例如，如果你要花 250000 美元来避免该风险，则该风险的 CME 为 –250000 美元。

CME 还适用于不确定的回报。比如有两个选择，一个是有 20% 的机会赢得 1000 万美元，另一个是必定获得 100 万美元。你的组织会选哪一个？如果你是风险中性者，那么你会认为不确定的回报价值等同于 200 万美元，你会更倾向于要不确定的收益而非 100 万美元的确定收益。但有些公司（以及大多数个人，在我看来）更倾向于要确定收益。

现在，如果你选择要 100 万美元的确定收益，那么和不确定的回报相比，或许你还可以接受一个金额更低的确定收益。同样，对于给定的个人或组织，无差别点可以用这个不确定收益的 CME 来表示，只是现在它是用正数来表示的（因为这是收益，而非损失）。如果你的 CME 是，比如说在这种情况下为 30 万美元，那么你认为获得 30 万美元的报酬和用 20% 的机会赢得 1000 万美元没什么区别。

对于任何不确定的损失和收益组合，我们总是可以这样来处理，但我们不想逐一做这样的处理。出于我们在下一章会看到的原因，我们的风险容忍度经常会不自觉地发生变化。如果你必须对每个赌注都做出这样的判断，那么你在处理这些问题时就会不可避免地有所偏颇。幸运的是，我们只需看几个选择，就能推断出你的风险容忍度是多少，然后可以针对任何其他情况计算出 CME，无须做更多的主观判断。

进行此类计算的一个方法来自决策分析（DA）领域，我们最早在第 5 章中提起过它。决策分析以斯坦福大学罗恩·霍华德的研究为基础，它的灵感来自其他研究人员的早期研究，比如奥斯卡·莫根施特恩和约翰·冯·诺伊曼。如前所述，这是一个庞大的理论和应用研究体系，涉及在不确定状态下做决策。其核心组成部分是对风险容忍度进行量化分析。

莫根施特恩和冯·诺伊曼提出的基本思想是，我们考虑风险和回报的时候不只要考虑概率加权货币价值，还要考虑概率加权效用。我们大多数人（风险中性者除外）之所以不认为 20% 的机会赢得 1000 万美元等同于直接获得 200 万美元，原因在于效用是非线性的。换句话说，在你看来 1000 万美元的价值（即其效用）并不等于 200 万美元的五倍。从大多数个人（不是大型公司）的角度来看，第一个 200 万美元对其生活的影响可能比下一个 200 万美元要大得多。之后的第三个 200 万美元效用更少，依此类推。

如果我们能描述一个人（或组织）的效用函数，那么我们就有办法算出任何一组不确定结果的 CME。莫根施特恩和冯·诺伊曼展示了如何在理性人的某些假设下做到这一点。因为此人是理性的，所以他或她必须遵循某些关于偏好的常识性规则（比如，如果你喜欢 A 胜过 B，喜欢 B 胜过 C，那么你不可能喜欢 C 胜过 A）。他们发现了几个有趣、非直观的结果。

下面是一个符合基本数学要求的效用函数。现在我要提前告诉你，这种方法在模拟真实决策者的风险容忍度时存在一些问题。但解决办法仍基于对这种方法的修正。所以请耐心听我解释指数效用函数以及如何用它来计算 CME。我以 Excel 电子表格的形式编写了下列函数。（可在 www.howtomeasureanything.com/riskmanagement 下载一个示例）

$$效用 = 1 - \exp(-X/S)$$

X 代表给定的回报（所以如果回报是正数，则 $-X$ 是负数；如果 X 是损失，则 $-X$ 是正数）。S 代表特定决策者或组织所独有的一个指标，它是定义风险容忍度的另一种办法。图 6.1 展示了一个指数效用函数的示例，其中 S 设定为 500 万美元。

需要注意的是，无论回报是多少，指数效用函数产生的最大效用值为 1。如果 S 较小，决策者可以用较小的回报达到"最大效用"。但损失具有无限的负效用。换句话说，快乐会达到最大值，痛苦则不会。

如果我们想计算某个不确定效用的 CME，我们可以使用以下公式。（同样，我们以 Excel 的形式编写此函数，该示例包含在网站的电子表格中）

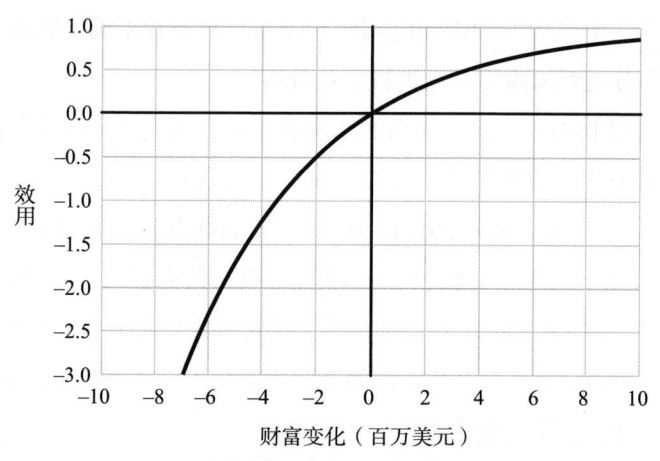

图6.1 指数效用函数，S = 500万美元

$$\text{CME} = -S \times \ln(1- \text{效用} \times \text{Pr})$$

在这里，Pr 是获得回报的概率，S 和效用同前一个公式。若将此公式用于我们前面提到的有 20% 机会赢得 1000 万美元的例子，一家 S 为 500 万美元的公司使用先前的效用公式计算其收益的效用，得到的结果为 0.8647。将该效用和获得收益的概率用于 CME 公式，我们得到

$$\text{CME} = 500 \text{ 万美元} \times \ln[1-(1-0.8647 \times 0.2)] = 949348 \text{ 美元}$$

换句话说，该公司认为获得 949348 美元的确定收益和有 20% 机会赢得 1000 万美元没什么差别。如果你个人的无差别点是一笔金额低得多的确定收益，那仅意味着你的 S 值要低得多。比方说，如果你的 CME 是 50000 美元（即你认为获得 5 万美元确定收益和获得上述不确定回报没差别），那么这意味着你的 S 值要低得多——只有 224091 美元。

如果我们设定 S 为 500 万美元，用它来计算有 2% 的机会损失 1000 万美元，则 CME 为 –601260 美元。如果公司可以支付 50 万美元的保险费来彻底避免这种风险，那么它会这么做。

罗恩·霍华德提出了一种衡量 S 的办法。想象一下，我们玩一个游戏，游戏的结果取决于单次抛硬币。根据抛硬币得到的结果，你可以赢取一笔钱 *x* 或损失 *x* 的一半。

比方说，如果抛硬币的结果是正面朝上，你能赢 200 美元；如果是反面朝上，你会输掉 100 美元。你会接受这个赌注吗？如果可以玩很多次，这会是一

个不错的下注。因为从长远来看,你肯定会赢。但假设你只能玩一次。如果这样的话,x 是多大你才能接受这个游戏?我们可以用它来衡量你的风险容忍度。例如,如果我说我愿意让 x 等于 1000 美元,那意味着我愿意接受在单次抛硬币游戏中赢 1000 美元或输 500 美元。

霍华德指出,你愿意为 x 接受的最大数字实际上可以当做 S 的衡量标准。和前面介绍的计算预期值的方法一样,我们可以把风险换算成一个货币价值,只是我们不必假设决策者是风险中性的。

现在你可能会注意到,用这些公式计算的一些结果可能导致不现实的结论。首先,鉴于效用不能超过 1,把回报增加到某个点以上不会给决策者增添任何价值。就 S = 500 万美元的情况来说,有 20% 机会赢得 5000 万美元的 CME 几乎和赢得 5 亿美元或 50 亿美元的 CME 是相同的。在 S = 500 万美元的情况下,无论回报有多高,有 20% 机会赢钱的 CME 对决策者而言永远不会超过 1115718 美元。

同样,对于大额损失来说,即使损失的概率极小,CME 也会出奇地大。在上面的例子中,决策者要花近 3100 万美元,才能避免有百万分之一的机会损失 1 亿美元。

另外,我们使用指数效用函数的一个假设是:该效用与个人或公司之前的财富无关。换句话说,不管你是亿万富翁还是破产的穷光蛋,你对这些下注的偏好是相同的。研究表明个人风险偏好与指数效用函数之间存在偏差,这一假设可能是造成偏差的原因之一。心理学家丹尼尔·卡尼曼(我们后面会详细谈到他)因为展示了这方面的实证证据而获得 2002 年诺贝尔经济学奖。卡尼曼把这种量化现实风险偏好的替代方法称为"前景理论"。

例如,假设决策者表示他们认为表 6.2 中描述的三个选项并无差别。高管可以指出三个他们认为差不多的类似选项,以此来描述他们的风险容忍度。

表6.2 示例:被某位决策者视为等效的三个选项

回报金额	赢得回报的概率
1000万美元	20%
200万美元	50%
50万美元	100%

遗憾的是，早期没有哪个版本的指数函数可以让这三个选项变成等效。这是否意味着决策者是非理性的？并不是，这仅仅意味着如果有哪个模型是理性的，它不会是上面所说的指数函数。

因此，对任何 CME 解决方案来说，诀窍在于既要满足基本公理，又要满足决策者的偏好。我们可以直接向高管指出明显非理性的偏好。至少以我的经验，他们很快就会回过神来，并做出相应的调整。在其他情况下，问题可能不那么明显。我们也许有必要接受这一点：规则仅在给定的偏好范围内产生理性结果。但在实践中，这是一个完全合理的约束。即使模型产生了荒谬的结果（即决策者喜欢投资 A 胜过 B，B 胜过 C，C 胜过 A），如果这种非理性结果仅出现在不切实际的情况下（比如投资规模远远大于整个资产组合），那就没关系。可下载的电子表格示例提供了一些选项。

如果我们能让高管就一组内部一致、理性的等效下注达成共识，我们就有办法计算任何风险和回报组合的 CME。利用 CME，我们可以回答企业或个人关于不确定风险和回报的每一个可能选择。面对有 1% 的概率损失 5000 万美元或者 10% 的概率损失 1000 万美元，我们可以分辨哪个风险更大。若某项投资有很多不确定的收益和损失结果，每个结果有其自身的概率，我们也可以说出我们是否赞同这项投资，以及它是否优于其他投资。即使一项下注存在许多可能的结果，有些会造成损失，有些会带来收益，我们也可以计算它的 CME。

如果 CME 是负数，我们不仅会拒绝下注，有必要的话还会花钱来避开它。如果 CME 是正数，我们会接受这项下注，即使我们不得不花钱来获得下注的机会。

定义概率

当大家使用"概率"这个词的时候，每个人所指的意思真的一样吗？对这个词有统一的理解是对风险达成共识的先决条件。毕竟，评估哪个事件发生的概率较高或较低应该是风险评估以及风险管理的一个重要组成部分。或许让一些风险分析师感到惊讶的是，即使在统计学家当中，这个词的含义也颇具争议。伦纳德·吉米·萨维奇曾经指出：

毋庸置疑，统计学在某种意义上要依靠概率。但关于概率是什么以及概率和统计学的关系，自巴别塔以来，很少有如此巨大的分歧和沟通不良。

也许"风险"的不同定义和"概率"这个词的不同用法有关。当人们说某些概率"不可估量"时，他们实际上在使用概率的一个特定含义。对探讨这个课题的一些作者来说，概率是事物的一种理想化频率。在他们看来，如果概率是指事件发生的频率，它同时要满足三个条件：（1）这是一个真正随机的过程；（2）它是"严格可重复的"；（3）进行了无限次试验。这是一群自称为频率论者的统计学家所倡导的定义。这其中包括一些伟大的统计学家，如 R. A. 费舍尔。

但这并不是人们普遍持有的观念，即使在其他与费舍尔地位相当的统计学家和数学家当中也是如此。伦纳德·吉米·萨维奇和其他许多人认为，概率描述了观察者的不确定性，而非某个系统的客观状态。对某一件事情，你给出的概率可能和我不同，因为你掌握的信息比我多。因此，你的不确定状态与我的不同。

我们用抛硬币来说明两种定义之间的区别。说硬币有 50% 的概率正面朝上，这是对物理系统客观状态的描述。在这里，频率论者的观点和主观主义者的观点在概率上是一致的。但如果我已经抛完了硬币、看到结果并瞒着不告诉你，两派的观点就会产生分歧。如果你是主观主义者，你还会说硬币有 50% 的概率正面朝上。我会说结果要么是 100%，要么是 0，因为我已经知道最终结果。假如你是频率论者并且还没看到结果，你不会说概率是 50%。你会说结果要么是正面，要么是反面，但状态未知。

在工程风险分析中，我们有时会对这些不确定性进行区分。"随机"不确定性类似于频率学派对概率的使用。它指的是系统的"客观"状态，无关我们对它的了解，比如某种零件已知的可变性。工程师可能知道某种零件在使用 100 个小时后有 10% 的概率会出现故障，因为他们已经观察过成千上万个零件的故障率。但如果没有这方面的数据，他们可能会基于"认知"不确定性，给出一个零件的故障率。也就是说，他们对客观事实缺乏完美的认识。在某些情况下，这种区分可能是含糊不清的，但幸运的是，我们甚至不需要作出这样的区分。

我本人持这样的观点：频率学派的概率观与现实世界的决策关系不大。我们可以把所有的不确定性都当做认知不确定性，并且通过更详细的研究和评估可以减少不确定性程度。如果我发现零件出故障的一个特殊原因跟金属零件使用的合金略有不同有关，那么一些工程师可能会说这其实是认知不确定性，而非随机不确定性。也许你永远无法下结论，证明一些不确定性最终不属于认知不确定性。现实中唯一的区别是，减少某些不确定性可能比减少其他不确定性更经济划算。

真正随机、严格可重复和无限试验的标准使频率学派的定义成为一个纯粹的数学抽象概念，永远不符合我们在现实世界中面临的问题。像费舍尔那样的频率论者会说，他没办法给任何不能随机、可无限次重复进行试验的东西设定一个概率。所以你也无法对之前没发生过的网络攻击给出一个概率。

但精算师必须对风险做出决策，尽管这些风险可能还达不到一百次试验的标准，更不用说无限次了。如果保险公司严格遵守频率学派的定义，那么它们很少能够、甚至完全无法合理地使用概率论。

20 世纪初，精算师布鲁诺·迪菲内蒂提出了一种实用、"具有操作性"的概率定义。对于它们所承保的众多风险，保险公司对每一项几乎都持风险中性态度。如果它们认为你有 1% 的概率在明年进行 100 万美元的人寿保险索赔，那么在它们看来这几乎等同于 1 万美元的确定责任（如果考虑到保险公司在支付索赔之前可以用预付金赚取利息，实际上会更少一点）。面对你离世所带来的经济后果，如果你的家人有更强的避险情绪，那么你愿意支付的保费会比保险公司对这项责任的认定价值更高一些。这让保险这项业务变得可行。从另一个角度来看，如果保险公司认为 10000 美元的确定损失和 100 万美元的不确定损失差别不大，那么保险公司在操作上就是把不确定损失的概率视为 1%。

决策心理学为我们提供了又一个考虑主观主义概率论的理由。稍后我们将介绍丹尼尔·卡尼曼涉足的另一个研究领域，它与"校准概率评估"有关。卡尼曼和其他许多人的研究表明，即使是提供主观估计的专家（经过训练和其他调整）也能给出现实的概率。哈伯德决策研究公司收集了一千多名参加过我们校准训练的人的数据，亦证实了这一想法。也就是说，当他们说某件事的概率是 80% 时，实际发生的概率大约是 80%；当他们说概率是 60% 时，实际发生的概率大约是 60%；依此类推。由于这些数据包含了远超 14 万次估计，我们的试验次数可谓相当多，即使是频率学派也无法忽视。在大量试验中，我们可以看到主观估计与实际观察到的事件频率有很高的一致性——即便某些估计是一次性事件。

从主观主义者对"概率"这个词的定义来说，概率从来都不是真正无法估量的。受过适当训练的人可以给出一个最能代表他们对事件不确定性看法的概率。事件的不确定性（表示为一组结果及其概率）可能因人而异。如果你对某样事物的不确定性大于或小于你的同事，你会说出与他或她不同的概率。在量化自己的不确定性方面，你是世界顶尖专家。当你收集到更多信息时，你的不确定性就会随之发生变化。这不仅是精算师，同时也是现实世界中大多数决策者对概率的实际使用。

即使有大量实证证据支持主观估计的现实性（对于训练有素的专家来说），但在一些人看来，频率学派的观点显然更具客观科学性。如果有人认为，主观主义概率论从某种意义上讲似乎不如频率学派的观点那么科学和严谨，那就大错特错了。实际上，主观主义者的观点常常与基于贝叶斯定理的"贝叶斯"学派息息相关。这是概率论中的一个基本概念，由托马斯·贝叶斯在 18 世纪提出。1995 年，在量子力学这一毋庸置疑的科学领域，物理学家埃德温·杰恩斯表示他赞成贝叶斯对概率的看法，即便是在物理学中：

> 我们现在已经掌握了经过验证的定理和大量计算得出的数字实例。因此，贝叶斯方法的优越性在许多不同的领域得到了充分证明。

扩充词典

让我们总结一下关于风险的术语，并在我们的词典中添加更多内容。我们刚刚讨论了风险的几种定义。其中许多定义是相互排斥的，与人们对这个词的常识性用法相矛盾，甚至与现有的学术文献背道而驰。

在拥有金融、信息技术、甚至工程等专业人士的大型组织中，风险管理人员可能会在自己公司内部遇到不止一个这样的定义。如果风险管理人员确实遇到了该词的不同用法，我们必须做出如下回应：

- 风险必须包含某种损失的可能性——这排除了奈特的定义。
- 风险仅涉及损失（不包括收益）——这排除了项目管理协会的定义。
- 在金融领域外，波动性不一定会带来风险——这排除了将波动性等同于风险的定义。
- 风险不只是概率和损失的乘积。将两者相乘会不必要地假设决策者是风险中性者。应当把风险当做一个矢量，分开考虑损失的概率和大小，直到我们将其与决策者的风险厌恶度进行比较。
- 风险可能来自独立或连续的损失及其对应概率。建筑工程有时候仅把风险视为独立事件，但我们不需要做出这样的区分。

在本章开始时，我提供了风险和不确定性的定义，它们与上述观点完全相符。这些定义更符合这两个词的常见用法，也足以进行量化分析。

扩充专业词汇不一定要把不同的概念塞进同一个词里（就像项目管理协会对"风险"这个词的定义那样）。对于不同的概念，我们有不同的术语。在我看来，这些术语有着昼与夜那样明显的区别，而非细微的语义差别。下面总结了我们刚刚介绍的其他一些术语，以及另外几个可能会派上用场的术语：

- **不确定性**：这包括各种不确定因素，无论其会产生负面影响还是正面影响。它还包括非连续值（比如，项目施工期间是否会发生罢工）和连续值（比如，如果项目进度比原定计划晚了1到6个月，那么项目的成本是多少？）

  我们可以给各种不同的结果分配概率，以此来衡量不确定性（与奈特对这个词的用法相反）。尽管上行风险在我们的定义中说不通，但演讲者可以用上行不确定性来表达同样的意思。

- **严格不确定性**：许多现代决策科学家将其称为奈特版本的不确定性。严格不确定性是指可能的结果已被识别，但我们没有每种结果的概率。鉴于我们已经说明的原因，这种情况应该是可以避免的。

- **概率**：概率是对决策者（或决策者所依赖的专家）不确定状态的一种量化表达。因此，我们在任何情况下都能获得概率。只是提供概率的人需

- **风险容忍度**：风险容忍度用数学上明确的计算来描述，它可以告诉你某个风险是否可以接受。它可以指"最大可承受"的风险并用一条曲线来表示，损失超越曲线应在其下。它也可以是一个 CME 函数，把不同的不确定结果转换成固定的货币价值。CME 为负数的赌注是不可取的（必要时，你愿意付出代价来避免下注），CME 为正数的赌注则是可取的（你甚至愿意付出更多代价来获得下注的机会）。

- **风险/收益分析**：这考虑了投资的不确定下行因素和不确定上行因素。通过明确承认这其中包含积极结果，我们不必把积极结果塞进"风险"这个词里，从而混淆"风险"一词的含义。风险/收益分析还包括考虑决策者的避险行为，所以我们不必假设决策者是风险中性者。

- **无知**：这比严格不确定性还要差，因为在无知状态下，我们甚至不知道可能的结果，更不用说它们的概率了。这就是美国前国防部长唐纳德·拉姆斯菲尔德等人所说的"不知道自己不知道"的意思。事实上，大多数现实世界的风险模型必定存在某种程度的无知，但这不是阻止我们朝更好的风险管理迈进的绊脚石。

关于"风险"这个术语要指出的最后一点是，我们必须将其视为决策分析这一更广泛领域的一部分。正如风险管理必须是组织管理的子集一样，风险分析也必须是决策分析的一个子集。做决策不能仅以风险分析为基础，还需要分析当管理人员决定接受一项风险时的潜在收益。

◆ 注释

1. F. Knight, Risk, *Uncertainty and Profit* (New York: Houghton-Mifflin, 1921), 19–20.
2. 凯恩斯将风险描述为 E 和 q 的乘积，E 代表为获得 A 马上要做出的净牺牲；q 代表这种牺牲最终徒劳无功的概率；因此，qE 就是"风险"。Keynes, *A Treastise on Probability* (London: MacMillan, 1921), 360.
3. Knight, Risk, *Uncertainty and Profit*.
4. A. Wolf, "Studies in Probability," *Economica* 4 (January 1922): 87–97.
5. J. Haynes, "Risk as an Economic Factor," *Quarterly Journal of Economics* 9, no. 4 (July 1895): 409–449.
6. Stephen Stigler, *The History of Statistics: The Measurement of Uncertainty before 1900*

(Cambridge, MA: Harvard University Press,1986).
7. W. R. Sorley, "Betting and Gambling," *International Journal of Ethics* (July 1903).
8. T. Connolly, H. R. Arkes, and K. R. Hammond, *Judgment and Decision Mak-ing: An Interdisciplinary Reader*, 2nd ed. (New York: Cambridge UniversityPress, 1999).
9. Baaruch Fischhoff, "What Forecasts (Seem to) Mean," *Judgment and Deci-sion Making: An Interdisciplinary Reader*, 2nd ed. (New York: CambridgeUniversity Press, 2000), 362.
10. Leonard J. Savage, *The Foundations of Statistics* (New York: John Wiley & Sons, 1954), 2.
11. Edwin T. Jaynes, *Probability Theory: The Logic of Science* (St. Louis, MO: Washington University, 1995), xii.

第 7 章

专家知识的局限性：为什么我们对不确定性的认识与我们自以为的不一样

> 经验是必然的。学习则不然。
>
> ——保罗.J.H. 舒梅克
>
> 我们正乘着 25 年经济飞速扩张的早期浪潮，这将大大有助于解决贫困等看似棘手的问题，并缓解世界各地的紧张局势。
>
> ——《连线》杂志（1997 年 7 月）

第 3 章解释了在风险管理和风险评估方法中进行组成环节测试的必要性。我们需要测试的一个关键组成环节是我们在输入很多要素时必须大力仰仗的领域专家。事实上，类似于它所取代的风险矩阵，第 4 章介绍的简单量化方法也严重依赖领域专家的判断。（后面将介绍改进专家判断的经验方法。）

像我们在第 4 章的模型中那样，专家可以对概率进行量化估计（例如，"此项目失败的可能性为 10%"）。但如果专家采用的是风险矩阵，他或她可能会用某种量表、而非明确的概率来表达这种可能性（例如，"用 1 到 5 来分级，该项目失败的可能性为 2 级"）。风险矩阵也可以完全不用任何数字（按顺序或不按顺序），纯粹通过文字形式来表达估计（例如，"该项目不太可能失败"）。无论风险评估是缺乏数字的语言描述还是采用先进的量化方法，人类都必须利用自己的判断力来识别可能的风险，然后才能将其纳入评估中。

虽然使用主观判断是不可避免的，但第 3 章也解释了为什么我们不能光靠主观判断来评估我们对风险的主观估计。我们需要的是对主观估计进行客观评估。我们需要"校准"我们的专家。

比如说，使用仪器来测重的技术员、科学家或工程师如果不知道一台仪器是否经过校准,就不会去使用该仪器。如果他们知道一台秤总是高估5%的重量,他们就会相应地调整读数。就管理人员和分析师而言,我们也应该对他们过去在估算风险方面的表现进行某种评估。我们应该知道他们是否会一直高估或低估风险,是否会反复无常,以至于对不同时间出现的相同情景给出完全不同的答案。

幸运的是,这个问题已经得到了广泛研究。我们对专家所依赖的经验的局限性有所了解。就风险管理而言,我认为经验具有某些特征,我们应始终牢记:

- 经验是我们一生中经历事件的一个非随机、非科学样本。
- 经验基于记忆,而我们会有选择地记住某些东西。
- 我们从经验(或至少是我们选择记住的那部分内容)中得出的结论可能充满逻辑错误。
- 除非我们从过去的决策中得到可靠反馈,否则没理由认为经验会告诉我们很多东西。
- 无论我们积累了多少经验,我们对经验的使用似乎很不一致。

事实证明,在评估事件发生的概率时,每个人——包括各自领域的专家在内——都没有得到很好的校准。而评估风险事件发生的概率对于正确评估风险而言是一项至关重要的技能。好消息是,虽然研究表明风险的主观评估存在一些重大的系统性误差,但我们已经找到一些相对简单的技巧,使管理人员可以更好地评估风险。坏消息是,在各个组织中,这些方法几乎都没有获得风险管理人员的广泛使用。

太空英雄:一群心理学家拯救了风险分析

第3章简要讨论了我们为什么不能假定经验必然会转化为更好的表现。我们提到心理学家丹尼尔(丹尼)·卡尼曼和加里·克莱因发现,当专家从失败中得到的反馈是"延迟、稀少和含糊不清"的时候,就无法从中吸取教训,因而也无法改进表现。延迟、稀少和含糊不清的反馈听起来很像现实世界中的风险估计。

卡尼曼和另一位研究人员的合作为有关专家判断的其他重要理论奠定了基础。20世纪70年代，卡尼曼与阿莫斯·特沃斯基联手，在判断与决策（JDM）心理学及其他领域进行了有史以来最富有成效的合作。该领域的一些研究对经济学产生了重大影响，以至于2002年卡尼曼成为第一位获得诺贝尔经济学奖的心理学家——如果特沃斯基活得足够长，看到他们的影响力有多大，他必然也会获得这一荣誉。

卡尼曼和特沃斯基对人类思维如何处理不确定性、风险和决策很感兴趣。他们的研究几乎触及该领域的每一个重要课题，在判断与决策领域很难找到一篇不引用他们研究的论文。从一个层面来说，卡尼曼和特沃斯基的研究可以被描述成逐一列举人类判断的怪癖和缺陷。从另一个层面来说，它深刻探讨了推动人类行为的动力是什么，其对所有管理人员都有借鉴意义。卡尼曼称自己的兴趣与"决策的质量控制"有关，他的研究表明了哪些方法行之有效，哪些行之无效。

人的大脑显然不是一台计算机。我们不可能像读取硬盘一样，百分之百准确地回忆起过往事件。而且除了少数专家，一旦我们回忆起这些事件，我们不会在脑海中进行统计计算，以确定这些事件的真正含义。相反，我们会采用启发式方法。启发式是一种心理捷径，在相对简单的狩猎采集时代，这种方法可能足以应付各类情况，今天依然如此。一个相关的概念是偏见——即倾向于以一种干扰理性和公正的方式思考和行动。在某些情况下，启发式方法实际上可能是富有成效的，但偏见一般被认为是不可取的。两者既影响到我们想要回忆的内容，也影响到我们如何诠释这些内容。

有人把启发式称为一种经验法则，但它们之间存在重要区别。通常情况下，我们认为经验法则是我们有意识去使用的简单法则，例如"你的新房抵押贷款不应超过你年收入的三倍"（在2008年抵押贷款危机之前，很多人并没有遵循这一原则）。但在评估风险方面，偏见和启发式通常不是人们有意识的思考。由于人们没有意识到偏见和启发式的存在，所以我们只能通过观察个人在不同情况下的反应来推断它们。

与某些科学领域不同，进行判断与决策研究的成本并不高。它通常涉及向许多人提各种问题，然后评估他们的回答。研究人员经常向受试者提出一些已知有理性答案的问题,并将受试者的回答与理性答案进行比较。其他时候,问题可能没有一个理性答案,但研究人员感兴趣的是哪些因素会影响受试者的反应以及他们如何做决策。

其他有影响力的研究人员包括保罗·斯洛维奇,他——有时和卡尼曼一起——在我们如何感知风险方面做了重要研究。萨拉·利希滕斯坦和巴鲁克·费斯科霍夫在我们如何评估自己的不确定性方面进行了大量实验。罗宾·道斯致力于研究一些简单的系统如何在许多任务中胜过人类判断。理查德·塞勒是一位经济学家,他把卡尼曼的许多研究成果介绍给其他经济学家,在这方面发挥了重要作用。我相信,如果不对这些思想家的研究成果有所了解,任何想成为风险分析师或风险管理人员的人都不能宣称自己对这一课题有很深的了解。

和我以前的书(特别是《数据化决策:寻找商业无形资产的价值》一书)相比,本书的一些内容不可避免地会有所重复。我曾在书中提到研究人员发现的一些用主观输入来评估风险的方法,也谈到主观概率估计常常会大幅偏离目标。但正如我在那本书中说的那样,研究告诉我们这个问题有办法解决。

心算:为什么我们不该相信脑海中的数字

当承包商估算建房成本时,他通常会详细列出每一面墙、每一个橱柜和卫生洁具的材料需求以及它们可能需要的劳动量。可以理解,和缺乏具体细节的估算相比,这能带给人更多信心。

然而在涉及风险的时候,管理人员和专家经常在不做任何数学计算的情况下,将一项风险评估为很高,另一项风险评估为很低。对大多数人而言,关于概率的数学计算不像把建房成本相加或杂货袋里的物品数目相加那么直观。若不经过深思熟虑的计算,大多数人在评估风险时会犯各种错误。

首先,在回忆相关经验并将其用于评估风险方面,我们的能力有限。一种启发式方法似乎会影响我们对事实的回忆,卡尼曼将其命名为"峰终定律":我们倾向于记住过往经历中的极端情况,而非平凡琐事。可以想象,这将对我们评估各种事件发生的几率产生影响。

我们认为天气预报员不擅长评估明天是否会下雨,是因为我们在回忆他们有多少次说明天有 5% 的几率降雨，并将这个数字和第二天真正下雨的次数进行比较吗？不，我们只记得有一次我们计划在公园里举行家庭聚会，当时预报员说只有 5% 的降雨几率，结果那天真的下雨了。研究表明，当天气预报员说降雨几率为 5% 时，确实只有 5% 的时间会下雨。我们只记住了例外情况，而不是计算实际平均值，这完全抛开了我们对这个问题的经验。

即使我们不必依赖对过往事件的错误记忆，启发式方法似乎也会使我们在评估概率时犯下逻辑错误。以下是卡尼曼、特沃斯基和其他人发现的一些例子：

- **关于几率的错误观念**：如果你连续抛硬币六次，下面哪个结果的可能性更大（H = 正面，T = 反面）：HHHTTT 还是 HTHTTH？实际上，两者的可能性一样大。但研究人员发现，大多数人认为第一种结果的可能性更小，因为它看起来不像第二种结果那么"随机"。卡尼曼和特沃斯基以此为例，把这种情况称为代表性偏见。我们似乎会根据出现的结果是否具有代表性来判断几率。同一研究还表明，当人们被要求模拟随机抛硬币时，他们往往会给出太多短时间重复一个结果的排序（例如，连续两次或三次正面），太少长时间重复一个结果的排序（连续四次或四次以上正面）。我们倾向于把模式和随机性混为一谈。第二次世界大战期间，在伦敦的闪电战中人们认为轰炸模式不是随机的，因为有些街区被击中的次数比其他街区更多。但分析表明，在给定面积的区域内，某些地方被多次命中的分布恰恰是随机轰炸模式所造成的。
- **合取谬误**：当人们在乘机前购买航空旅行保险时，他们显然愿意为涵盖恐怖袭击的保险支付更多费用，而不是因航空旅行造成死亡（包括恐怖袭击在内）的保险。显然，只涵盖恐怖袭击的保险应该比涵盖恐怖袭击和其他几种风险的保险价值更低。也许是因为我们可以更清楚地想象这些特定事件，我们常常认为和较广泛的风险相比，它们更有可能发生。
- **非理性地信赖小规模样本**：假设一家美国制药公司从一个以监管不力而著称的国家进货，它从两家供应商那里获得原料。这家美国公司知道，如果使用某种特定的批次处理法，那么只有 30% 的批次可以接受。若使用一种更先进的方法，则 70% 的批次应该可以接受。其中一家供货商已经向我们提供了 12 个批次的原料，其中 4 个批次不合格。另一家较新的供货商只向我们提供了 4 个批次的原料，但都合格。你对哪家供货商更有信心，认为它用的是较先进的处理法？通过数学计算，我们发现两者使用较新工艺的可能性完全相同，但大多数人显然认为他们应该对后一家供货商更有信心。我们将在稍后讨论其中的一些数学问题，但你可以在 www.howtomeasureanything.com/riskmanagement 的"下载"标题下找到这个案例的电子表格计算。

- **忽略小规模样本的方差**：人们常常没有考虑到这个事实：小规模样本比大规模样本具有更大的随机方差。卡尼曼和特沃斯基发现，当研究人员要求受试者估计随机选择的一组男性平均身高超过六英尺的概率时，无论这组男性是一千人还是十人，受试者给出的概率基本相同。但稍加计算就会发现，与十人组相比，千人组的平均值应该落在一个更窄的范围内。换句话说，一小群男性应该有更高的几率产生很高或很低的团队平均值。

- **对先验概率不敏感**：如果医生告诉你，一个"非常可靠"的测试给出阳性结果，说你患有一种医学上非常罕见的病，你应该感到多担心？这取决于测试的可靠性和这种病的罕见程度。但卡尼曼和特沃斯基发现，在某些特定场景下，人们往往会忽略这种情况有多罕见，而是将更多精力放在新获得的信息上。假设对已知患病的人进行测试，测试会在 99% 的时间里给出阳性结果；对已知不患病的人进行测试，测试会在 99% 的时间里给出阴性结果。我们还知道只有万分之一的人会患上这种病。在这样的情况下，绝大多数阳性结果都是假阳性。如果随机测试一万个人，那么会有大约一百个假阳性结果，真正患病的大约只有一人。

每当人们问起"这些事件哪个更可能发生"时，这些错误计算和我们回忆相关数据的有限能力就会影响我们对风险的估计。只要你对风险进行主观判断，就应该假设你的答案会受到前面列举的一种或多种因素的影响。卡尼曼和特沃斯基甚至发现，当我们要求专家提供主观估计时，即便是精通统计学的专家也会犯类似的错误。这是无意识的偏见和启发式方法普遍存在的问题——无论你有多少经验和统计学知识，若没有意识到这些因素对你思维造成的影响，就无法避免犯错。

"灾难性的"过度自信

或许判断与决策心理学家发现的最普遍现象之一就是，几乎每个人都倾向于对自己的预测过分自信。这也是经过详尽研究和充分验证的一个现象。

几十年来，卡尼曼、特沃斯基、利希滕斯坦、费斯科霍夫等人的研究证明，如果我们问别人他们所做的预测有多大几率会变成现实，他们会系统地说出一个过高的概率。换句话说，他们的准确率不如预期中那样高。

在判断与决策研究人员发现的所有现象中，丹尼·卡尼曼认为过度自信是最突出的。他在电话中告诉我："他们会系统性地低估真实风险。我们所做的研究表明了偏差方向，但真正灾难性的是偏差程度。"丹尼·卡尼曼不会随随便便就说出"灾难性"这个词，但该领域进行的每一项研究得出的大部分结果似乎证明我们有理由使用这个词。

过度自信可以用一个非常简单的办法来测量。研究人员追踪某人对某项估计或预测的正确率，将之与他们的预期正确率进行比较。但仅有一两次预测是不够的。如果有人说她对一项预测有90%的信心，但她第一次就错了，那是不是意味着她过于自信？不一定。所以我们要问大量问题才能确定。

在问过受试者大量问题后，研究人员会计算出正确答案的预期数量。正如我在第6章中提到的那样，在决策分析领域，"预期"一词通常表示"概率加权平均"。如果你做了50项预测，你对每项预测都有70%的信心，那么你预期会得到35项正确的预测。

试着测试一下自己。在表7.1中，请说出哪个问题是对的或者错的，然后圈出反映你对自己的答案有多少自信的概率。比如说，如果你对答案有绝对的把握，你应该说你有100%的概率答对。如果你对答案完全没把握，那么你答对的概率应该和抛硬币一样（50%）。其他时候是介于50%和100%之间的一个概率。当然，这个样本规模很小。但如果你的表现和大多数人一样，你不需要很多样本就能看到过度自信的影响。

我不建议你从诸如此类的小规模样本中得出关于个人表现的确凿结论，但你知道了大概思路。(你可以在本章末尾查看答案。)在大量这样的问题面前，大多数人的表现不是很好。

表7.1　样本校准测试：判断对错小测试

	说法	回答（对或错）	你答对的信心（圈一个）
1	古罗马人被古希腊人征服了。		50% 60% 70% 80% 90% 100%
2	不存在有三个驼峰的骆驼。		50% 60% 70% 80% 90% 100%
3	一加仑油的重量比一加仑水的重量更轻。		50% 60% 70% 80% 90% 100%
4	和金星相比，火星总是离地球更远。		50% 60% 70% 80% 90% 100%
5	波士顿红袜队赢得了第一届世界职业棒球大赛。		50% 60% 70% 80% 90% 100%
6	拿破仑出生于科西嘉岛。		50% 60% 70% 80% 90% 100%
7	M是最常用到的三个字母之一。		50% 60% 70% 80% 90% 100%
8	2002年，人们购买一台新普通台式机的价格不到1500美元。		50% 60% 70% 80% 90% 100%
9	林登·约翰逊在成为副总统之前是州长。		50% 60% 70% 80% 90% 100%
10	一公斤不止一磅。		50% 60% 70% 80% 90% 100%

当他们说自己有一定几率说对某项预测时，他们的正确率通常比这个数字要小得多。例如，假设一名经理说他做出的某项预测有90%的几率能实现（譬如"新店将在第一年实现收支平衡"，"我们将在1月前完成这个项目"或"下个季度的销售额将有所增加"），同时他进行了大量预测，对每一项预测都做出如上估计，我们会发现他的正确率实际上比90%要低得多。

好消息是，通过练习和其他一些相对简单的技巧（我们将在后面讨论），人们可以显著改进自己在这方面的表现。

我们把通过练习和技巧变得擅长评估主观概率的人称作已校准者。其他大多数人称作未经校准者。在图7.1中，我把几项已发表校准研究的结果以及我自己的客户数据合并成一张图表。已发表研究的作者包括萨拉·利希滕斯坦、巴鲁克·费斯科霍夫和其他研究人员。我自己的客户数据也包含在内，其中包括20年来我们收集的一千多名参与者的反馈。总体而言，我将11项独立研究的结果合并在一起，其中 5 项还显示了校准训练的效果。图 7.1 中的灰色区域代表不同研究之间的差异。

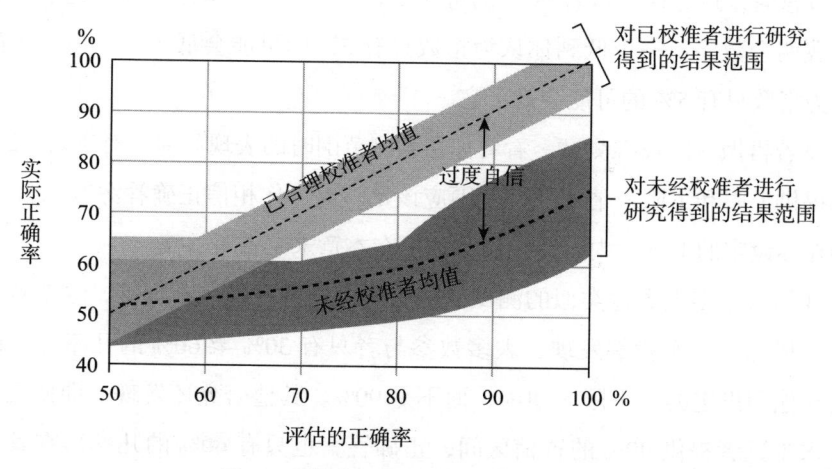

图7.1　比较未经校准者和已校准者正确率

这些研究加在一起得出了惊人的结果。正如我们所预料的那样，各研究之间存在一些差异，但结果仍然非常一致。在图 7.1 中，我们看到当未经校准者说他们对自己给出的答案有 90% 信心时，研究的平均值显示他们实际上只有接近 66% 的正确率。当他们说自己有 95% 的把握时，实际上正确率只有 70%。因此，如果采购人员说他或她有 95% 的信心认为供货商破产不会造成供应链中断，或者当 IT 安全专家说今年黑客攻击不成功的几率为 90% 时，我们需要考虑过度自信的因素。

图中显示的另一个发现令人感到鼓舞。校准训练似乎对个人主观评估概率的能力有显著影响。遗憾的是，在实践中绝大多数风险评估法都没有充分利用这种训练。

在应对罕见、灾难性的风险时，校准显得尤为重要。当管理人员说某海外客户有 5% 的概率会拖欠一笔大订单的货款时，他们说的是对方有 95% 的几率不会违约。在这里，几个百分点的差异可能很关键。或许 1% 的违约几率是可以接受的，但 10% 的违约几率有些太过冒险。在这些情况下，管理人员的校准程度有多高开始对结果有重大影响。

当我们向专家询问范围估计值时，过度自信的现象也会出现。假如我问你，明天收盘时道琼斯指数是多少。当然，你不知道确切的数字，但你可以给它设定一个宽泛的范围。假设你把范围设得足够大，你相信到明天纽约证券交易所收盘时，道琼斯指数有 90% 的可能落在你设定的上下限之内。这意味着你给了我两个数字：一个低到你认为指数只有 5% 的可能会低于它，另一个高到你认为指数只有 5% 的可能会高于它。

试着再做一次校准测试，看看你在预测范围时的表现如何。对于表 7.2，请同时提供上限和下限。请记住，范围应该足够大，你相信正确答案有 90% 的几率会在你设定的上下限内。完成后，你可在本章末尾查看答案。

我给一千多人做过类似的测试，随着我们进行更多校准训练，这个数字每月都在增加。每次我都发现，大多数参与者只有 30% 至 60% 的几率让正确答案落在他们设定的上下限区间内，而不是 90%。其他研究还发现，即使研究人员要求受试者提供 99% 的置信区间，正确答案也只有 60% 的几率落在其设定的上下限之内。

表7.2　答案置信区间为90%的样本校准测试

序号	问题	90%置信区间	
		下限	上限
1	1938年，一辆英国蒸汽机车创下新的速度纪录，其时速（英里/小时）为多少？		
2	艾萨克·牛顿爵士在哪一年发表《万有引力定律》？		
3	名片一般有几英寸长？		
4	互联网（当时叫阿帕网）在哪一年作为军事通信系统被建立？		
5	威廉·莎士比亚出生于哪年？		
6	纽约到洛杉矶的空中距离是多少英里？		
7	正方形和相同宽度的圆，后者可以覆盖前者面积的百分之多少？		
8	查理·卓别林去世时多少岁？		
9	月球绕地球一圈需要多少天？		
10	电视剧《吉利根岛》首播是在哪一天？		

*关于置信区间（CIs）的注释：我用"置信区间"这个词来指一定几率让答案包含在内的范围。也就是说，90% 的置信区间有 90% 的几率让答案落在该上下限区间内。在统计学中，当基于一组样本计算某些估计值的误差时也使用"置信区间"这个词。我对这两种情况使用相同的术语。一些统计学家（不是明显占多数）认为，90% 的置信区间并不真正意味着答案有 90% 的几率落在此范围内。稍后我将论证这种说法存在问题。

那意味着大约 40% 的时间里他们对结果"感到意外",他们原本预期只有 1% 的答案会落在他们设定的区间外。

在判断对/错测试和置信区间测试问题数量相等的情况下,置信区间测试比前者更具参考价值。部分原因是大多数人在范围测试中表现更差,仅用几个问题就足以检测出他们的过度自信。(还有统计学原因在内,因为受试者必须对所有答案都有 90% 的信心,这不同于判断对/错测试。)

图 7.2 展示了 1165 个人在哈伯德决策研究公司接受校准训练前的初始测试分数分布。分数代表正确答案包含在受试者描述的区间内的次数。竖条代表获得该分数的测试百分比。虚线代表如果 1165 个人都获得校准,我们所期望看到的分布。如虚线所示,如果每个人都经过校准,最常见的结果是得到 10 分中的 9 分。10 分意味着 10 个答案都落在受试者描述的区间内。我们预计有些人碰巧会得到 8 分或 10 分,但很少有 6 分或更低的分数。已合理校准的人当中只有 1.28% 运气太差,拿到 6 分或更低的分数。

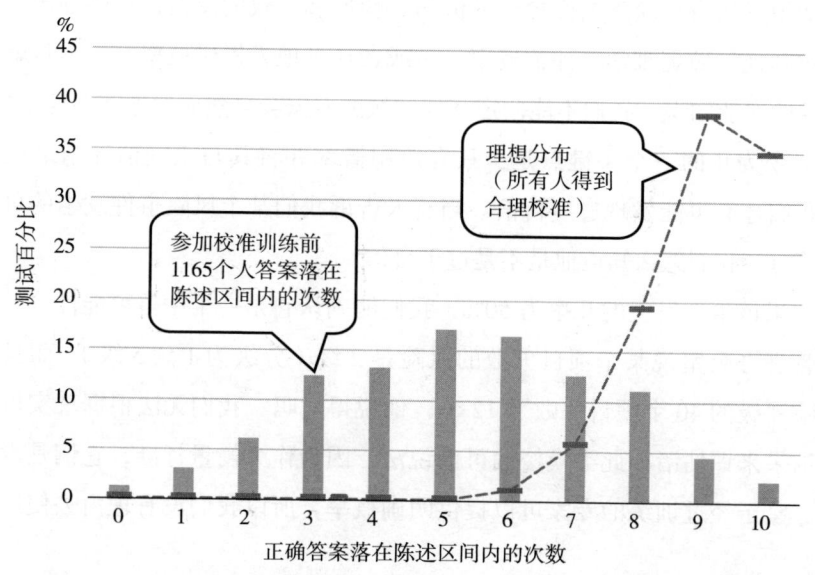

图7.2 十题、90%置信区间测试的分数分布:比较校准训练前与已合理校准

从分数的实际分布来看,参加这次测试的人显然没有经过校准。平均来说,他们只有 53% 的答案落在陈述区间内。事实上,超过三分之一的人只拿到 4 分或更低的分数,虽然我们预计在 1165 个人都得到合理校准的情况下没有人

会获得这么低的分数。重要的是要意识到，这里的区别并不在于获得校准的人更擅长应付测试题。他们只是更务实，能够设定一个适当的范围来代表他们的不确定性——而不是过宽或过窄。

想想这些发现对于我们在第 4 章中描述的一对一替代模型所需要的主观估计有着什么影响。我们不再如此肯定模型中不太可能发生的事件真的极不可能发生。我们也许说，明年发生某个事件的概率是 2%，那意味着我们有 98% 的把握认为它不会发生。但如果我们的估计过于自信，就不能想当然地认为它有 98% 的可能不会发生。然后我们可能说若发生该事件，其导致的损失是 100 万到 500 万美元。但如果我们在设定范围时像图 7.2 所示的测试者一样过于自信，那么这个范围可能过窄，无法代表我们的不确定性。下限可能更低，上限可能更高。

虽然我们需要依赖专家在特定领域的知识，但他们在评估概率方面可能不是专家，即便他们坚持认为自己是。卡尼曼将其称为分众化专业知识。分众化专业知识是指由于缺乏前面提到的清晰、快速和一致的反馈，某些领域的专业知识比其他领域更难学。评估概率——或者让其他人提供概率——本身就是一种特殊的专业知识，我们不能假定其他领域的专家会自然而然地掌握这项技能。

迄今为止的一个关键点是：只有使用概率并将其与正确估计结果进行比较，我们才有可能发现过度自信。当有人告诉我们某个风险事件发生的可能性为中等时，我们怎么知道他是不是过于自信？

如果该事件发生的几率为 50%，我们能确认它是一个中等可能性吗？如果项目管理办公室说某个项目失败的风险是 2 级（分级为 1 到 5 级），而具有相同风险评级的 40 个项目失败了 12 个，他说得对吗？我们无法根据现实世界的观测结果来评估诸如此类模棱两可的说法，因为作为衡量标准，它们是没有意义的。鉴于经过训练的专家可以提供明确概率，所以我们没有理由去使用其他指标。

"王牌"思维：过度自信的可能原因和后果

除非管理人员采取措施来抵消他们在概率评估时的过度自信，否则他们将始终低估各类风险（比如，他们过分自信地认为某些灾难不会发生）。一些引人注目的灾难可能与此有关，譬如"挑战者"号和"哥伦比亚"号航天飞机发生的事故。

诺贝尔奖得主、物理学家理查德·费曼受邀参与第一次航天飞机（涉及"挑战者"号）事故调查。他发现一些风险评估看上去似乎过于乐观。他在《罗杰斯委员会关于"挑战者"号航天飞机事故的报告》中指出：

> 关于发生故障、导致航天飞机损毁和机上人员牺牲的概率，各方似乎存在巨大的意见分歧。估计值从大约百分之一到十万分之一不等。较高的数字（百分之一）来自工程师，较低的数字（十万分之一）来自管理层。各方缺乏共识的原因和后果是什么？十万分之一意味着人们可以在300年里每天发射一架航天飞机，预期损失只有一架，所以我们要问"是什么导致管理层对航天飞机有着如此大的信心？"

费曼相信，如果管理层的发射决定是基于对航天飞机非同寻常的信心，那么这些决策本身是有缺陷的。和他惯常的做法一样，费曼进行了一些简单的测试和现状核实，对这些说法提出质疑。

也许一个明显的解释是利益冲突。现有激励机制是否真的鼓励管理人员对自己和他人坦言这些风险？毫无疑问，这是一个因素。它也可能是2008年影响银行管理人员评估风险的一个因素，不管他们是否有意识去考虑这一点。但即使在结果跟他们没有利害关系的情况下（如小测试等），人们也会表现出过度自信。

判断与决策研究表明，激励机制以及人们付出多少努力以识别可能出现的风险会对过度自信产生影响。某些因素导致的过度自信不仅会影响到那些依赖主观估计的管理人员，还会影响到认为自己正在利用历史数据合理分析的管理人员。这会导致他们不考虑人为误差对系统造成的影响，也不考虑共模和级联系统故障。

当一段时间过去了，其间没有发生灾难事件，我们往往会放松对鲜少发生的灾难性事件的关注。乔治敦大学决策与风险分析学教授罗宾·迪隆－梅里尔注意到这种倾向，当时她正在研究"哥伦比亚"号航天飞机失事前美国宇航局

（NASA）工程师的风险评估。"哥伦比亚"号事故调查报告指出：

> 外部燃料箱泡沫脱落——这是造成"哥伦比亚"号失事的物理原因——由来已久。航天飞机每次飞行时碎片都会造成损坏，并且大多数任务在升空阶段会有绝缘泡沫脱落。这就提出了一个显而易见的问题：为什么美国宇航局要让存在已知问题（其违反了设计要求）的航天飞机继续执行任务？

迪隆－梅里尔认为，航天飞机每次外部燃料箱泡沫脱落、但任务依然获得成功都是一次"侥幸脱险"。她指出，侥幸脱险是一个学习机会，但人们很少利用这样的机会。她采访了美国宇航局的工作人员和承包商以了解他们如何评判侥幸脱险，并发现了两个非常有趣的现象。在我看来，这对一般的风险管理有着重要意义。

她发现人们对侥幸脱险和成功的评价比失败要好得多，这或许不足为奇。但管理人员对这些侥幸脱险事件的评估是否更接近任务失败，而非任务获得成功？工程师是否将每一次侥幸脱险当做一个警告，警示未来即将发生的问题？令人难以置信的是，情况恰恰相反。这项研究还包括一个实验，要求美国宇航局的工作人员和学生在假想的无人太空任务中进行各种选择。选项包括各类决定，比如是否因时间限制而决定跳过测试等。有些受试者得到了侥幸脱险事件的数据，有些则没有。该研究发现，获得侥幸脱险数据的人更有可能选择风险较大的选项。

> **侥幸脱险解释悖论**：拥有侥幸脱险信息的人比没有这些信息的人更可能作出风险较大的选择。

或许是管理人员看到每一次险情，认为既然还没发生任何事故，那就说明系统可能比他们想象中更强大。也可能情况比这更微妙。迪隆－梅里尔发现，当人们遭遇过某个相对不太可能发生的风险，他们对该风险的容忍度似乎会增加，即使他们可能不会改变对风险概率的估计。

想象一下，你身处飓风高危地区。当局证实，每当政府发出飓风警报要求居民疏散撤离时，如果你不撤离就有 3% 的几率会受伤或死亡。如果你碰巧经历了两三次飓风而没有受到伤害，你对这种风险的容忍度就会提高。请注意，你并没有改变对受伤概率的估计（那是当局提供的）；你只是对风险变得越来越麻木。

现在想象一下这对华尔街会造成什么影响。如果他们享受了几年好时光，即使不改变对金融危机发生概率的潜在预测，大家也会开始变得更能"容忍风险"。如今抵押贷款危机已经过去了十来年，所有管理人员又会开始变得对风险更加宽容吗？

在研究高层决策者的心理时，我们还需要考虑其他因素。高估过往表现的部分原因是倾向于低估我们在上一次重大风险事件中学到了多少东西。这就是斯洛维奇和费斯科霍夫所说的"我一直都知道"现象。人们会夸大事件发生前它看上去有多么"不可避免"。（新闻评论员在谈论抵押贷款危机时把它说得好像是不可避免的，但危机发生前他们又在哪里呢？）

就像斯洛维奇说的那样，他们甚至还成了事后诸葛亮，"事后夸大自己的先知先觉"。我常听到有人说"我早就预见到了"，如果这种说法是真的，那么世界上几乎任何地方都不会有意外。电影《华尔街》里的两句台词揭示了奥利弗·斯通对这一现象的把握。在"巴德"（由查理·辛扮演）作为经纪人初次大获成功后，他的老板说："我一看到你，就知道你有本事。"后来，当巴德因为这些早期的成功在办公室里被捕时，这位老板说："我一看到你，就知道你不是好东西。"卡尼曼对此总结如下：

> 当做出决定时，人们甚至不会记录他们做出了某项决定或预测。我的意思是，最令人震惊的是人们很少改变主意。首先，即使我们真的改变了主意，我们也不会意识到这一点。而且大多数人在改变主意后会重塑过去的观点——他们相信自己一直都是这么想的。

关于过度自信，还有一个因素可能多见于高层管理人员或特别成功的交易员。一些管理人员可能取得过令人印象深刻的优秀业绩，他们以此为依据，证明自己完全有理由对几乎所有问题保持高度信心。

诚然，如果某个投资组合经理声称其5年内的回报率高于市场平均水平，那么他必定对市场有一些特别有用的见解。如果某个IT安全管理人员维护网络、使其免遭病毒和黑客入侵的时间超过他在其他公司的同行，他一定有很棒的技术，对吗？

事实上，运气与成功的关系可能比我们想象中要大得多。例如，对"一战"时期王牌飞行员进行的统计分析显示，冯·里希特霍芬男爵（又名"红色男爵"）可能运气很好，但不一定飞行技术特别好。两名电气工程教授——加利福尼亚大学洛杉矶分校的米哈伊尔·西姆金和弗瓦尼·罗伊乔杜里——调查了为德国出战的2894名战斗机飞行员的胜败情况。这些飞行员总共获得了6759场胜利和810场失败。这么高的胜率也许有点可疑，但这些数字也包括他们击落的非武装侦察机和运输机。"一战"期间，德国人还拥有空中技术优势。此外，并非所有的杀伤都能得到证实，数据有所夸大当然也是可能的——但我们没理由认为"红色男爵"的数据更接近真实情况。西姆金和罗伊乔杜里指出，考虑到德国飞行员的数量和获胜率，一名飞行员仅靠运气有30%的几率击落80架敌机——这正是曼弗雷德·冯·里希特霍芬的战绩。

这可能是许多"成功"高管的写照，他们写了很多脍炙人口的书籍，讲述他们带给大家的特殊见解，但有时候发现自己无法再度获得成功。鉴于有大量候选人在职业生涯中争夺少数高管职位，或许有些人仅凭运气就能取得一连串成功。毋庸置疑，这当中的一些人获得高管职位的可能性更大。同样，在有很多初始玩家参加的抛硬币锦标赛中，有些人会取得一连串胜利。但我们知道，这种比赛的赢家不光要靠技术，还得靠运气。诚然，做到高层管理可能需要一些技巧。但这当中有多少运气成分在内？

不一致和人造结果：不该产生影响的因素产生了影响

无论我们积累了多少经验，无论我们有多聪明，我们的估计和看法似乎经常前后不一致。我们对事物的估计常常会因为随机、未知的因素而发生变化。其他时候，研究人员知道是什么导致我们的估计发生了变化，但它可能是源于本不该对我们的思维产生逻辑影响的因素。

1955年，一位52岁的心理学家建立统计模型来研究人们如何进行估计，他发现了这种不一致的影响究竟有多大。埃贡·布伦斯维克是加州大学伯克利分校一位深陷困境但颇具影响力的心理学教授，他向心理学传统理论发起了挑战。他提倡概率机能主义,即不能无视环境的不确定性来研究生物体的心理。他还开发了创新的实证方法,并利用统计学计算来描述这些思维过程——其中含有多个变量。布伦斯维克可能会发现,他创建的描述某些人类估计的模型实际上比人类更擅长估计。

布伦斯维克的模型几乎在任何领域都不难测试。假设你是一家银行的信贷员,你会得到一份企业名单、每家企业的一些信息以及它们要求的贷款规模。给出的信息包括一般业务类别(如制造业、零售业、服务业或其他)、前两年的收入、前两年的利润和当前的负债率。假设仅根据这些信息,你要判断他们是最有可能违约、拖欠贷款但不违约,还是按时还贷。

利用布伦斯维克的方法,我们将进行所谓的多元回归分析,即建立一个公式,然后使用相同的数据来模拟你的判断。当我们将公式得出的结果与你的预测结果进行比较时,我们会发现该公式在预测贷款违约方面始终比你做得更好。请记住,此公式仅基于你的主观判断,而非商业贷款违约的历史记录。如果它基于历史记录,表现可能会更好。

不过,仅使用布伦斯维克的"透镜模型"就能让预测得到显著改进,这告诉我们一些关于人类估算技巧的信息。该公式的主要好处是具有一致性。专家们有一些很好的启发式方法,但显然不能统一应用。

布伦斯维克的理念在那个时代引发了争议。他挑战了那些名气比他大得多、更受人尊敬的学者(如 R.A. 费舍尔、卡尔·皮尔森等)发明的方法。这也可能导致他长期与高血压作斗争,并在发表有关该课题最后一篇论文的两个月后就自杀身亡。

他从未看到自己的研究最终产生了多大影响。自 20 世纪 90 年代以来,研究人员重新发掘了布伦斯维克的研究,数以百计的论文引用他的创新成果。布伦斯维克学会每年都会召开会议,以促进研究人员之间的合作,这些人仍在探讨布伦斯维克使用的方法。

1996 年,我开始使用布伦斯维克的透镜法来评估许多信息技术投资的风险。因为各种原因,软件开发项目以其高失败率而闻名。用户可能会拒绝使用新技术,使其成为"存架软件"。开发和采用新技术的项目可能被大大推迟。一些软件项目在得到应用之前就被取消了。

我给客户列出了一些假想 IT 项目，让他们评估项目不能按时、按预算完成的概率。对于每个项目，我列出了项目预计成本和持续时间、该项目旨在支持的部门、项目发起人的级别（副总裁、总监等）、是否涉及他们以前用过的技术和供应商，以及其他一些客户认为可能对他们分析失败率有帮助的事实。这些数据以大型电子表格的形式呈现，其中每一行代表一个项目，每一列代表某类数据（发起人、预计成本等）。该表格包含 40 个假想项目，供其审核并评估项目失败概率。

在客户不知情的情况下，我把表中的两个项目复制了一遍，这样两个项目在表中各出现两次（即两对）。客户要花四十到六十分钟才能完成整个评估，当他们看到表中第 38 项的时候，已经不记得自己在前面评估过一模一样的项目。我把他们对同一项目的第一次估计和第二次估计结果绘制成图，参见图 7.3。

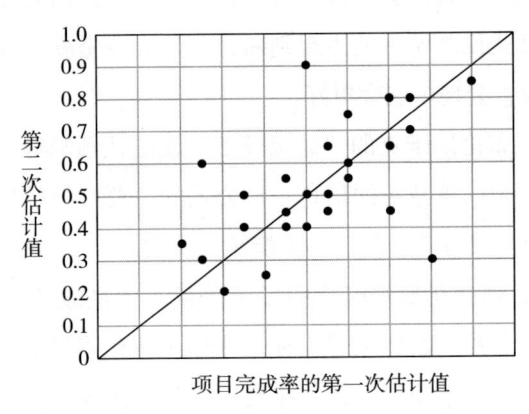

图7.3　IT项目失败率的两次估计值差异

我们看到的是，第二次估计与第一次估计通常相差 10 个百分点以上。实际上只有 22% 的人每次给出相同的答案。在极端情况下，两次估计值相差多达 35%。（请注意图 7.3 右侧线下方的点，第一次估计值为 0.8，第二次估计值为 0.3。）

自本书第一版出版以来，我还将这些方法应用于网络安全领域。我和我的员工从多个客户那里收集了三万多份有关网络安全事件可能性的独立估计。与 IT 项目风险一样，客户得到一些信息，要根据这些信息来判断某个应用或网络明年遭遇黑客入侵的可能性。他们获得的信息包括系统是否有大量用户、是否由外部厂商托管等因素。这些数据以大型表格的形式呈现，每一行代表不同的系统或应用，每一列代表为判断提供依据的参数之一。

同样，当我们对所有客户和所有专家的判断进行汇总时，这些表中隐藏着重复的行（超过两千行）。结果表明，专家判断中大约21%的差异来自个人不一致。

幸运的是，当我们使用布伦斯维克的模型时，这种不一致完全消除了。该公式仅根据输入数据生成答案，当输入数据完全相同时，答案是相同的。和过度自信一样，不一致是完全可以消除的误差。

但有些不一致可能不完全是随机的；它们可能是一些本不该对我们的判断产生影响、但最终却产生了影响的因素造成的。卡尼曼和特沃斯基所说的"框架"效应描述了这种现象。提问的方式会影响人们如何作答。和判断与决策心理学中的其他大多数发现相类似，这看起来应该是常识。但真是常识的话，为什么前面提到的风险管理方法似乎都没有采取任何措施来解决这一问题？

在卡尼曼和特沃斯基所做的实验中，下面是一个框架效应案例。两位研究人员在1981年要求调查对象在两种治疗方案中做出选择，以帮助600名罹患新型恶性传染病的病人。调查对象被分成两组，每组要回答的问题与另一组基本相同，但提问的措辞有所不同。

第1组被要求在以下两种治疗方案中做出选择：

1. 若采用A方案，200人会获救。
2. 若采用B方案，600人全部获救的可能性为三分之一，全部死亡的可能性为三分之二。

第2组被要求在以下两种治疗方案中做出选择：

1. 若采用A方案，400人会死亡。
2. 若采用B方案，无人死亡的概率为三分之一，600人全部死亡的概率为三分之二。

请注意，第1组的A方案和第2组的A方案是一样的（600人中有200人获救，400人死亡）。两组中的B方案也只是用不同的措辞来表达同一选项。在第1组中，72%的受试者倾向于A方案。在第2组中，78%的受试者倾向于B方案。

当然，调查开发人员会努力确保不会因为主观的提问方式而无意中使调查结果出现偏差。一些可能会影响调查参与者回答的因素极其隐蔽，需要认真分析才能尽量避免。当研究得出的结果更大程度上是调查方法本身造成的，而非源于被研究的事物时，研究人员称其为研究的人造结果。例如，如果调查中提问的顺序会影响受试者的回答（它显然可以），那么调查设计者必须通过控制措施来应对这一问题——比如把同样的问题用不同的顺序排列，让不同的参与者来作答。

在正规的风险评估方法中，得出的结果多大程度上是提问方法导致的人造产物，多大程度上是真实结果？专家和管理人员的回答多大程度上是过度自信、逻辑错误和随机不一致造成的结果？大多数主流风险管理最佳做法从未考虑过此类问题，但这些风险评估工具似乎不大可能对其有特别的免疫力。

我们不仅在主观估计上不一致，在运用一个关键的决策标准时也很不一致：即我们对风险的厌恶度。我们的风险厌恶度每天都在发生变化，但我们并没有意识到其中的原因。这就是为什么——正如我在第 6 章中提到的那样——我们应该以一种明确无误的方式来表达风险厌恶度。几项研究表明，各种随机无关因素会影响我们的风险偏好。

- 在美国国家卫生研究院（NIH）的资助下，斯坦福大学的布莱恩·克努森进行的一项研究表明，情绪受刺激会导致受试者在博彩游戏中进行更冒险的投注。
- 2009 年，密歇根大学一名研究生在认知神经学学会（CNS）会议上公布的一项小研究表明，短时间内看到周围人的笑脸会使人们在博彩游戏中对风险有更大的容忍度。
- 研究显示，风险偏好与睾丸激素水平密切相关——后者每天都在变化。
- 回忆过去让人感到恐惧和愤怒的事件会改变一个人对风险的看法。

这些研究不大可能发现所有对我们的风险容忍度产生影响的随机和不相关因素。还有什么会影响我们即将做出的决定？咖啡因摄入量？疲劳？某天早上特别令人沮丧的通勤？尽管很不愿意相信，但我们不能假设自己在管理上的关键决策某种程度上不受这些因素的影响。除非我们将风险容忍度量化并记录下来，作为一项正式政策（如第 4 章和第 5 章所示），否则我们的决策很可能因为主观因素而每天发生变化。也许管理层刚刚做出一个重大决定是因为他们在周二上午比周四下午更不愿意冒险。

过度自信、不一致和非理性（特别是在评估概率方面）似乎是阻碍我们进行更有效的风险评估的主要障碍。任何方法如不承认这些问题，就是在放弃一个重要的改进机会。正如我们将在第 8 章中看到的那样，最常见的风险评估方法没有考虑到此类问题。

校准测试答案

这些是本章中校准测试提问的答案。附录中还有更多校准测试和答案，可供读者进行更多练习。

表 7.1 的答案

1. 错
2. 对
3. 对
4. 错
5. 对
6. 对
7. 错
8. 对
9. 错
10. 对

表 7.2 的答案

1. 每小时 126 英里
2. 687
3. 3.5 英寸
4. 1969 年

5. 1564 年
6. 2451 英里
7. 78.5%
8. 8 年
9. 27.32 天
10. 1964 年 9 月 26 日

◆ **注释**

1. D. Kahneman and G. Klein "Conditions for Intuitive Expertise: A Failure to Disagree," *American Psychologist* 64, no. 6 (2009): 515–526.
2. A. H. Murphy and R. L. Winker, "Can Weather Forecasters Formulate Reliable Probability Forecasts of Precipitation and Temperature?," *National Weather Digest* 2 (1977): 2–9.
3. D. Kahneman and A. Tversky, "Subjective Probability: A Judgment of Representativeness," *Cognitive Psychology* 3 (1972): 430–454.
4. G. S. Tune, "Response Preferences: A Review of Some Relevant Literature," *Psychological Bulletin* 61 (1964): 286–302.
5. W. Feller, *An Introduction to Probability Theory and Its Applications* (New York: Wiley, 1968), 160.
6. E. Johnson, "Framing, Probability Distortions and Insurance Decisions," *Journal of Risk and Uncertainty* 7 (1993): 35.
7. D. Kahneman and A. Tversky, "Subjective Probability: A Judgment of Representativeness," *Cognitive Psychology* 4 (1972): 430–454.
8. D. Kahneman and A. Tversky, "On the Psychology of Prediction," *Psycholog-ical Review* 80 (1973): 237–251.
9. A. Tversky and D. Kahneman, "The Belief in the 'Law of Small Numbers,'" *Psychological Bulletin* 76 (1971): 105–110.
10. R. Feynman, "Personal Observations on the Reliability of the Shuttle," Appendix IIF. In William Rogers et al., *Space Shuttle Accident Report* (Washington, DC: US GPO, 1986).
11. A. Koriat, S. Lichtenstein, and B. Fischhoff, "Reasons for Confidence," *Journal of Experimental Psychology: Human Learning and Memory* 6 (1980):107–118.
12. P. Slovic, B. Fischhoff, S. Lichtenstein, *Societal Risk Assessment: How Safe IsSafe Enough*? (New York: Plenum Press, 1980).
13. *The Columbia Accident Investigation Board Report*, Vol. I (Washington, DC:US GPO, 2003), 121.

14. R. Dillon and C. Tinsley, "How Near-Misses Influence Decision Making under Risk: A Missed Opportunity for Learning," *Management Science* 54, vol. 8 (January 2008): 1425–1440.
15. M. Schrage, "Daniel Kahneman: The Leader Interview," *strategy + business*, https://www.strategy-business.com/article/03409?gko=7a903 31.12.2003.
16. M. Simkin and V. Roychowdhury, "Theory of Aces: Fame by Chance or Merit?," *Journal of Mathematical Sociology* 30, no. 1 (2006): 33–42.
17. E. Brunswik, "Representative Design and Probabilistic Theory in a Func-tional Psychology," *Psychological Review* 62 (1955): 193–217.
18. C. M. Kuhnen and B. Knutson, "The Neural Basis of Financial Risk Taking," *Neuron*, 47 (2005): 763–770.
19. P. Aldhous, "Cheery Traders May Encourage Risk Taking," *New Scientist* (April 7, 2009).
20. Paolo Sapienza, Luigi Zingales, and Dario Maestripieri, "Gender Differences in Financial Risk Aversion and Career Choices Are Affected by Testos-terone," *Proceedings of the National Academy of Sciences of the United States of America* 106, no. 36 (2009).
21. J. S. Lerner and D. Keltner, "Fear, Anger, and Risk," *Journal of Personality &Social Psychology* 81, no. 1 (2001): 146–159.

第 8 章

比没用更糟：最流行的风险评估方法及其为何行之无效

> 很多人固执地追求自己所选择的道路，少有人追求目标。
> ——弗雷德里希·尼采
>
> 首先，不要伤害。
> ——奥古斯特·弗朗索瓦·肖梅尔

与普遍的观点相反，"首先，不要伤害"这句话实际上并不是医生所发的希波克拉底誓言的一部分，但它来自希波克拉底的其他著作，被视为像誓言本身一样对医学至关重要。最流行的风险管理和决策分析法的开发者也应将此作为最重要的原则。但鉴于开发这些方法的通常是从业人员，他们不了解数十年来决策和风险领域的研究，因此常常会违反该原则。

如果你是第 5 章讨论的风险管理四骑士中的前三者之一，那么你可能根本不熟悉管理咨询师和国际标准组织所提倡的一些最流行的风险管理方法。

这些方法常常依靠某种定性评分，并且表现形式多种多样。它们易于创建和使用，因此也拥有庞大且快速增长的用户群。

正如我们之前所说的，这些简单的评分法被用来评估恐怖主义、工程灾难和一系列商业决策的风险。它们通常采用风险矩阵的形式，在图表上分别对事件发生的可能性和影响进行评分。我们从第 2 章的调查中可以看到，在企业风险管理和许多特定的风险管理领域（如网络安全和项目风险管理），风险矩阵和其他定性方法显然是人们最常用的风险评估方法。这些定性方法被用于解决几乎任何问题。评分法的倡导者认为，对这些问题使用科学和定量的风险管理解决方法是不切实际或不可能的——这样的观念在许多领域盛行。

遗憾的是，假如这种方法带来了任何可感知的裨益，那可能主要是前面提到的分析安慰剂效应。更糟糕的是，广泛的研究表明，这些方法往往容易违反决策分析中"首先，不要伤害"这一原则，通过添加自身的误差来源使决策变得比先前更糟糕。在本章中，我们将讨论研究人员为何认为这些流行方法"不该被用于可能引发任何后果的决策"，并且"比没用更糟"。

评分法和风险矩阵的几个例子

正如我提到的，定性风险评分法比较容易开发，不需要经过特别训练，甚至不需要任何事先研究。任何人可以为任何事开发属于自己的评分法。几乎所有评分法都使用前面描述的某种简单的顺序量表——即该量表显示的是被评估内容的相对顺序，而非实际测量单位。它们可能使用数字，也可能仅使用高、中、低等文字描述。

譬如说，电影评论员使用的星级评定提供了一个顺序量表，其代表等级顺序，而非实际数值。

两颗星比一颗星要好，但不代表它比一颗星要好两倍。因此，在通常情况下，像对待距离或质量那样来对待分级指标不是一个好主意。它们不像其他指标那样可以真正相加或相乘。比如，四个一加仑汽油箱装的汽油加起来等于一个四加仑汽油箱装的汽油。但大多数电影评论员宁愿观看一部四星级电影，也不愿观看四部一星级电影。尽管如此，风险评估领域的几乎所有评分法都会对分级指标的数值进行加法和乘法运算，就像把杂货店购物车里的商品价格相加或用长度乘以宽度来计算面积一样。

评分法数量很多、形式各异，但它们都可以被归为两大类：加权求和评分与乘法风险矩阵。加权评分可能包含项目的若干分级指标，用于表明风险程度，它们通常以某种方式相加然后得出一个总分。但风险矩阵通常只使用两个分级指标（如事件发生的可能性和影响）或三个分级指标（如威胁、弱点及后果），然后把它们相乘获得一个总分。我把这两种定性方法都称为评分法。

在评估有大量订单的企业客户的应收账款风险时，你可能会用到加权评分法。也就是说，你可能做了很多账目，发了很多货，但在给客户开出发票后，客户不能或不愿付账。如果你要评估与不同国家的客户做生意的相关风险，你可以简单地列出几个相关因素，如"汇率风险""政治风险""信用风险"等。这些通常是合理的考量因素，但可能无法用第6章中描述的概率来表达。因此，它们可以被简化为一个主观的顺序量表，如1到5级。

汇率风险可能被认为是一个相当高的风险，所以管理人员或咨询师可能会给它打4分。政治风险（政府干预、国内冲突之类的可能性）可能较低，所以得1分。但订单数量很大，所以订单量风险得5分。对其他每一种风险反复执行此过程。完成后，只需将所有分数相加即可。或者说，如果你想更花哨一点，可以为每个因素选择一个权重（如0.6、0.9等），这样就可以使某些因素的影响力超过其他因素。

把加权分数相加后，你会得到一个总分，比如风险得分为22.5分或39.1分。然后，你通常可以把这些分数和某张表作比较，该表根据得分给出一般建议。

例如，表上可能说"0~10分：低风险，继续进行交易；40~50分：风险极大，重新考虑交易规模和条件以及（或）用保险抵消风险"。在这个版本的定性评分法中，加权分数使用多个独立的分级指标。其权重可能相差很大，某些指标的权重也可能相同。

我看到的加权求和评分法的另一个版本是，在几个备选方案中，每个因素按照从最好到最坏进行排名，并在计算加权分数时使用排名顺序。换句话说，某个备选方案在诸如成本之类的因素上排名第一，另一个排名第二，依此类推，直到最后一名。

这种方法被用于确定重大项目组合的优先次序、评估新的商业投资，甚至用于重要的公共政策问题。一些人用它来评估IT安全或IT资产组合，有些政府机构用它来确定为有毒废物清理工作提供拨款的优先次序。另一种这样的加权评分法是由美国卫生与公众服务部开发的，作为在暴发流感疫情时分配疫苗的基础。美国陆军开发了一种叫做"综合风险管理"的加权求和评分法，用于评估军事行动的风险。

第2章的调查显示，在风险管理中，风险矩阵法（把可能性和影响相乘的方法）比加权求和评分法得到更为广泛的应用。当然，它似乎也得到了各个国际标准组织的更多关注。一个例子是美国国家标准技术研究所（NIST）在 2002 年版的《信息技术系统风险管理指南》（NIST 800–30）中制定的方法，参见表 8.1 和表 8.2。该组织 2012 年版的标准不再明确提及风险矩阵，但我们在第 2 章中的调查发现，人们仍在使用这一标准（旧版标准往往挥之不去）。

表8.1　美国国家标准技术研究所提议的IT安全威胁可能性分级

可能性	可能性定义
高	威胁源具有很强的机动性和足够的能力，阻止对方利用我方漏洞的控制措施无效
中	威胁源具有一定的机动性和能力，但控制措施已经到位，或许能阻止对方成功利用我方漏洞
低	威胁源缺乏机动性或能力，或控制措施已经到位，可以阻止或至少极大地妨碍对方利用我方漏洞

* 这来自 2002 年版的标准，现在已被删除。但我们的调查显示人们仍在使用它。
资料来源：NIST 800–30，表 3-4，第 21 页。

表8.2　美国国家标准技术研究所提议的IT安全威胁影响分级

影响程度	影响定义
高	利用漏洞（1）可能导致重大有形资产或资源遭受代价极高的损失；（2）可能严重违背、损害或妨碍一个组织的使命、声誉或利益；（3）可能造成人员死亡或重伤
中	利用漏洞（1）可能导致有形资产或资源遭受代价较高的损失；（2）可能违背、损害或妨碍一个组织的使命、声誉或利益；（3）可能造成人员受伤
低	利用漏洞（1）可能导致一些有形资产或资源遭受损失；（2）可能显著影响到一个组织的使命、声誉或利益

* 这来自 2002 年版的标准，现在已被删除。但我们的调查显示人们仍在使用它。
资料来源：NIST 800–30，表 3-5，第 25 页。

尽管删除了对风险矩阵的明确描述，但 2012 年版的 NIST 800–30 标准仍描述了对定性和半定量方法的使用——这些方法还在使用顺序量表。

根据仍在使用的 2002 年版 NIST 标准，上述每一项被换算成一个分数。就可能性一项，低、中、高分别换算成 0.1 分、0.5 分和 1.0 分。影响一项的低、中、高分别换算成 10 分、50 分和 100 分。两者相乘会得到一个分数，该分数再换算成低、中、高等级。最终结果就是风险等级。

该方法与第 4 章中提到的 COSO、ISO、CobIT 或 PMBoK 等标准开发的方法根本上没什么不同。许多大型咨询公司也在推广这样的方法，这些公司经常充当标准开发团队的顾问。有时这些方法被称为5乘5或热图（后一个名称来自色标编码法，它使矩阵看起来像热图像，高风险用红色表示，低风险用绿色表示）。也许有人认为，金融行业的风险分析会更加量化。但实际上，在网络安全和反洗钱等领域，银行和银行审查员必须使用联邦金融机构审查委员会（FFIEC）制定的风险矩阵版本（www.ffeic.gov）。数以千计的人甚至还接受过此类方法的"认证培训"。

在乘法风险评分法中，不同的分数彼此相乘，而不是加权相加。一种常见的乘法评分法是将可能性和影响的得分相乘。根据第2章提到的哈伯德决策研究公司/毕马威调查，这是大多数基本风险矩阵使用的方法。请注意，对精算师和其他定量分析人员来说，将概率和损失相乘来计算预期损失并不罕见，而且完全有效。但他们用的不是1到5的分级指标。他们用的是实际概率和美元损失。换句话说，他们可能会说预期损失为 0.2×1000 万美元 $= 200$ 万美元。乘法风险评分法则会说可能性为2级，影响为3级，因此风险得分为6，然后被归类为中等风险。

乘法风险矩阵的另一个版本使用三种风险组成成分：威胁、漏洞和后果。这是国土安全部用来评估恐怖主义威胁的模型的基础。与其他评分法类似，此方法要求人们从顺序量表中选择一个分数。通常情况下，该方法把威胁、漏洞和后果的分数简单相乘，得出每个潜在风险情景的风险总得分。

这些方法的开发人员往往是某些特定领域的专家，如IT安全专家或公共卫生专家，但他们几乎从来都不是风险分析和决策分析方面的专家。这些方法不是通过严谨的研究而得出，也没有经验证据表明这些方法能够改善决策。事实上，我提到的每一种评分法似乎都没有考虑决策是否得到了可衡量的改善这个问题。它们存在的问题可归结为以下三个要点。

评分法的问题

- 由于这些评分法通常是在与该领域研究脱节的情况下制定的，所以没有哪个方法考虑到第7章中讨论的关于风险和不确定性的认知问题。
- 即使刻意采取措施为其含义制定标准，不同的人对可能性定性描述的理解和使用也会大相径庭。

- 由于其结构带来的预料外影响，这些评分法的主观性为风险评估增添了自身的误差来源。

第一点是指在不确定性的主观判断上，这些方法未能以任何方式消除或解决现有已知的误差来源。甚至没有一种评分法哪怕是轻微地意识到这些问题；这些认知问题对任何试图用主观判断来分析风险的方法而言都应该有重大意义。在设计这些方法时，开发人员并没有考虑到使用这些评分法的人过于自信且回答不一致（如上一章所述）的事实。

除了未能消除已知的专家误差外，刚才提出的第二点和第三点是关于评分法本身为风险评估增添了更多误差。不必要地引入歧义和使用顺序量表带来的其他预料外后果会降低分析的质量。现在我们要讨论这种额外增加的误差经常有多大，以至于管理人员最好依靠他们的原始直觉。

那能算"中等"吗？：为什么措辞含糊不能抵消不确定性

我听到过许多支持流行定性方法的观点，这些观点基于这样的假设：它们某种程度上缓解了定量方法存在的问题。例如，人们认为使用顺序量表和语言标签可以缓解缺乏数据这个问题，而定量方法需要使用数据——即使是如我们在第 4 章中所示的简单定量方法。还有人说管理人员不理解定量方法，或者定性方法更有助于沟通。这些观点都不对。

我会在第 9 章中更详细地讨论关于定量方法的反对意见，但在这里我们将重点讨论流行的非定量方法存在的一些问题。许多反对定量方法的观点背后有这样一种假设：使用含糊不清的措辞就能解决问题。例如，风险咨询师可能会要求管理人员从以下条件中进行选择：

可能性等级示例

- 极有可能
- 有可能
- 不太可能
- 极不可能

这些实际上是政府间气候变化专门委员会（IPCC）制定的量表中使用的一些术语。与大多数风险矩阵标准相类似，IPCC报告为量表中的每个分级指标指定了具体概率。例如，在IPCC报告中，作者将"极有可能"定义为概率"大于90%"，将"不太可能"定义为概率"小于33%"。其他不少使用文字描述的可能性分级甚至完全没有指定概率。但无论怎样，这些方法的使用者对其含义的解释都会大相径庭。

如果你还认为使用文字描述的分级指标一定程度上可以避免不够精确的问题，那么请想一想：文字描述实际上增加了这种不精确。判断与决策领域研究人员、伊利诺伊大学厄巴纳—香槟分校的戴维·布德斯库决定看看人们是否真的对这些文字描述有同样的理解。

布德斯库已经知道，有关该课题的学术文献表明人们对这些短语的理解存在很大差异，使用这些短语可能会导致沟通混乱和出错。

他做了一个实验，让受试者阅读IPCC报告中的句子并给涉及可能性的术语分配一个概率。他向受试者展示了IPCC报告在使用这些术语时所做的一系列描述。例如，IPCC报告中的一句话提到："高温极端天气、热浪和强降水事件很可能会继续变得更加频繁。"然后他要求受试者为该事件分配一个他们认为合适的概率。比如说，一名受试者看了之前的陈述，估计"高温极端天气、热浪和强降水事件有95%的几率会继续变得更加频繁"。

布德斯库发现，受试者对这些术语的理解差异极大。更令人惊讶的是，他发现即使IPCC报告为这些术语的含义提供了具体指导原则，受试者对它们的理解也大相径庭。例如，"可能"一词在不同的语境下被诠释为代表45%到84%的几率。即使受试者被告知IPCC指导原则明确指出可能的意思应该是"大于66%"（见表8.3），他们的答案也存在如此大的差异。就反馈的分布情况来说，一种方法使用的文字描述似乎和界定范围同样重要，甚至比后者更重要。

布德斯库说，这会造成一种"沟通上的错觉"。比如每个人都"认同"某件事极不可能发生，但真实情况是他们根本就没有取得共识。对于其他人如何解释这个词，有些人会感到非常惊讶。显然，就如何使用这些术语制定详细的规则并不能确保人们在实践中会遵循这些规则。

很多方法甚至没有为它们的可能性分级指标分配一个有意义的概率。这些方法认为，诸如"可能"之类的术语可以单独使用并获得用户的一致理解。杜克大学的鲍勃·克莱门向我提供了一个例子，其来自财务会计准则委员会（FASB）的规定。在 FASB 关于"或有损失会计处理"的规定中，或有损失有时是根据它们是否"可能、适度可能或不太可能"发生来确认的。定义分别如下：

表8.3 对IPCC报告表达不确定性的常用术语的理解差异

描述概率的短语	IPCC对短语含义的指导原则	受试者对这些短语的理解（反馈分布）		违反指导原则的反馈百分比
		所有反馈的最低值	所有反馈的最高值	
极有可能	>90%	43%	99%	58%
有可能	>66%	45%	84%	46%
不太可能	<33%	8%	66%	43%
极不可能	<10%	3%	76%	67%

资料来源：伊利诺伊大学厄巴纳—香槟分校的戴维·布德斯库、斯蒂芬·布鲁梅尔和韩惠波（音）。

- **可能**：未来事件有可能发生。
- **适度可能**：未来事件发生的可能性大于不太可能，小于可能。
- **不太可能**：未来事件发生的可能性很小。

换句话说，FASB 完全是用可能性的其他文字描述来定义他们的可能性文字表述。该规定的含糊不清意味着不同的会计师事务所可能得出截然不同的意见。通过鼓励可能存在偏颇的描述和行为，它本身就会增加风险。在这一领域，不利的审计结果对公司的影响可能很大，这就促使公司四处寻找更好的审计意见。即使在安然事件和《萨班斯—奥克斯利法案》通过多年后，会计行业的熟人仍向我证实，这种情况仍在发生。

> FASB 规定中关于或有损失的含糊措辞鼓励了财务报告对风险作出乐观评估。公司会四处寻找最有利的审计意见。

在不确定性的表达上，布德斯库不是第一个就措辞含糊问题进行研究的人。20 世纪 90 年代，中情局对解读概率的纯文字表述进行了研究。中情局资深分析师迪克·霍伊尔给 23 名北约军官做了一系列关于地缘政治和军事事务的陈述，每个陈述都包含了表示可能性的词语。例如，"X 国在未来十年内可能爆发内战" 或 "Y 国在未来 20 年内不太可能发展核武器"。然后，他要求这些军官估计"极有可能""可能""不太可能"等词语所表达的概率是多少。对于"不太可能"一词，北约军官给出的概率在可能性小于 5% 到可能性小于 35% 之间。反馈差异与布德斯库在 IPCC 报告中发现的基本一致，尽管 IPCC 报告为这些短语定义了具体的概率范围。即使你规定某个可能性级别代表概率在 5% 到 20% 之间，你怎么称呼它——是不太可能、有点不可能还是极不可能——也很重要。

此外，在评估风险事件造成的后果时，这种措辞含糊可能会带来更大的影响。对大多数风险事件而言，它可能有一系列潜在的结果，最好用 90% 置信区间这样的形式来表达。但大多数风险矩阵的使用者不得不给出一个确定的影响评估。例如，假如你在评估客户数据被黑客窃取的风险，潜在损失可能包括恢复数据的成本、对客户进行赔偿、法律费用和 / 或客户流失。结果可能是损失一小笔钱（黑客是内部人员，在发布数据之前就被发现了），也可能是遭遇重大诉讼，同时损失大量客户。表达这种不确定性的合理方法是像第 4 章介绍的那样用范围来表示。

量表的预料外影响：你不知道的事情可能会伤害你

托尼·考克斯是麻省理工学院风险管理项目的首届博士毕业生。鉴于麻省理工学院是最早设置此类项目的学校之一，所以在全球范围内托尼是该领域最早的博士之一。基于他的学术背景，你不会惊讶于他在风险管理上采取更量化的观点。事实上，他花了不少时间对风险矩阵等定性方法存在的问题进行严谨分析。

他发现，即使是看似简单的量表也有其自身意想不到的数学后果。流行的评分法因为忽略了过度自信之类的偏见而留下误差，还有定义含糊不清所导致的误差，仅这些就足以让我们怀疑大多数评分法的有效性。但这还没完。当我们仔细检查它们时会发现，量表本身的主观性似乎增加了更多误差来源。你对最重要的风险的评估是否仅取决于这样一个事实：你碰巧使用了一种主观评分法而非另一种？遗憾的是，事实确实如此。我把考克斯等人指出的这些预料外后果分成五大类：

- **范围压缩**：评分法将一些范围较广的数值归入量表的某个类别，从而造成评估的不精确。即使对五分制或十分制量表来说，用户给出的大多数评分只占到量表的一小部分，这进一步放大了不精确性。如意见稍有改变，备选方案的排名就会发生重大变化。
- **规律间隔假设**：评分法隐含这样的假设：1–2–3–4–5 的等级间隔接近于被评估事物的相对量级。
- **独立性假设**：标准或流行的评分法没有考虑各种因素和风险之间的相关性（即有联动倾向）所造成的影响。这对于使用主观评分法的模型来说影响深远。
- **分区依赖**：在如何划分顺序量表的问题上，看似细微的差异可能会对评分行为产生比我们想象中更大的影响。
- **与风险厌恶度混为一谈**：评估风险事件的影响和可能性应该与我们的风险偏好无关，但我们在实践中可能无法将它们分开。

范围压缩

上面列举的第一点源于以下事实：评分法常试图把原本有意义且明确的数值转换为仅包含几个可能值（通常为三个或五个）的分数。仍在使用中的 NIST 量表显然把 1% 的可能性和 18% 的可能性都归入同一类（低可能性）。同样，我见过一个用于 IT 项目的加权求和评分系统把项目的投资回报率（ROI）转换为五分制量表，这样就可以和其他几个因素相加。潜在的 ROI 范围是如此之大，单单 1 这个数值就代表了介于 1% 到 299% 之间的所有 ROI。2 则代表介于 300% 到 499% 之间的投资回报率。是的，一个 ROI 为 299% 的项目被认为和 ROI 为 1% 的项目没差别，但和投资回报率为 300% 的项目比只有后者的一半好。

托尼·考克斯把它称为范围压缩，当各类因素相乘时（这在风险矩阵中是常见的做法），这种压缩就会被放大。想想 NIST 不仅把可能性为 1% 和 18% 归为一类，还要求用户把差异极大的事件影响也混在一起。如果损失 1 亿美元属于高影响，那么损失 2.5 亿美元肯定也是高影响（因为没有更高的级别）。那意味着有 1% 的可能损失 1 亿美元和有 18% 的可能损失 2.5 亿美元的风险得分相同。实际上，这两种结果之间的差异可能高过两者的损失比。即使是"风险中性"计算（概率 × 损失），第二个风险也是第一个的 45 倍大。但风险厌恶型管理人员会认为两者之间的差别更大。也许 2.5 亿美元的损失会导致公司破产，从而使风险变得更大。不过在许多组织仍在使用的 2002 年版 NIST 标准中，它们（低可能性和高影响）都被视为中等风险。此方法不能充分区别一些差异极大的风险，而后者对于合理分配资源来解决风险是至关重要的。关于范围压缩的影响，我听到的最好说法来自有时候是我客户的 IT 安全专家里德·奥格利尔："垃圾乘以垃圾就是垃圾的平方"。

范围压缩的影响还可能进一步加剧，这取决于该方法的使用者是否将评分集中在一起。在迪伦·埃文斯和我共同发表在《国际商用机器公司研究与开发杂志》上的一篇论文中，我们就 5 分制量表的反馈分布情况提供了一些数据，这些数据来自 2000 多名受试者根据五种不同方法给出的反馈。我们发现，受试者的反馈大约有 80% 是选 3 或 4。在五种方法的一种里，3 是最常见的答案，约占总数的 52%。在其他方法中，4 是最常见的答案——就某个方法而言，它占到总数的 62%。实际上，反馈的集中放大了考克斯所说的范围压缩效应，因为大多数回答其实只是两个值之间的选择。图 8.1 展示了这几种评分法的分数分布。

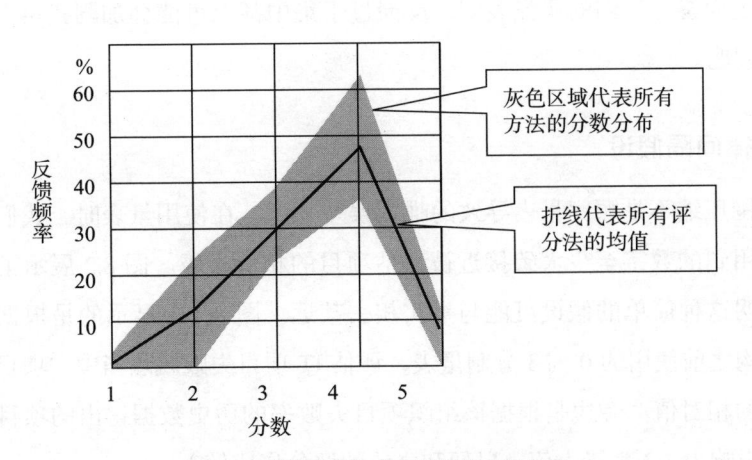

图8.1 五种不同的5分制量表的分数分布

这张图清楚地表明了两件事。首先，这些方法的评分过程非常相似，分别由不同的人制定和不同的人使用。其次，两个分数选择（3和4）约占所有答案的75%。这对评分法有着重要影响。因为大多数被选的分数最终只是在两个值之间进行选择，所以在主观评分时把3改成4（或把4改成3）对项目优先级的影响比分数均匀分布的影响更大。换句话说，一张显示风险分级或项目优先级最终结果的图表往往会出现大量数据集中在小范围内的情况，所以即使是非常微小的变化都会对分级产生很大影响。在对一些评分系统进行试验时，我发现把分数从4改成3可以使排名发生很大变化，以至于它可以决定一个项目是否出现在重大优先级列表中。

> 由于反馈往往高度集中，所以分数的微小变化会对风险分级产生很大影响。

当我查看所有数据时，我还发现了其他非常奇怪的评分行为。有些反馈模式似乎连评分法的使用者自己都没有意识到。显而易见，在一长串必须评估的风险列表中，较晚评估的风险更有可能获得极端分数（1分或5分）。即使让不同的团队以不同的顺序回答不同的问题也会出现这种结果。那是否意味着到列表末尾时，使用者开始觉得有必要把没怎么用过的分数用一用？这些数据并不是结论性的，但考虑到用户回答对框架效应和其他效应的敏感度，如果这是真的也不足为奇。我们的研究表明，反馈过于集中甚至可能会加剧我接下来要讲的其他问题。

规律间隔假设

范围压缩不是顺序量表导致的唯一误差来源。在使用量表时，我们会假设量表中用到的数字至少大致接近被评估项目的相对量级。图8.2展示了一个例子，表明这种简单的假设可能与事实相去甚远。图8.2中显示的是根据美国某联邦机构之前使用的0到3分制量表，评估IT项目失败风险当中"项目发起人级别"的相对值。旁边是根据该组织项目失败率的历史数据得出的项目发起人的相对影响力（3为最大值，以便和之前的评分作比较）。

使用0到3分制量表，"IT项目发起人"
对IT项目失败率的相对影响与历史上的实际影响

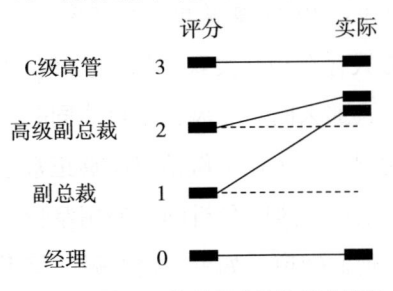

```
            评分        实际
C级高管      3    ■──────■
高级副总裁   2    ■─────■
                       ╱
副总裁       1    ■ - - - - ■
经理         0    ■──────■
```

图8.2 比较评分法和历史数据

在图 8.2 左侧所示的原始加权评分中，支持该项目的如果是高级副总裁（SVP），其影响力实际上是副总裁的两倍（得分分别为 2 和 1）。C 级高管（如首席执行官、首席财务官或首席信息官）对项目成功的影响力是副总裁的三倍。但当我分析历史上（我们能够重建大约十年的数据）项目的实际完成率时，副总裁、高级副总裁和首席执行官之间的差异并没有那么明显，但他们都比中层管理人员要好得多。高级副总裁的影响力不是副总裁的两倍，其仅比副总裁高出 10%。C 级高管的影响力也不是副总裁的 3 倍，而是高出 30% 左右。

这个例子也说明评分系统中一项看似微小的主观变化会产生比该方法设计者想象中更大的影响。如果把评分标准从 0 到 3 改为 1 到 4，那么高级副总裁的影响力会比副总裁高出 50%，而不是两倍。在确保项目完成度方面，C 级高管的影响力将是副总裁的两倍，而不是三倍。基于用户如何分配他们的分数，诸如此类的细微变化可能会造成截然不同的优先级排序。

我们可能希望，人们在对 0~3 分或 1~4 分量表做出反馈时的心理因素可以一定程度上抵消这种影响，但它也可能加剧此类影响。即使在使用顺序量表这样的简单问题上，人类心理也很复杂，而且常常令人惊讶。

独立性假设

不同风险和不同因素之间存在相关性的问题对于所有风险分析都很重要，但在评分模型中却普遍被忽略。在乘法风险矩阵中，不同的风险之间可能存在相关性。绘制在风险矩阵上的两个或两个以上"中等影响、中等可能性"风险如果同时发生，也许就构成一个更高的风险。如果"自然灾害造成仓库库存损失"和"缺少可用的劳动力导致生产活动中断"都是因为飓风而发生的，那么就不能真的把它们当做两个独立的中等影响事件来建模。

损失也可以通过其他方式存在相互关联。如果仓库位于伊利诺伊州，而不是在佛罗里达州的工厂附近，那么同一场风暴不可能同时造成上述两起事件。但如果数据中心在佛罗里达州，那么在备份站点能够正常运行之前，伊利诺伊州的仓库可能同样要闲置。最好的风险分析师在使用蒙特卡洛模型时会仔细考虑事件的相关性和依存度。他们知道，如果不这样做，就无法评估和比较不同的风险。

独立性假设意味着，风险看起来有多糟糕可能只是风险模型的细化程度有所不同。例如，你可以把一项重大的供应链中断风险当做一个大事件，或者将其分解为对应单个供应商的几十个小事件。同样，你可以在建模时把网络安全漏洞定义为一项重大风险、大量单独事件或介于两者之间的任何风险。如果把这些风险中的任何一个分解为大量独立事件，则平均来说每个独立事件的发生概率往往会更低，一些事件造成的影响会更小。把诸多小风险合并到一起更容易构成一个重大风险。在这种情况下，决定风险优先级的主要是风险建模的细化程度。

分区依赖

布德斯库和考克斯的研究着重探讨了用数值范围来定义顺序量表的后果。以这种方式来定义量表被称为分区。在我们的一对一替代模型中，你无须进行分区；你可以估算概率和影响的实际数值。但如果你使用顺序量表来评估事件发生的可能性或影响，就必须决定如何将这些数值划分为多个分区。例如，你可以采用表 8.4 所示的两个量表中的一个，对事件影响进行分区。

如果将这一量表交给在同一组织工作的几个不同管理人员，让每个人对数十种不同风险事件的影响作出估计，我们可以看到他们的选择是如何分布的。即便我们假设这些人的估计保持一致，结果也可能存在差异。例如，3 在 5 分制量表中涵盖的范围比在 7 分制量表中要大得多，所以我们预计它在前一个表里被选中的次数要多于后一个表。但请注意，1 分在两种评分法中的定义是相同的，所以我们预计 1 在两个表里被选中的次数应该是一样的。

然而事实并非如此。相反，我们看到 1 在 7 分制量表里被选中的次数少于 5 分制量表。判断与决策领域的研究人员把这种情况称为分区依赖。无论分级是怎么定义的，专家们似乎想让他们的答案有不同的分布。

表8.4　评估事件影响的量表分区示例

\multicolumn{2}{c}{5分制量表}	\multicolumn{2}{c}{7分制量表}
得分	范围（百万美元）	得分	范围（百万美元）
1	1或1以下	1	1或1以下
2	1到9.99	2	1到3.99
3	10到49.99	3	4到14.99
4	50到99.99	4	15到49.99
5	100或100以上	5	50到99.99
		6	100到249.99
		7	250或250以上

综合我们刚刚讨论的关于布德斯库和考克斯的研究，结果表明每个分区的具体定义对量表使用者的影响似乎不像我们想象中那么大。一些主观特征——如量表的分级数量和使用什么文字描述——似乎对这些分析的实际结果有很大影响。

与风险厌恶度混为一谈

托尼·考克斯指出，在评估一种不确定的影响时，被要求进行风险分级的专家可能会把有关风险偏好的主观判断与涉及事件影响的具体估计结合起来。换句话说，假设某个事件可能导致 100 万到 5000 万美元的损失。如果两个不同的评估者明确讨论这笔损失，他们可能会就损失的范围达成共识。但由于一个评估者更厌恶风险，他可能认为此事件的影响级别为高，而另一位评估者将其视为中等影响。

这里有一个我在咨询生涯之初亲身经历的例子。当时我正与客户讨论一种评分法，他将这种评分法用在和大型项目组合相关的风险上。为了说明这种方法存在的一些问题，我问一位经理："当你说这种风险很有可能发生时，那意味着什么？"我指了指他在风险矩阵上标明的一个特定风险。他回答说："我想这意味着大概有 20% 的可能会发生。"他的一位同事对"很有可能"只代表 20% 的几率感到惊讶。当他要求对方澄清时，第一位经理回答说："好吧，这是一个影响非常大的事件，对于这样的事件来说，20% 的可能性已经很高了。"一屋子的人面面相觑，仿佛才意识到经过几次烦琐的风险评估工作会议后，他们一直在说不同的语言。（当然，每年 20% 的几率意味着每十年近乎有 90% 的几率，这可以说是"很有可能"。但由于他们的方法没有提到时间范围，这一点依然含糊不清。）

风险矩阵研究总结

经过广泛分析，考克斯最终得出的结论应该让任何一位风险矩阵的使用者感到担忧。他在自己被引用最多的关于该课题的论文中指出：

> 风险矩阵会错误地给定量上较小的风险分配更高的定性评级。对于发生几率和严重性呈负相关的风险来说，它们可能"比没用更糟"，会导致人们做出比随机选择还要差的决策。

不过考克斯并不一定得出结论说风险矩阵绝对不可用。他只是指出，风险矩阵"应谨慎使用，而且必须对内含的判断进行仔细解释。"但请记住，考克斯对"谨慎"和"仔细解释"的标准很高。他详细介绍了一套数学上相当严谨的要求，指出必须满足这些条件才能用风险矩阵来合理地评估风险。

对许多不同的方法进行详细研究表明，这些考量因素在风险矩阵的初始设计或一般使用中根本不存在。三位决策分析研究人员——菲利普·托马斯、雷达尔·布拉沃尔德和埃里克·比克尔——回顾了描述不同风险矩阵的三十篇不同论文。它们都是石油和天然气（O&G）行业使用的方法，但容易被误认为是项目管理、网络安全、军事行动等领域使用的风险矩阵。

通过对现有风险矩阵进行分析，他们发表了在风险矩阵这个课题上可能是最重要、最深入的研究。这篇题为《使用风险矩阵的风险》的论文发表在石油工程师协会经济学与管理期刊上。几位作者把自己的发现与迄今为止有关该主题的文献综述相结合，后者包括布德斯库、考克斯、我本人和其他许多人的研究。

对于上面提到的三十种风险矩阵，作者为每一种估算了一个"谎言因子"。

统计学家爱德华·塔夫特发明了谎言因子，用它来衡量图形表达的信息与实际数量之间的偏差。使用该指标，作者发现大多数方法歪曲风险的因子至少为10，有些甚至超过100。把它和以前许多关于顺序量表、风险矩阵、人们使用这些方法的心理学研究结合起来，作者得出以下结论：

> 考虑到这些问题，我们认为不该将风险矩阵用于可能引发任何后果的决策。（第63页）

请注意，与考克斯不同，作者没有指出只要在设计和使用风险矩阵时足够谨慎，就可以使用这种方法。鉴于当下已经有了切实可行和合理的替代方案，他们认为挽救风险矩阵毫无价值。相反，他们为油气行业推荐了本书最终将为任何领域的风险管理所推荐的方法：

> 油气行业应该依靠以250多年科学发展和理解为基础建立的风险和决策分析程序，而不是风险矩阵。（第64页）

不同但听上去相似的方法和相似但听上去不同的方法

在我得出所有简单的评分模型完全无用（或更糟糕）这个结论之前，我需要进一步说明我们讨论的评分法类型以及人们为什么使用这些方法。我刚才描述的评分法使用措辞含糊的顺序量表来对风险的组成环节进行分级。每个量表的使用和它们的精确度不依据任何一种概率理论，也未收集到任何统计数据来表明该方法能够真正改进决策。

现在，我要介绍一些容易跟这些评分法相混淆、但实际上能够改进决策的方法。我还会讨论一些效果比较可疑但据称在数学上合理的方法，这些方法有时被用于风险分析。

它们听起来像评分法，但其实不是（而且它们很有效）

一些研究人员发明的方法看上去很像简单的评分法，但其实不是。例如，埃贡·布伦斯维克的模型（在第7章中提到过）最终会产生一个基于加权输入的结果，但请记住，权重是通过统计学回归分析得出的，而不是在研讨会上主观选择的。另外，模型使用的因素并没有被简化为顺序量表，输入的是实际测量的真实数据，比如网络安全风险中的系统管理员数量和补丁更新频率，或贷款决策中的贷款金额和信用记录。

我在《数据化决策》一书中提到的判断与决策领域的另一位研究人员是卡内基梅隆大学的罗宾·道斯。他在 1979 年写了一篇论文，题为《广义线性模型的稳健性之美》。他的研究表明，即使是非常简单的模型也可以改善独立判断的结果。但与布伦斯维克类似，道斯没有为他的模型制定任何预定义顺序量表，他所声称的效果是基于真实测量结果。两位研究人员使用的方法都允许将几个因素相加，为我们要评估的事物得出一个数值——如建筑项目的风险、一项工作的求职者或诊断癌症病人等。两种方法包含的因素是使用者认为应当在评估中考量的东西。

道斯不像布伦斯维克那样进行最优拟合运算。他只是把每个因素转换成一个归一化值，用零来代表某个因素所有数值的平均值（比如说在评估建筑项目风险的模型中，它代表建筑项目的成本）。然后，道斯根据"正态"概率分布计算一个标准差。如果项目成本略高于平均值，它可能是 +0.5。如果项目成本远低于平均值，它可能是 -2.3。符号取决于评估者认为该因素是好是坏。道斯线性模型的电子表格示例可参见本书网站 www.howtomeasureanything.com/riskmanagement。

道斯发表的研究证明，用这种方法得出的结果可略优于独立决策者得出的结果。（同样，正是这项研究显示的经验证据使其得到了验证。）根据道斯的说法，人类评估者似乎在识别因素是好是坏方面做得很好，但在考虑多种输入时表现略差。对于后者，他的简单方法可以提供帮助。

总而言之，如果把道斯和布伦斯维克的模型与 CobIT、PMBoK 及一些大型咨询公司所提倡的简单模型进行比较，两者之间的主要区别如下：

- 简单评分法是在与现代判断与决策研究完全脱节的情况下发展起来的。评分法没有采取任何措施来抵消已知、可衡量的因为人类过度自信和其他偏见所导致的误差。
- 简单评分模型没有经过现实检验。不存在将模型得出的结果与大量真实结果（项目失败、信用违约、安全漏洞等）进行比较的证据。
- 布伦斯维克和道斯的模型使用可衡量的单位（如成本或持续时间），其中一些可以通过客观测量来提供。但简单评分法往往试图让人们对含义非常模糊的概念做出主观判断（例如，"用 1 到 5 分来评价与业务战略的一致性"）。另外，简单评分法使用主观量表对原本有用的数值进行分区，不考虑这种做法对结果会有什么影响（"如果项目投资回报率为 0 至 50%，得分为 1；回报率为 51% 至 100%，得分为 2，依此类推"）。顺序量表的主观性实际上给决策增加了完全不必要并且相当大的舍入误差。

- 简单评分法无法评估使用者行为以及模型对假设的微小变化有多敏感。

我喜欢的一种评分法是弗雷德·格林贝格尔（Fred J. Gruenberger）于 1964 年提出的，当时他任职于兰德公司。他提出了一个"荒谬指数"，用于戏谑地评估虚假理论的拥护者。数学物理学家（也是民谣歌手琼·贝兹的表弟）约翰·C. 贝兹提出了一个较新版本的荒谬指数。格林贝格尔的原始模型和贝兹的指数都旨在用新的科学理论来检测不切实际者，但其基本概念也适用于流行的风险管理法或一般商业方法。

两种模型给分最多的是缺乏实证经验来验证说法。也就是说，如果某人无法通过观察实际结果来验证他的理论，那么他将获得高分。贝兹提到的一些东西与商业流行方法尤其相关。

他还给术语（如范式转换）的每一次使用或发明一个没有明确定义的新术语进行打分。对于新理论或新方法的支持者，两种模型都会给出一个殉道者情结分数。毋庸置疑，这些都是仅供娱乐的方法，肯定不能用来支持重大、有风险的决策。

不完全是评分法但（必然）能解决主观偏好的方法

有相当多受人尊敬的学术研究提到这样一种观点：如果你的偏好至少保持前后一致或理性，那么基于这些偏好的决策应该会更好。也就是说，我们应该让自己喜欢的结果出现得更频繁，不喜欢的结果出现得更少。在约翰·冯·诺伊曼和奥斯卡·莫根施特恩发明了预期效用论（在第 6 章中首次提到）十年后，伦纳德·吉米·萨维奇通过进一步定义一致和理性的偏好在严格数学意义上代表什么，捍卫并扩展了他们的理论。萨维奇在他 1954 年的著作《统计学基础》中给出一份偏好理论的公理列表，描述虽主观、但保持一致和理性的偏好。关于该课题的学术研究继续影响着心理学和决策学的许多领域。这方面的研究最终也包含卡尼曼和特沃斯基的前景理论在内，卡尼曼凭借这一研究获得了诺贝尔经济学奖。

即使对那些被视为纯主观的选择来说（比如公司野餐去哪里，哪个歌手更好等），有些判断也比其他判断更合乎逻辑。关于吉米·萨维奇偶尔如何解释这一理念，他的儿子萨姆·萨维奇告诉我一个例子。吉米让我们想象他在一家餐馆里，他知道他想要鸭肉或排骨特价午餐。但他首先问服务员："你们今天有火鸡吗？"服务员说："有的。"吉米说："那样的话，给我来份鸭肉。"这是一个描述我们如何"不做"决定的例子。这段对话违反了萨维奇提出的偏好公理之一。在备选方案中添加一个无关（非首选）选项（或从中删除一个）对你选择剩下哪个选项应该没有任何影响。

以下是此类偏好公理的一个简短列表：

- **排序不可颠倒（萨维奇例子中违反的规则）**：如果你在 A、B 和 C 三个选项中更喜欢 A，那么删除 C 选项，或者添加另一个选项 D（D 本就逊色于上述三个选项之一）应该不会让你改变选择。
- **传递性**：如果你喜欢 A 胜过 B，喜欢 B 胜过 C，那么你应该更喜欢 A 而不是 C。说你喜欢 C 胜过 A 在逻辑上与陈述的第一部分不一致。
- **无差别标准的独立性**：如果你基于两个因素来选择备选方案，而你最终选择了 A，那么加入第三个对所有备选方案有同等影响的因素应该不会改变你的选择。例如，在根据区域大小和价格对公司野餐的三种备选方案进行排名之后，你选择了林肯公园。然后有人决定把"野餐地点与办公室的距离"作为一个考虑因素。你加入了该因素，但发现三个备选地点与办公室的距离完全一样。因为该考量因素对三个备选地点的影响是相同的，所以添加此变量应该与选择结果无关。

这些规则看起来很明显，但风险管理人员实际上有可能在自己没意识到的情况下创建或使用违反这些规则的评分系统。这种情况更多地出现在用相对等级来描述所有考量因素的评分系统中。一种方法探讨了这些公理以及其他公理的所有逻辑后果，它被称为多属性效用论（MAUT），也叫做多准则决策

（MCDM）、多目标决策分析（MODA）或其他名称。这些方法试图考虑不同项目之间的各种权衡，并计算出必要、合乎逻辑的后果。它们至少在努力避免萨维奇所指出的那些问题。但用这些方法建立的模型一般不是概率模型，它们往往被不恰当地当成概率风险分析的替代品。

使用"效用"一词可能会让人觉得所有这些都是直接从冯·诺伊曼和莫根施特恩的效用论衍生而来。但即使不是理论的话，它们至少在实践中存在相当大的差异。在决策分析以及冯·诺伊曼和莫根施特恩的效用论所描述的方法中，效用仅关乎两个相互竞争的考量因素：风险和回报。效用不是直接估计出来的，而是通过对赌注的选择推断出来的。

你可能还记得第 6 章中罗恩·霍华德提出的建议，即通过考虑我们在抛硬币时愿意下多大的赌注——赢得 x 或输掉 x 的一半——来估计我们的风险容忍度。知道某人如何回答诸如此类的选择可以告诉我们，在偏好保持一致的情况下他们将如何做出其他选择。我们无须问他们或告诉他们一个赌注的效用是多少。我们只需要知道他们接受了哪个特定赌注，并以此算出他们会接受的其他赌注。

预期效用论建立在对风险与回报进行数学运算上，因此有必要使用概率。但多属性效用论（MAUT）的应用中，我们经常要求行业专家直接估计一个效用函数，并使用除风险和回报之外的其他指标。

在决策分析中，预测结果的不确定性和人们愿意容忍多少风险的风险偏好是分开的。如果你用主观范围估计来表达你对一个建筑项目工期的不确定性，那么你是在估计一个现实世界中可衡量的数值。你没有说相对于其他考量因素（比如说加快项目进度可能会增加成本或风险），你希望项目的工期是多久。但如果你根据项目的净收益和风险来考虑不同的备选方案，那么你的问题从根本上可以归结为一种主观权衡或偏好。

使用偏好建模方法进行风险分析的问题在于，这些方法都不是预测型方法；没有哪一个模型旨在预测未来可能发生的事情。它们仅适用于评估基本偏好，而不是用来预测行动可能造成的后果，而后者是风险分析的核心。给可能的结果分配概率应该是风险分析的基础。

无论多属性效用论在风险管理中有何应用，这里有一个注意事项。我发现优秀的量化模型一般发现很少本质上相互竞争的目标。某人可能觉得需要在目标 A 和目标 B 之间进行权衡，但实际上两者都是更高目标 C 所包含的要素。例如，一条效用曲线显示在税收优惠更大的投资和增加收入的投资之间进行权衡，但它实际上应该基于财务计算，而不是基于对税收优惠和收入的主观偏好（但我见过 MCDM 和 MAUT 等偏好方法被这样使用）。对大多数追求利润的组织来说，基本的权衡可以归结为风险与回报之间的权衡，而非十几个或更多目标之间的权衡。如果真正的权衡仅涉及一小部分因素，许多更复杂的方法可能就不适用了。

它们看起来不像评分法，但其实是

我还要提到一种方法，它不在本书的讨论范围内，但鉴于其非常流行，而且一些人已经将它用于风险分析，所以我觉得有必要简单介绍一下。层次分析法（AHP）是另一种仅根据陈述的偏好试图帮助决策者在备选方案之间进行合理权衡的方法。AHP 是托马斯·萨蒂在 20 世纪 70 年代发明的，它采用一种数学方法，试图最小化决策者在考虑拥有许多竞争性目标、需要做出权衡取舍的问题时可能犯下的传递性错误。如果我们忽略分析安慰剂的可能性（在第 3 章中提到），并以热情拥趸的数量来衡量一个方法成功与否，那么 AHP 无疑是成功的。

AHP 通过主观评分的方式，要求使用者评估标准的相对重要性，比如"稍重要"代表 3，"绝对重要"代表 9，依此类推。一些使用者显然没有意识到这种主观转换，因为分析师可以向用户隐瞒实际评分，而用户只简单地给出口头回答——我们知道这带来的问题。

此外，AHP 还违反了萨维奇列举的偏好公理。它曾经违反排序不可颠倒原则，但支持者（他们最初主张排序颠倒是合理的）现在已经解决了这个问题（他们起初认为这不是什么问题）。

不过人们发现 AHP 还存在其他逻辑问题。现在看来，它违反了无差别标准公理。其使用的数学方法本身也存在问题。

AHP 的热心支持者声称，AHP 是"经过数学验证的"方法，在决策分析人员中享有"广泛共识"。当我与来自全国各地的决策分析专家交谈时，我发现这与事实相去甚远。事实上，与我交谈的每个人至少都承认该方法存在严重争议。罗宾·迪隆-梅里尔（在第7章中提到）是决策分析协会的长期会员，她认为："大多数决策分析专家并不认为 AHP 是决策分析的一个正统组成部分。"2008 年在托尼·考克斯和我进行电子邮件交流时，他更进一步，愿意公开发表以下见解：

> AHP 和决策分析的关系就像是替代医学和现代主流医学的关系：其拥趸热情地为它辩护，但主流从业人员指出，除了能取悦使用者，没有任何证据表明它比其他方法更好（或者跟其他方法一样好）。AHP 的倡导者指出，该方法拥有大量满意度较高的用户，许多出版物都在颂扬这些方法的优点，这证明了它是受人尊敬和有效的。批评者则反驳说，这些替代方法缺乏合理的逻辑或科学基础，其产生的结果通常未被证明可以跟主流方法相提并论。

我研究了大量考克斯所说的称颂 AHP 的出版物。事实上，我看到的每一篇文章都只是个案研究，讲述 AHP 在某些问题上的应用——通常没有提到使用该方法做出的决策是否比使用其他方法要好。还有更多决策分析专家愿意公开谴责 AHP，我在此不一一列举了，但你明白我的意思。

有人告诉我，2008 年运筹学与管理学研究协会（INFORMS）将那一年的影响力大奖授予萨蒂，一些 AHP 的拥护者认为这证明了它的重要性。但该奖项措辞谨慎地指出："这不是一个研究奖。

颁奖委员会并不是在评判一项研究的质量。相反，他们把重点放在评估一个想法或一项研究的影响范围上。单从这个标准来看，我相信萨蒂应该得到这个奖项。但这并不等于证明了 AHP 的有效性，尤其是它对风险管理的有效性。

AHP 的支持者说，该方法还在发展，一些问题已经得到了解决。但决策分析师卡伦·珍妮博士认为这没什么用。她的导师是巴鲁克·费斯科霍夫。珍妮问道："既然其他方法已经有效，并且不违反公理，为什么还要继续修正 AHP ？"我同意她的观点。这只是为了公平起见。所有的风险分析法（或被误用的偏好分析法）最终必须用荒谬测试来进行评估：它是否真的改善了我们对风险事件的预测，是否真的改善了决策？更重要的是，无论 AHP 和我们讨论的其他一些方法有什么裨益，它们都不能成为我们在风险管理中用到的唯一工具，除非事实证明它们可以充当预测工具——但这不是它们的主要目的。

决策学思想领袖、"决策分析"一词的发明者罗恩·霍华德也对 AHP 提出了同样的批评。他对 AHP 的评论也适用于此处讨论的任何可疑的决策方法："那么，为什么劣等方法会得到决策者的青睐？答案是：它们不会迫使你努力思考，也不会迫使你另辟蹊径去思考。和其他许多领域一样，在决策领域你可以选择是用简单的方法还是正确的方法去做事，然后收获相应的结果。"

◆ 注释

1. US Dept. of Health and Human Services, *Draft Guidance on Allocating and Targeting Pandemic Influenza Vaccine* (October 17, 2007).
2. National Institute of Standards & Technology, *Risk Management Guide for Information Technology Systems*, NIST 800–830 (2002).
3. Richards J. Heuer Jr., *Psychology of Intelligence Analysis* (Langley, VA: Center for the Study of Intelligence, Central Intelligence Agency, 1999).
4. L. A. Cox, "What's Wrong with Risk Matrices?" *Risk Analysis* 28, vol. 2 (2008): 497–512.
5. M. Parker, R. Benson, and H. E. Trainor, *Information Economics: Linking Business Performance to Information Technology* (Englewood Cliffs, NJ:Prentice-Hall, 1988).
6. D. Hubbard and D. Evans, "Problems with Scoring Methods and Ordinal Scales in Risk Assessment," *IBM Journal of Research and Development* 54, no. 3 (April 2010).
7. K. E. See, C. R. Fox, and Y. Rottenstreich, "Between Ignorance and Truth: Partition Dependence and Learning in Judgment under Uncertainty," *Jour-nal of Experimental Psychology: Learning, Memory and Cognition* 32 (2006):1385–1402.
8. L. A. Cox, Jr., "What's Wrong with Risk Matrices?," *Risk Analysis* 28, no. 2 (2008).
9. P. Thomas, R. Bratvold, and J. E. Bickel, "The Risk of Using Risk Matri-ces," *Society of Petroleum Engineers Economics & Management* 6, no. 2 (April 2014): 56–66.
10. E. Tufte, *The Visual Display of Quantitative Information*, 2nd ed. (Cheshire, CT: Graphics Press, 2001).
11. R. M. Dawes, "The Robust Beauty of Improper Linear Models in Decision Making," *American Psychologist* 34 (1979): 571–582.
12. L. J. Savage, *The Foundations of Statistics* (New York: Dover Publications, 1954).
13. J. Perez, J. L. Jimeno, and E. Mokotoff, "Another Potential Shortcoming of AHP," *TOP* 14, vol. 1 (June 2006).
14. C. A. Bana e Costa and J. C. Vansnick, "A Critical Analysis of the Eigenvalue Method Used

to Derive Priorities in AHP," *European Journal of Operational Research* 187, no. 3 (June 16, 2008): 1422–1428.
15. Ron Howard, "The Foundations of Decision Analysis Revisited," *Advances in Decision Analysis*, (Cambridge University Press, 2007).

第9章

熊、天鹅和其他阻碍风险管理改善的因素

> "完美"是"优秀"的敌人。
>
> ——伏尔泰
>
> 真相过于复杂,只能容许近似。
>
> ——约翰·冯·诺伊曼

即便我目前为止提出的每一个论点都被所有管理者接受了,我们仍有一些严重的概念性障碍需要克服。在某些人看来,风险通常是不可测量的,并且任何风险管理尝试都是不可行的。即使是我在第4章中提出的、用来替代风险矩阵的简单定量模型,也会被视为过于复杂,或者(讽刺的是,与其他模型相比)过于简单而无法捕捉风险。大多数对风险管理的反对意见可以归结为对一些基本概念的根本分歧,例如模型的性质、如何评估不同模型的相对表现,以及测量和概率的基本概念。为取得进展,我们需要克服这些障碍。

在我看来,事件的概率和后果是可以用一种有意义的方式来衡量的。在我所写的《网络安全风险领域的数据化决策》中,我认为测量(measurement)简单来说就是基于观察,以量化的形式来表达不确定性的减少。测量的目标是提高我们目前对于某些决策相关的未知数量的认识,即便这种提高只是轻微的。根据这个标准,对风险进行定量评估的目的就是提高管理者原本未经辅助的直觉,而不是达到某种完美的洞察力。我们量化了各种事件的概率和损失,并在计算(定量模型)中使用这些值,以减少管理者的错误并协助他们做出更好的决策。

达成这一目标的障碍通常来自对风险定量建模的教条主义成见,甚至一些在工作中拥有风险管理头衔的人也这么认为。一些人不认为量化风险管理在任何情况下都是可行的。另一些人则认为定量方法在某些领域是可行的,但在他们自己的特定行业或组织中不可行。还有些人的反对理由是,一些不寻常的事

件根本无法预测，或者他们的问题太复杂或无法测量。这些想法都有可能对实行改进的风险管理产生潜在阻力。

在采访和研究中，我有时会惊讶地发现一些人在概率和风险问题上有着十分坚定的立场。你甚至可能会认为我们在讨论某个比较有争议的宗教或政治问题，而不是风险的本质。不论出于什么原因，这对一些人来说似乎是一个敏感的话题。尽管如此，我们需要清楚认识这些相反的观点，并学会正面应对它们。

算法厌恶和关键谬误

关于在风险评估中使用定量方法，我和我另一本书《网络安全风险领域的数据化决策》（How to Measure Anything In Cybersecurity Risk）的合著者用了一个老笑话来解释我们听到的常见异议。你也许以前听过，但为防你有所遗忘，笑话的内容如下：

一天，两名徒步旅行者前往一条新开辟的徒步旅行线路。一位旅行者穿着跑鞋而不是他通常穿的登山靴。另一位旅行者问道："你为什么穿跑鞋而不穿登山靴？"第一位旅行者回答说："我刚刚听说今天树林里有熊。我穿这双鞋是为了跑得更快。"他的朋友很困惑，提醒他："但是你知道你不可能跑得过熊。"穿着跑鞋的旅行者回答说："我不用跑得过熊。我只要跑得比你快就行了。"

这个笑话描述了在评估模型时反复出现的典型谬误。其中一位旅行者认为他们的目标是跑得比熊快，而另一名旅行者则意识到真正的目标是跑得比熊的其他替代食物快。我称这种谬误为"exsupero ursus"（跑得比熊快）谬误。这是我使用谷歌将"beat the bear"翻译成拉丁语时产生的结果，毕竟所有公认的谬误都应该有听起来适宜的拉丁语名称。

为了更形象地说明这个谬误，让我们把它应用到风险管理之外的另一话题上。假设一位汽车买家在两辆车况几乎一样的汽车 A 和 B 间做出了选择。这两辆车的唯一区别是汽车 B 贵 1000 美元，多行驶 5 万英里，而且曾经被开到过湖里。但是买家因为汽车 A 不能飞，选择购买了汽车 B。当然，汽车 B 也不能飞，但出于某种原因，买家认为汽车 A 应该能飞，因此选择了汽车 B。买家恰恰是犯了"跑得比熊快"谬误。

以上购车的类比推理听起来很荒谬，但当管理者从各类备选的决策模型中做出选择时，往往就是这样。有实证证据表明，即使算法比人的错误要少，人们对算法的宽容度依然更低。芝加哥大学的伯克利·迪特沃斯特（Berkeley Dietvorst）以及另外两位来自沃顿商学院的判断与决策领域研究人员约瑟夫·P.西蒙斯（Joseph P. Simmons）和凯德·梅西（Cade Massey）进行了一些实验来研究常见但无益的"算法厌恶"（algorithm aversion）。

在各种实验中，受试者需要对两个不同问题做出准确估计以获得奖金，其一是根据本科生的成绩数据估计他们研究生阶段的表现，其二是根据各种人口和经济数据对各州机场客流量进行排名。受试者可以事先选择是使用某种算法来生成估计，还是依据自己的判断（在其中一次实验中则是使用过去参与者的判断）进行估计。在某些情况下，受试者没有得到任何关于人工或算法过去评估表现的数据。而在其他情况下，受试者可以看到人工、算法或两者的表现数据，然后选择依据哪一个方法进行估计。

迪特沃斯特和他的同事们发现，当受试者没有得到过去的估计表现数据或只得到人工的估计表现数据时，他们更偏向于选择算法。但是，当受试者看到算法的估计表现数据，以及某些情况下算法和人工的表现数据时，他们则极少选择算法。在多次实验中，平均来看在没有过去表现数据或只有人工表现数据的情况下，62% 的受试者选择了算法。而当显示过去算法估计的数据表现时，尽管人工估计有更多的错误，选择算法的受试者人数下降了近一半（降至 32%）。

在估计研究生阶段表现时，人工误差比算法高出 15% 至 29%，而在估计机场客流量时，人工误差几乎是算法的两倍。在所有实验中，坚持使用算法的受试者赢得了更多的奖金。研究人员得出结论，与自身或其他人工错误相比，许多受试者更不能容忍算法的错误。受试者似乎把算法和人工设定在了不同的参照系中。换句话说，受试者犯了"跑得比熊快"谬误。

关于内特·希尔（Nate Silver）在《纽约时报》（New York Times）博客"Five Thirty Eight"中运用统计模型对 2012 年大选进行预测，迪特沃斯特指出了一则轶事。希尔不仅预测了选举的总体结果，而且还预测了所有 50 个州的选举结果。2008 年，他成功预测了 50 个州中 49 个州的选举结果，取得了良好的成绩。尽管如此，在 2012 年大选之前，权威人士批评希尔的方法是"哗众取宠，只为博人眼球"。2012 年的大选结果让批评者们不再作声，但迪特沃斯特的研究发表后，评判之声又起。

2016 年，希尔计算出希拉里·克林顿（Hillary Clinton）获胜的可能性更大。当特朗普获胜时，他遭受了嘲笑。希尔本人为自己的错误评估感到惋惜，并在博客中分析自己是如何"误认"了特朗普。希尔实际上只误判了 5 个州的结果，并且相比其他预测网站给了特朗普更高的获胜几率。大选前一晚，希尔估计特朗普获胜的几率为 29%，而一些权威人士认为他获胜的几率只有 15%，甚至低于 1%。事实上，如果我们看一看希尔的历史表现而不是单个预测，我们会发现他经过了良好的校准。回想之前的章节，校准概率意味着当他说某件事有 80% 的可能性时，相反的事情发生的概率恰是 20%，诸如此类。

根据批评者的说法，无论希尔的总体成功率如何，无论他的校准有多好，或者与那些无法区分标准差和显著性水平的权威人士相比他做得有多好，希尔的"错误"在于他不是一直都 100% 正确。如果你把希尔的所有估计放在一起来看，那些误差甚至不算错误。在权威人士眼中，如果某件事发生的可能性为 29%，那么它是不是就不可能发生？发生可能性低于 50% 等同于可能性为 0 吗？当我们审视希尔的整体预测而不是单个预测时，希尔估计的概率与观察到的频率非常吻合，即发生可能性为 29% 的事件在 29% 的时间里发生了。

无论如何，希尔对特朗普的失败预测足以让权威人士和公众对民调和统计模型心灰意冷。不要忘记，还有很多没有使用算法进行预测的人也犯了错，但是权威人士并没有花那么多时间来抨击这类专家的主观判断。希尔在 2018 年中期选举中再次表现良好，但这似乎很难得到来自权威人士的认可。

在迈克尔·刘易斯（Michael Lewis）的《魔球：逆境中制胜的智慧》（*Money ball*）一书中，我们也看到了算法厌恶的影响，书中讲述了奥克兰运动家棒球队（Oakland A's baseball team）在 2002 年和 2003 年是如何利用统计模型在有限的预算下组建一支球队的。尽管工资是分区中最低的，奥克兰运动家棒球队比同分区的其他球队赢得了更多的胜场，这使得他们的场均获胜成本不到分区其他球队的一半。但是，和希尔的研究一样，批评者们抓住团队一切不完美的表现不放以此作为统计方法缺陷的"证据"。批评者指出的证据又是什么呢？批评者指出处于劣势的奥克兰运动家棒球队惊人的20连胜事实上并没能持续太久。很明显，批评家们对算法和其他替代方案的评价标准截然不同。在那本书的最后部分，刘易斯对自己的研究过程进行了总结：

> 在2003年棒球赛季结束时，我从《魔球：逆境中制胜的智慧》的出版中学到了一些心得。那就是只要你花足够的时间来寻找一个反对理由，你总会找到它的。（298页）

算法 vs 专家：归纳研究结果

在迪特沃斯特的研究中，算法在估计若干随机问题时胜过人工。那么，算法在其他更实际的领域胜过人工的频率有多高呢？为了回答这个问题，迪特沃斯特收集了大量的研究和数以千计的数据点。根据其研究，我们可以得出这样的结论：算法在大多数情况下，或者可以说几乎总是胜过人工。

半个多世纪以来，研究人员一直在将人类专家的预测与统计模型进行比较。研究人员保罗·米尔（Paul Meehl）从20世纪50年代开始将各个领域的人类判断与统计模型进行比较，这一研究一直持续到他2003年去世。起初，他在自身所处的临床心理学领域进行有关专家判断的调查，但很快就拓展到了企业破产倒闭和体育赛事结果等不同领域。无论观察的是哪个领域，他发现统计模型的表现几乎总是胜过人类专家。1986年，他对自己的发现进行了如下总结：

> 毫无疑问，在社会科学领域中，从来没有这么多性质上截然不同的研究显示出如此一致的同方向结果。当你发起90次调查（我们已然进行了更多的调查），对从足球比赛结果到肝脏疾病诊断的各类问题进行预测，并且即使是略微体现人类专家表现更好的研究都很难找出几个时，我想是时候下一个切合实际的结论了。

从那时起，米尔继续收集佐证结果，其他研究人员也做了同样的事情。包括米尔在内的研究人员对另外136项独立研究进行了评估。使用更为严格和谨慎的统计标准，他们对其中的一半调查只是试探性地给出了结论。当然，在那些他们认为可以得出明确结论的研究中，算法还是以4比1的成绩击败了人类。也就是说，在那些有定论的地方，80%的结论偏向于算法。

这些发现是否具有结论性？也许一项具有数千个数据点的大型长期研究将解决这一悬而未决的问题。幸运的是，恰有一个这样的研究正在进行。菲利普·泰特洛克（Philip Tetlock）追踪了284位专家在20年间对多个领域的预测，最终收集了82000个预测样本，涵盖了选举、战争、经济等多个领域。泰特洛克在他的书《狐狸与刺猬——专家的政治判断》（*Expert Political Judgment: How Good Is It? How Can We Know?*）中总结了这些发现。与之前提到的研究相比，他的结论措辞更加强硬：

> 人类不可能在任何领域明显优于粗糙的算法推断，即不那么复杂的统计算法。（53页）

所以在多数情况下，我们最好下注在算法，而不是人身上。即使我们不能断言存在一个总能打败人类的算法，但我们至少有充分的理由来怀疑那些认为人类一定表现得比算法更好的所有假设。我们应该跟踪估计表现，比较不同方案。

然而，对于那些犯着"跑得比熊快"谬误的人来说，这些方案的相对表现无关紧要。他们的做法是，试着确定算法曾经的一次错误，并以此作为认定人类专家估计是首选方案的基础。不管其他方案（包括人类直觉）是否达到了同算法一样的预测精度标准，只需一个无论多么罕见的独立错误事件，他们就足以否定该算法。

有些人会指出一些历史上的灾难，以证明对风险进行分析是不可能的。例如，我曾看到许多对算法持怀疑态度的人试图"证明"算法是无效的，他们指出算法未能准确预测2001年的"9·11"事件、谷歌或脸书的崛起、重大股市崩盘以及各种工程灾难。其中一些怀疑论者甚至被标榜为风险管理专家。那么，这些各种各样的灾难例子真的能解答定量风险分析有效性的问题吗？实际上，它们都可以归结为"跑得比熊快"谬误的变体。

这种谬误的最基本形式是：不管专家估计有多不完美，算法必须是完美的才能比专家估计更受青睐。实际上，如果按这种形式的谬误所说，不管专家凭直觉取得的以往成绩如何，一个模型必须只有精确地预测出极不寻常的事件才算有用。这就好比，保险公司在计算我的寿险保费时，不能仅仅计算我在特定时间内死亡的概率。相反，保险公司必须预测出我死亡的确切情况。据我所知，这是极其难以做到的。例如，躺在床上被坠落的飞机砸到，这种死因发生的可能性很小。如果我的确因此而死，会不会有人向精算师们提出质疑说："啊哈！你永远都无法预测到这一点，所以精算学是一种骗局，对不对？"不对，精算学不应该因此受到指责。因为与在赌场类似，我们的目标是在一段时间内做出好的下注，而不是预测个人死因。

当我们假定一个错误就足以证伪时，就暗含了对完美的苛求。是的，一个单一的错误确实足以表明一个方案是不完美的，但这并不足以表明一个方案与另一个方案相比的不完美程度是多少。以赌场为例，在轮盘赌游戏中玩家正确计算后对一个数字下注的赢率（对赌场来说则是损失）只有 1/37。但如果一个玩家在一个数字上下了大赌注并赢了，赌场 37 比 1 赔率估计错了吗？没有。即使我们考虑到轮盘偏置的可能性，单次旋转也不能证明几率是错的。只有大量的旋转才能确切地表明轮盘可能存在偏置，所认为的几率是错误的。

就像轮盘赌中的一次旋转不能证明赔率计算错误一样，一场灾难、一届选举（希尔的预测）或一次棒球赛（奥克兰运动家棒球队的表现）也不能证明算法完全错了。当然，算法的批评者忽略了所有专家不使用算法并犯错的情况。相对表现对他们来说并不重要。同样，不管专家的错误频率和大小，对他们来说算法必须是近乎完美的。

与"跑得比熊快"谬误一起出现的另一种谬误是有些人甚至假定自己已然使用了定量方法。即使在没有使用算法进行风险分析的情况下，我也见过算法成为"替罪羊"。切尔诺贝利核事故、福岛核事故、卡特里娜飓风、重大网络安全漏洞以及大萧条，这些问题归根结底是因为定量风险分析方法，还是因为缺乏定量风险分析方法？

例如，有人（自称是风险专家）向我指出，1940 年华盛顿州塔科马（Tacoma）的塔科马海峡大桥（Tacoma Narrows Bridge）坍塌就是定量风险分析失败的一个例证。首座塔科马海峡大桥已经成为一个著名的工程灾难案例。问题的罪魁祸首是未能考虑气动弹性颤振因素。来自塔科马狭窄山谷的风使得桥梁产生摆动,摆动放大了空气动力学效应,而空气动力学效应又反之放大了摆动。在这座桥投入使用的几个月里,它因为这种极易被察觉的明显摆动而获得了"舞动的格蒂"(Galloping Gertie)的绰号。但在1940年11月7日,桥梁摆动越来越剧烈,最终被扯断。大桥在使用过程中毁于一旦,所幸只有一人在场并险象逃生。

同样,像这样的轶事并不能说明一种方案与另一种方案相比表现如何。但是,除此之外,我们很清楚那人所说的"定量风险分析"方法是什么。这个事件的发生显然早于我们提到的一些更强大方法(包括蒙特卡洛模拟和专家的校准训练在内)的出现。那么这人是如何知道桥梁建造时使用了某种量化风险管理方法,以证明量化方法失败的呢?当然,他不知道。经过进一步的讨论,我们确定这人只是假定使用了定量方法:因为造桥者都是工程师,而工程师会量化一切。在对几个涉及工程问题的领域(采矿、建筑、航空航天等)进行风险评估后,我可以告诉你,我们介绍的大多数方法对工程师来说都是陌生的。

读者可能还会听到许多其他论点,它们最终都只是"跑得比熊快"这个基本谬误的变体。在这里我们快速回顾一下这些论点。

"跑得比熊快"谬误的其他常见形式

- "定量模型取决于他们的假设"或"无用的输入和输出。"
- "每种情形都是独特的,因此我们不能基于历史数据得出推断。"
- "我们缺乏定量模型的数据。"
- "这太复杂了,无法建模。"
- "我们怎么知道你已经对所有的变量进行了建模?"

面对这些质疑,我们接下来不禁要问"与定量模型相比较,其他方案又如何?"或者"所谓直觉能否缓解这些问题?"专家的直觉并不能避免无用的输入和输出问题。如果专家研究的是错误的信息,他们也会做出错误的判断。专家们的所作所为与为所有变量建模的目标相去甚远,也没有弥补任何数据的不足。如果一个问题是如此独特,以至于从以往的经验进行推断是不可能的,那么专家的经验又如何幸免呢?

至于一个问题是否太复杂而无法建模,其实无论建模者认为问题复杂与否都会进行建模。即便他们可能会在头脑中对问题进行构思。当然，复杂的问题正是我不想依靠头脑中的潜意识假设来解决的。具有讽刺意味的是，也有人认为定量模型不够复杂。引入第 4 章中描述的简单一对一替代模型将产生许多类似于前面提到的"我们如何包含所有的相关性？"和"我们怎么知道我们包含了所有的因素？"等质疑。当然，这些都是合理的问题，后面的章节将展开讨论如何通过考虑这些问题来进一步改进第 4 章中的简单模型。但我很少看到以前使用的定性风险矩阵被问到这样的问题。这又是对算法的厌恶。和仅仅将风险列为中等水平的方法相比，定量方法显然需要处理这类方法所没有要求的更复杂问题。

有时，不仅仅是就问题复杂而提出反对意见，方法本身太复杂也一样。在反对者眼中，这意味着定量模型对于现实世界的问题来说是不切实际的。这种说法我已经听过很多次了。我只需简单地指出自己已经应用定量模型解决了多少现实世界问题，就足以回应这一问题。从事各类量化管理咨询工作的 30 年间，从未有人雇用我解决没有实际意义的纯理论问题。我的团队以及其他许多像我们一样的人经常应用这些方法来帮助组织进行真正的决策。

你只需记住，在考虑所有这些挑战后，唯一的问题是如何比较专家的误差和算法的误差。而米尔和其他研究人员已经给出了答案。

关于黑天鹅的笔记

"跑得比熊快"谬误被一些畅销书籍的作者所强化，他们似乎深受这种谬误变体版本的影响。其中一位作者是前华尔街交易员、数学家纳西姆·塔勒布（Nassim Taleb）。在他写的《黑天鹅》（*Black Swan*）和其他一些书籍中，批评了（但不限于）金融领域的常见风险管理做法，以及华尔街自鸣得意的定量方法。

作为金融惯例的异端，他认为获得诺贝尔奖的现代投资组合理论和期权理论（在第 5 章中简要提到）从根本上是有缺陷的，实际上比占星术好不到哪里去。事实上，塔勒布认为这个奖项本身就是一种智力欺骗。毕竟，正如他指出的那样，诺贝尔奖并非源自阿尔弗雷德·诺贝尔的遗嘱，而是在诺贝尔去世 75 年后由瑞典皇家银行设立。塔勒布甚至声称，自己曾在一场公共论坛上激怒了一位诺贝尔奖得主,以至于他红着脸挥拳发泄愤怒。

塔勒布的许多论点都基于这样一个事实,那就是几乎所有人都没有意识到偶然性的影响。他认为历史上最重大的事件是完全不可预见的。并以一个源自欧洲的古老短语称这些事件为"黑天鹅",意指"和找到一只黑天鹅一样可能性微乎其微"。这是因为在欧洲人到达澳大利亚之前,从未见过黑色的天鹅。在首次发现黑天鹅之前,欧洲人用"黑天鹅"隐喻"不可能的事"。塔勒布将"9·11"事件、股市崩盘、重大科学发现以及谷歌的崛起列入他的"黑天鹅"集。他认为,根据以往的经验,我们每次不仅是没能预见这类事件会发生,而且完全无法预见会发生什么。人们通常会混淆运气和能力,自认为迄今为止没有看到不寻常的事件,在某种程度上可以证明该事件不可能发生。

管理者、交易员和媒体似乎特别容易受到这些错误的影响。在众多的管理者中,有些管理者仅凭偶然就能连续做出不少对的选择。这正是我在前一章中所说的红色男爵效应。这些管理者把他们过去的成功视为能力的体现,不幸的是,这将使他们以同样错误的想法在未来充满信心地行动。塔勒布对卡尼曼和其他人研究的过度自信问题表示赞同。此外,塔勒布曾称卡尼曼是他唯一尊敬的诺贝尔经济学奖得主。

我认为塔勒布提出的部分怀疑令人耳目一新,而且很有道理。塔勒布观察到某些模型中存在的错误观念,我对此十分认同并将在下一章中进一步讨论这些问题。塔勒布甚至是我确定新类别谬误的灵感来源之一,包括给谬误起一个拉丁名字以便听起来更正式。塔勒布发明了一种他称为"游戏谬误"(ludic fallacy)的谬误,由意为"机会游戏"的拉丁词语演化而来。塔勒布将"游戏谬误"定义为:假设现实世界必然遵循与定义明确的机会游戏一样的规则。

现在,让我们谈谈塔勒布的错误在哪儿。他不仅认为风险管理存在缺陷,而且从根本上认为风险管理本身是不可行的,我们所能做的只是让自己不那么脆弱。在我看来,他只是使用了一个非常不同的风险管理定义而不自知。虽然他所使用的定义常常不一致,但无论塔勒布怎么称呼它,他都是在推广一套特定的、定义模糊的、以降低风险为目标的方法。降低风险需要资源。按照我在第 6 章中提出的定义,决定如何使用资源来降低风险也是风险管理的一部分。在这一点上,塔勒布实际上自相矛盾,他提倡通过冗余来对抗脆弱性,并将这种方法称为"自然系统的核心风险管理属性"。所以,我们实际上都在谈论风险管理,只是他专注于某种特定的方法而已。

在实践中,管理脆弱性是否属于风险管理的一部分,这一困惑和不一致并不是他论文中唯一的问题。塔勒布在他的大部分作品中都犯了各种形式的"跑得比熊快"谬论。具体而言,(1)他认为一个模型存在不完美便自动证明了我们需要使用其他的替代方法,不论其相对表现如何;(2)在寻找相对表现的证据时,他又犯了轶事谬误;以及(3)他甚至认为曾经使用过的某一特定模型应该被标识为重大风险事件的罪魁祸首。

在接受《财富》(*Fortune*)杂志采访时,塔勒布表示:"任何模型都是存在缺陷的。"但我需要再次强调,我们绝不能选择完全抛弃模型。不管怎样,总有一个模型正在被使用。塔勒布的模型就是他的常识,而他的常识正如阿尔伯特·爱因斯坦(Albert Einstein)所定义的那样,"只不过是 18 岁之前人类头脑中积存的偏见。"与其他所有模型一样,常识也有其特殊的错误。

我们已经看到相关研究压倒性的证据显示,即便与简单的统计模型相比,个人未经辅助的直觉具有明显的缺陷,而塔勒布没有提供与之相反的实证数据。塔勒布确实简要地提到了米尔所做的工作,但对它置之不理。塔勒布没有提及米尔和他的同事们得出的大量决定性结果,只是声称他们的整个研究体系都是无效的"这些研究人员不清楚实证证据的责任在哪里",并暗示他们缺乏"严格的经验主义"精神。但塔勒布并没有提供关于由几位研究人员发表的一百多项经同行评议的研究如何偏离了所谓严格的经验主义的任何细节。

卡尼曼和米尔一样是心理学家,他显然不同意塔勒布对米尔方法的看法。塔勒布认为卡尼曼对他的工作有重大影响,但卡尼曼认为谁对他的工作有重大影响?米尔。我不敢宣称卡尼曼是怎么想的,但我怀疑他可能会向塔勒布指出,米尔是如何以充分完备的证据遵循并践行着举证责任,而塔勒布的证据充其量不过是一些选定的短处轶事或完全想象出来的稻草人论证。塔勒布有时甚至引用菲利普·泰特洛克的作品来支持他提出的一些其他观点,但从来没有引用泰特洛克长达 20 年的研究,这份研究指出要找到一个人类明显优于算法的领域是"不可能的"。

没有依据大型对照研究,塔勒布犯了认为单个事件就可以有效地推翻概率模型的错误。他用特定事件显然的不可预见性作为风险分析缺陷的证据。在他看来定量分析只有在可以对特定的特殊事件，比如"9·11"事件或谷歌的崛起，做出准确预测时才算起作用。当他反对在经济学中使用各种统计模型时，他声称"这些无法预测的'黑天鹅'和尾部事件操纵着世界社会经济，这一简单的论点足以证明各类统计数据的无效性。"是的，个别罕见的"黑天鹅"事件是不可能精确预测的。但是，除非他能证明他的替代模型（显然是他的直觉）能够准确地预测这些事件，否则他就犯了"跑得比熊快"谬误，毕竟塔勒布曾说单是不完美就足以使他更喜欢直觉而不是统计。

除了卡尼曼，塔勒布还引用了其他一些人的研究来证明自己的观点，但如果你仔细观察这些研究的内容，就会发现他们与塔勒布的观点相矛盾。例如，塔勒布说自己钦佩数学家爱德华·索普（Edward Thorp），索普在 20 世纪 60 年代为计算 21 点纸牌建立了可靠的数学基础。如果纸牌计算的目的是预测每一手牌，面对塔勒布所要求的最罕见组合，即使是爱德华·索普的方法也注定失败。但爱德华·索普的方法在现实中很奏效（这就是赌场不让他下注的原因），因为他的系统在大量下注后平均能带来更好的回报。塔勒布也是数学家伯努瓦·曼德尔布罗特（Benoit Mandelbrot）的粉丝，曼德尔布罗特曾用分形数学理论对金融市场进行建模。与索普和塔勒布相似，曼德尔布罗特同样无法准确地预测特定的异常事件，但他的模型得到了一些人的青睐，因为其产生了看似来自真实数据的更现实模式。

如果轶事证据足以比较不同方案的表现，人们可以简单地指出塔勒布的投资公司恩辟利卡资本公司（Empirical Capital LLC）在取得了几年的平庸回报后于 2004 年关闭。在 2000 年这一非常好的年景里，他取得了 60% 的回报率，因为当其他人都在赌互联网将飞黄腾达时，他赌互联网泡沫破灭在即。但他接下来几年的回报率远远低于市场平均水平。对他的基金来说，坏时光总是长于好时光。

就像新闻界权威拒绝内特·希尔的调查结果或是体育节目主持人拒绝奥克兰运动家队使用的方法一样，塔勒布再次表明，只要一个人足够努力总能从模型中找出错误。归根结底，问题不在于是否建模（直觉也是一类模型），也不在于一个模型是否完美（直觉或定量模型都不完美），而是在于哪一个模型的表现在许多试验中，而不仅仅是在单一的轶事中优于另一个。

此外，塔勒布把特定事件的责任归咎于一些方法时，犯了张冠李戴的错误。例如，他认为长期资本管理公司（LTCM）的倒闭推翻了期权理论。回想前面章节，期权理论为长期资本管理公司的董事会成员罗伯特·默顿（Robert Merton）和迈伦·斯科尔斯（Myron Scholes）赢得了诺贝尔奖。该理论被认为是公司交易策略的基础。但对长期资本管理公司的失败进行分析后，结果显示其垮台的一个主要原因是交易中过度使用杠杆，这个问题甚至不在期权理论的范畴之内。塔勒布似乎是基于直觉判断了期权理论与公司倒闭之间的关系。

塔勒布还宣称1987年的股市崩盘推翻了现代投资组合理论（MPT），因为他认为该理论被相当一部分基金经理所使用。但我发现基金经理对他们的具体方法守口如瓶，其中一位基金经理告诉我，"理论作为基础很重要，但'现实世界'的决策也必须基于实践经验。"事实上，我发现没有哪位基金经理在一定程度上不依赖（甚至完全依赖）直觉。最后，如果我们正在寻找导致抵押贷款危机的原因，那么现代投资组合理论和期权理论都与向大量缺乏支付能力的人发放抵押贷款的行为没有任何关系。这更多地与激励银行在不承担实际风险的情况下提供高风险贷款的系统机制有关。

最后，塔勒布似乎还提出了许多其他观点，这些观点与之前的观点相似，并且好像都是前后矛盾的，以至于最终降低了其观点的可信度。例如，用他人所犯的叙事谬误来解释这种谬误的后果，有时本身就是一种叙事谬误。质疑"专家"知道得没那么多，却引用其他专家的话是站不住脚的。他认为小概率事件全盘否定了定量模型，然后又给出了用量化模型计算罕见事件的具体例子［他展示了连续多次抛硬币获得相同结果的几率并认同了曼德勃罗（Mandelbrot）的数学模型在分析市场波动时所带来的好处］。

塔勒布对在预测中使用历史数据的做法进行了批评，但他显然无法看到自己的观点本身有多讽刺。他列出了几个历史不能很好地预测未来的例子。换句话说，他通过使用历史举例的方法来评估历史举例的有效性。对于塔勒布和其他使用这类举例进行论证的人，我只能说天真的历史分析可能非常具有误导性。塔勒布用火鸡的例子来形象地展示自己的观点。火鸡在感恩节前一直过得很好。所以，对那只火鸡来说，历史并不是一个好的预测指标。那么塔勒布是如何发现这个问题的呢？他只是简单地回顾了众多火鸡的历史罢了。

他所做的一切，正是运用了我们所说的"历史的历史"（history of histories），或原历史分析，来表明天真的历史分析是多么的错误。例如，只是基于单只股票的近期情况对股票价格进行历史分析。再对比我们观察各类股票在相当长的一段时间内的所有历史分析，我们就会发现天真的历史分析常常犯错。

如第 7 章所示，塔勒布自己的"经验"虽然可能很丰富（至少在金融领域），但也只是一种相当非常规的历史分析，在回忆和分析方面都有很多错误。没有一位思想家能够问心无愧地宣称自己形成了完全独立于前人观察结果的思想。事实就是如此。

甚至塔勒布的游戏谬误本身似乎也是谬误。萨姆·萨维奇称之为"游戏谬误的谬误"。正如萨维奇所说的那样，如果不首先理解骰子、纸牌和纺纱机的简单算术，我们就无法理性地解决现实世界中的不确定性问题。当然，塔勒布说得没错，我们不应该假设自己已经完美地定义了所有问题，这当然是一个错误。如果塔勒布的观点到此为止，那么他显然是正确的。但是，一个特定模型是否完美并不是一个好的问题。最贴切的问题应该是，概率模型（即使是简单版本）是否优于直觉等替代方案。

主要的数学误解

> 让你陷入麻烦的不是你不知道的东西。而是你以为自己知道但事实上不知道的东西。
>
> ——马克·吐温

在第 2 章中，我曾提到过一个为我的第四本书《网络安全风险领域的数据化决策》所做的调查。在调查中，我还就其他主题提出了一些问题，以评估人们对使用定量方法评估网络安全风险的态度和偏好。为了评估人们对风险管理中的定量方法的基本认识，我也问了其他一些问题。其中包括涉及统计、概率、样本量等常见概念误解问题的多项选择题。每个问题有四五个可选项以及一个"我不知道"。

调查中统计素养部分的得分中值仅略高于瞎猜的水平。但实际调查的得分数据与我们从瞎猜中所看到的也有所不同。其一，一群人瞎猜得出的极高分数和极低分数比例都比调查中多。其二，统计素养分数与人们对定量方法的态度相关（当然，对于瞎猜的回答而言，我们应该看不到相关性）。如果一个人在统计素养方面得分低于中位数，那么他在抵触量化方法方面得分高于中位数的可能性是其他人的两倍多。

奇怪的是，对量化方法最抵触的并不是那些因为经常选择"我不知道"而得分较低的人。那些经常选择"我不知道"的人并不比得分高的人更抵触量化方法。最抵触的是那些认为自己知道但错了的人。换句话说，阻力来自于那些自认为了解统计和概率基本概念的人。实际上，他们只是拥有一个或多个错误的概念。

这似乎正是我在第 3 章中提到的邓宁—克鲁格效应。那些在统计素养问题上得分低于中位数的受访者，63% 的人相信自己处于或高于中位数。他们认为自己对统计和概率的了解至少达到了同行平均水平，但事实并非如此。那么，是对风险的何种误解导致了马克·吐温的名言所警告我们的麻烦呢？一些影响最为深远的误解与统计测试、模拟，甚至概率的基本概念有关。

对概率的基础性误解

即便运用的是像第 4 章所描述的简单定量风险模型，你最终可能会听到有人说，"我没有办法知道确切的概率。"回顾上一章的内容，我们知道这类反对意见被用来证明定性量表的合理性。实际上，这是另一种形式的"跑得比熊快"谬论。我们不能假定定性量表这一替代选项在某种程度上弥补了我们知识的缺漏。但是这种误解太常见了，为了深入探讨它，我有必要赘述一下。

正如前一章所指出的，我们是因为不确定所以使用概率表述，而不是尽管不确定也要使用概率表述。第 6 章解释了我们如何使用数学上完美有效的贝叶斯主观主义方法来进行统计。贝叶斯主观主义者的概率观与另一种频率学派的概率观哪个更有效？这是一个已经持续了近一个世纪的非常技术性的学术辩论。片面假设只有频率论的解释适用显然是错误的。对于真正的决策者来说，唯一实际的立场是，两者在某种程度上是同等有效的。但是，正如我在第 6 章指出的那样，公正客观地说，运用频率论的概率解释确实在大多数实际决策中不可行。

正如布鲁诺·迪菲内蒂在同一章中定义的那样，你内心总会假定一个实用且具有操作性的概率。积年累月，有些事情在你眼中的确比其他事情更有可能发生。现在，如果你不得不对你持股的一家公司今年会不会宣布有重大产品召回，或是抛硬币会不会出现正面朝上进行下注，你的选择将显示你是否相信产品召回的几率大于、小于或约等于（即二者在你看来没有区别）抛硬币正面朝上的几率。根据迪菲内蒂的概率运用理论，认为自己不清楚自身实际不确定性的观点是矛盾的。因为不确定性来自你，而且你就是估计自己不确定性首屈一指的专家。从他对概率的运用我们可以知道，在迪菲内蒂看来，概率是观察者对所拥有信息缺乏程度的描述，而不是被观察事物的某种客观性质。他对概率的运用与主观主义者，即贝叶斯学派对概率的运用相一致。

据我们所知，一切概率问题都可以最终归结为知识的缺乏。从原则上讲，如果我们能够描述一个物理系统（比如掷骰子）的每一个细节，那么我们应当能够准确地预测结果。如果我们用极其精确的参数进行测量，例如用骰子每一面的质量、与桌面的摩擦及弹性、掷骰子瞬间的转动情况、骰子最初的高度、空气密度，以及其他许多因素构建详尽的物理模拟，那么我们应该能够像预测时钟指针运动一样，笃定地预测掷骰子的结果。所以，掷骰子到底是一个真正意义上的随机事件，还是一个印证我们知识有限无法理解复杂系统的例证呢？不管怎样，观察者的不确定性都与术语"概率"的含义息息相关。

在这场持续进行的辩论中，20 世纪中期著名的统计学家们，例如罗纳德·费雪（Ronalda Fisher）和哈罗德·杰弗里斯（Harold Jefferies），甚至进行了路演。在一本关于实用风险管理的书中，他们提出了许多可能听起来相当学术性且充满学究气的论点，但这本书的确揭露了"概率"这一概念使用过程中诸多认知障碍的根源。我怀疑大多数频率论者并不知道他们其实是频率论者，也不知道概率的其他含义。一些人意识到了这场辩论的存在，并选择采取频率论者的立场。但是，几十年过去了争论并没有结束。因此，我不想详细讨论双方观点的利弊，而只想说明一点，那就是当用自己的荷包下注时，包括频率论者在内的每一个人都是贝叶斯主观主义者。

幸运的是，我发现人们在经历了第 6 章的"校准概率评估"训练后，这类反对意见就几乎消失了（更多内容参见第 11 章）。在校准训练中，人们学习如何为概率赋值，以达到期望与正确的概率相一致的目标。也就是说，经过大量的估计校准，每当人们说自己有 90% 信心事件会发生时，事件在 90% 的时间里发生了。每当他们说事件有 70% 的可能性发生时，事件在 70% 的时间里发生了，依此类推。一旦人们意识到自己实际上可以学会主观地进行校准概率评估，他们将会认识到这不仅仅是一种描述事物的方式，也是一种描述自身对事物的不确定性的方式。

对统计检验的误解

2017 年，我参加了美国统计协会（ASA）统计推断研讨会的组委会。该活动的一个主要目标是强调我们有必要澄清什么是"统计显著性"，并讨论使用这一概念时存在的问题。即使是科学领域，统计显著性的意义在出版文献中也经常被误解和曲解。会议发言者列举了许多在同行评议的科学期刊中滥用统计显著性的例子。

所以，当大多数非科学家依据不牢靠的基础随意使用这个词时，我们不应该感到惊讶。例如，你甚至可能会听到有人说，"这个测量是无效的，因为它没有一个统计上显著的样本量大小。"首先我们应该清楚不存在"统计上显著的样本量大小"这一概念。我们有统计显著性，也有样本容量的概念，但是并没有一个如果我们离这个样本量阈值仅一步之遥，就无法进行推断，而如果我们的样本量刚好足够，就可以进行推断的普适样本量大小。

举例来说，假设我们正在进行一种新型止痛药物的临床试验。我们给实验组的受试者服用药物，给对照组的受试者服用安慰剂。受试者被随机分配到不同的组，他们不知道自己服用的是安慰剂还是真正的药物。试验中可能会出现一些随机变化。安慰剂组的一些受试者可能会开始感觉好转，而药物可能对实验组的每位受试者都不起作用。即使新药物不比安慰剂好，我们也可能偶然地观察到有利于该药的不同结果。那么当出现随机变化时，我们应该如何测试药物的有效性呢？

尽管稍微有所简化，但在计算统计显著性时我们归根结底是在解决，"如果这个观察结果只是一个随机的侥幸成功，其可能性有多大？"的问题。更具体地说，我们需要得到的是侥幸成功以及其他所有更极端结果的概率。我们将这一概率（即 p 值）与一个固定的阈值（即显著性水平）进行比较。显著性水平主要根据研究领域的不同惯例而改变。在社会科学等领域，显著性水平一般设置为 0.05，但在其他领域可能是 0.01 或 0.001。最流行的测试似乎是 $p<0.05$。也就是说，如果 p 值小于规定的 5% 显著性水平，那么我们就可以认为结果在统计上是显著的。

为了计算统计显著性，我们需要一个特定的假设、所有相关数据（不只是样本量的大小，还有每个样本具体数值的整个集合）以及要求的显著性水平。如果只知道样本量的大小是 12 或 12000，是无法计算统计显著性的。我们可以用非常小的样本量得到统计上显著的结果，像是使用学生 t 分布来解决只有两个样本量的问题。基于数千个样本量，我们也可能得到统计上不显著的结果。统计显著性不仅取决于样本量大小，还取决于每个样本的数值以及具体的假设。

更重要的是，我们需要意识到我们并不是在计算药物有效的概率，也不是在计算药物的有效程度。我们只是在计算药物侥幸有效的可能性有多大。许多人并不清楚这一关键区别，而这成为了利用科学研究为实际决策提供信息的又一困惑的根源。无论 p 值有多小，统计上的显著性并不能说明我们是否学到了什么，也不能说明不确定性的减少是否有价值。

这些问题和其他许多问题已经在统计学界催生了一场不断发展的运动，即重新思考科学中的统计推断。事实上，2017 年我参加了美国统计协会的活动，其活动口号是"21 世纪的科学方法：一个超越 $p<0.05$ 的世界"。活动结束后，《美国统计学家》(the American statistician) 就这一特定主题发表了整整一期杂志。作为这期杂志的副主编，我与他人合写了一篇关于"从科学研究中得出有用概率的建议"的文章。

因此，如果你听到有人随意地用所谓"统计显著性"来反对在决策过程中使用概率，那么他们很可能犯了两个错误。首先，他们很可能在没有进行任何计算的情况下简单认定样本容量太小没有用处。其次，统计显著性其实并不能让我们明确知道假设成立的概率，但他们却认定统计显著性总与实际决策息息相关。

尽管对统计显著性的误解普遍存在，但还存在着其他大量误解，它们共同导致了人们对定量方法的怀疑。在网络研讨会和线下研讨会上，我都花了部分时间来纠正关于统计意义及其与决策相关性的误解。

在此前提到的针对网络安全专业人士的调查中，我们有趣地发现在所有问题中，我们最常得到的错误回答是"没有足够的信息来回答这个问题"。我们为每一个涉及统计素养的问答题列出了多个选项，且总有一个选项是"没有足够的信息来回答这个问题"，尽管它从来都不是正确的选项。关于每个问题我们都提供了回答它所需的一切必要信息。我对一些受访者进行了后续访谈，其中包括一些经常使用"信息不足"作为回答的受访者。每当我问他们什么信息能充分回答这个问题以及他们将如何在计算中使用这些信息时，没有一个人能完整地回答我。换句话说，尽管他们说这些信息是不充分的，但他们并不知道什么信息是充分的，也不知道如果他们有了这些信息该做些什么。

其中一个问题是这样的。假设明年你的公司某个时间点发生事件 x 的概率为 20%。同时，如果威胁 t 出现，事件 x 发生的概率是 70%。威胁 t 出现的可能性为 10%。以下哪个选项表述正确？

A. 如果威胁 t 不出现，事件 x 发生的概率必须小于 20%。

B. 如果事件 x 不出现，则 t 不存在。

C. 假设事件 x 发生，威胁 t 出现的概率必须大于 50%。

D. 没有足够的信息来回答这个问题。

E. 我不知道。

选项 A 是正确的。两种条件概率（威胁 t 发生或不发生）的加权平均值必须加起来达到 20%。基于同样的原理，选项 B 和 C 一定是错误的。事实上，如果受访者的确不知道的话，另一个可能正确的选项是"我不知道"。

26% 的受访者选择了错误选项"信息不足"（D）。有两名选择 D 的受访者参加了后续访谈。其中一位说他不知道还需要什么其他信息或如何使用这些信息，但他相信所提供的信息是不够的。另一位说威胁 t 可能比题目所示的更糟糕，而这已经超出了题目范畴。他还提到自己不知道威胁 t 和事件 x 是如何相关联的（相关性是另一个经常被误用的概念）。我指出关于条件概率的信息就是一种相关性的描述，由此得出的答案也是确切的。他还阐述了其他一系列论点，而这揭示出他自信地把几个基础概念误解当作了事实。对于几乎每一个问题，他都用"资料不足"作为回答。同时，他也是最反对在风险评估中使用定量方法的人之一。

关于模拟的各类流言

其他反对意见更是相当怪异。在这些批评中，最奇怪的当属"蒙特卡洛模拟的前提假设是正态分布"。第一次听到这句话时，我以为这只是对相关概念误解的个案。但后来我不仅在线下会议的问答环节听到过几次，在线上网络研讨会的参与者那里我也听到了相似的话。其他模拟专家证实他们也曾听到过这一奇怪的反对意见。

我不知道这个想法的源头在哪儿，但它毫无疑问是错误的。也许人们将模拟和其他统计方法混淆了，正态分布的确是某些统计方法的必要假设。例如，当样本容量足够大时，有一种估计总体比例的简化方法可以用正态分布很好地拟合。或者是他们可能曾经看到过有人在模拟中误用了正态分布，比如正态分布并不适用于拟合股价变化。坦率地说，市面上的每一种蒙特卡洛模拟工具都包含了多种类型的分布，包括Excel。在Excel中运行模拟是完全可行的。

我和我的员工通常使用不少于4到5种分布，有时甚至更多。你可以访问www.howtomeasureanything.com/riskmanagement找到附有几类不同分布的可下载电子表格。在实践中，我发现当我们构建蒙特卡洛模拟时，正态分布并不是最常见的分布类型。事实上，第4章所呈现的一对一替代模型电子表格中没有使用一个正态分布。

我还听说过"难道蒙特卡洛模拟的输出结果不是随机的吗？"的质疑。其背后隐含的逻辑是，因为蒙特卡洛模拟依赖于随机抽样，所以模拟的输出结果也是随机的。尽管单个情景是随机的，但模拟通常运行了数千个或者成千上万个情景。这些情景共同构建了一个可重复的总体模式。例如，在桌面上把两个骰子掷一次得出的结果是随机的。但如果掷1万次，你会发现不同结果出现的频率遵循三角模式，其中7是最常见的结果，出现的频率约是2或12的6倍。你可以再次运行模拟得出另一组掷1万次骰子的结果，并将发现结果所遵循的模式与前一组几乎一样。如果你在每次模拟中运行 10 万个情景，模拟的输出结果将更加贴合三角模式。假如你再运行 10 次包含 100 万个情景的模拟，每次的结果都将几乎完全一致。

斯坦福大学数学家基思·德夫林（Keith Devlin）认为赌场中的赌局也是如此。每场赌局的结果是不确定的，但赌场依然能从整体模式中获利："顾客在赌博，但赌场绝不是。"当我们想知道是否应该投资于特定的风险缓释措施时，我们感兴趣的是总体模拟结果所展示的模式，而不是个别的情景。

关于蒙特卡洛模拟，还有另一组因其独特来源而更显怪异的流言。这些流言存在于某些分析师中，由于他们或多或少使用了一些定量方法，所以我们也可以称他们为定量分析师。因为产生误解的群体特殊，我将在下一章"即使定量分析师也出错的地方"进一步阐述相关问题。

所谓特殊情况：认为风险分析有用但不适合自己

风险主管或首席风险官通常不会全盘否定风险可以被评估和管理的观点。有些人信誓旦旦不全盘否定，但其实从不遵循。任何定量角度公认更有效的方法，由于某些原因，在风险主管或首席风险官眼中并不适用于他们所面临的情形。

许多主管认为他们所处环境的复杂性独一无二。尽管定量方法已经被我运用到了核电、保险、大众传媒、军事后勤、软件项目、大型建设项目、安保以及公众健康安全等诸多领域。我还是时不时地听到有人说："你说得对，但这些都不是我们的业务。"话虽如此，上文提及的各类应用场景也不尽相同，可我们依然能有效地运用定量模型。

如果我说在某些方面像精算师那样进行风险管理是有用的，我可能会听到"保险业有很多数据，我们却没有"这类反对意见。对此，我想重申我在《网络安全风险领域的数据化决策》中的一些观点：

- 无论你要测量的问题是什么，以前都有人做过。
- 你拥有的数据比你想象的要多。
- 你需要的数据比你想象的要少。

- （通过直接观察）获得更多的数据比你想象中更经济。
- 你需要的数据可能与你想象的完全不同（对原书所列观点的补充）。

与人们通常作为建模起点的假设相比，这些假设中的每条都更加有效。人们以往惯用的假设与我书中的观点大相径庭。如果我们简单地接受大多数人常用的假设，例如我们没有足够的数据，或者这个问题之前从未被测量过，那么我们的调查将很可能到此为止。当然，足智多谋的管理者是不会被这些假想中的障碍所束缚的。

当某些人说自己没有足够的数据时，他们真的明确知道自己需要多少数据吗？不管数据有多少，他们能从自己所拥有的数据中推断出什么吗？他们真的明确知道，甚至考虑过通过新的观察获取新数据的成本吗？自认为需要的数据是否适用于当前问题，还是其他一些更显而易见的测量方法与问题更相关？只有经过特定的计算，我们才能说自己有把握回答这些问题。我将在后面的章节详细讨论计算过程。但现在，我们几乎可以肯定，那些轻易给出回答的人没有做过任何计算。

在一本2001年出版的关于环境风险分析的书中，精算风险被描述为：局限于"提供大量人口和长时间跨度的汇总数据。" 这种说法至少有两处错误。我问询的首位精算师就对此提出了反对意见，显然这本书的作者在给"精算风险"下定义时，从未与任何精算师协作过。我曾引用其观点的精算师克里斯托弗·（基普）·博恩说："我完全不同意这种说法。理想中，精算师希望拥有大量数据，但有时现实条件并非如此。即使存在历史数据，有些事情也已经发生了变化，拥有的数据不再适用。"

关于某些类型的保险索赔，保险公司的确拥有大量的数据，而这些信息对于计算风险至关重要。当大多数人提到保险时，他们所指的是人寿保险、汽车保险、健康保险等大众所熟悉的零售消费型保险。但是保险公司同时也必须应对拥有极少数据的情况，而且这些情况通常涉及重大风险领域。例如，尽管保险中有依据大量不同年龄、健康程度男女死亡数据编制的死亡率表（the mortality tables）。但是，对于可能影响人寿保险风险水平的大规模疫情或国民健康趋势的重大变化，保险公司又拥有多少数据呢？

博恩说："有一阵子，我们看到人们的预期寿命在变长，但现在我们看到人们越来越肥胖，预期寿命的趋势开始转变。"如果一家保险公司提供的人寿保险产品在保单有效的情况下保费固定不变，那么未来死亡率趋势的变化可能意味着保险公司支付人寿保险索赔的频率过高、时间过快。不幸的是，这种风险不能通过向更多的人出售更多的人寿保险来分散。

而且，一些人不知道的是，在承保一些相当罕见的事件时，保险公司几乎没有任何历史数据：

- **重大事件保险**：为免受奥运会因恐怖主义或其他灾难被取消的影响，国际奥委会和奥运会举办城市都购买了保险。自1896年现代奥运会复兴以来，奥运会只被取消过三次，一次是由于第一次世界大战，两次是在第二次世界大战期间。
- **火箭发射保险**：奖金为1000万美元的X-Prize奖励首个由私人资助的可重复使用载人飞行器，同时飞行高度须达到100公里高空。以防有人获奖（的确有人成功了），该奖项也购买了保险。该保险的保费为500万美元，如果没有人领奖，保险公司将保留这笔钱。当今，SpaceX等公司新型火箭的有效载荷也有投保。怡安国际空间经纪公司（是的，这是一个真实的商业名称）为这类事件提供保险。
- **优惠券保险**：针对优惠券被过度兑现的风险，零售商购买优惠券保险以防止太多人决定兑现优惠券。尽管零售商知道只有小部分的优惠券会被使用，但是他们必须分发大量的优惠券，以将其送到那些会真正使用优惠券的人手中。可这也伴随着一种风险，那就是促销活动出人意料地成功（或者经济困难时期商家不得不更多地削减优惠），零售商因此而赔钱。
- **针对发展中经济体或高风险地区的信用风险保险**：一些保险公司承保发展中经济体或高风险地区（包括战区），因政府违约或干预产生的信用风险，即应收账款得不到偿付的风险。这种保险被称为CEND（充公、征用、国有化和剥夺，confiscation, expropriation, nationalization, and deprivation）保险。

各家保险公司有多少关于这类保单的数据？一个国家又能有多少关于内战的数据点？也许我们能得到关于产品促销的诸多数据，但每个产品促销又存在差异。在后面的章节中，我们将看到定量方法在许多领域的有效运用，即便有的领域很复杂、存在许多未知因素，并且明显缺乏数据。

我们以上的分析只触及了诸多风险和风险管理方法主要理解谬误、误解和认知障碍的表面。近期，我与一名政府机构主管就运用定量方法分析某些类型恐怖袭击的风险进行了交流。主管说："我们无法对从未发生过的事件进行概率计算。他称这一权威观点来自一位"受人尊敬的博士"。然而，其他受人尊敬的博士们却恰恰能计算从未发生的事件的概率。例如，核电行业就使用定量模型来评估百年一遇甚至是五百年一遇事件的发生概率，尽管这比核工业存在的时间要长得多。要掌握概率计算方法，我们只需了解系统中每个组件（业界拥有大量相关故障的历史数据）的故障概率，并建立定量模型。

我敢肯定，关于定量风险管理还有一长串虚幻的思想障碍，而这只是其中的又一个例子。穷尽本书，我希望能纠正更多这类误解。

◆ 注释

1. B. Dietvorst, J. Simmons, C. Massey, "Algorithm Aversion: People Erroneously Avoid Algorithms after Seeing Them Err," Journal of Experimental Psychology: General 144, no. 1 (2015): 114–126.

2. M. Gerson, "Michael Gerson: The Trouble with Obama's Silver Lining,"Washington Post (November 5, 2012).

3. N. Silver, "How I Acted Like a Pundit and Screwed Up on Donald Trump,"www.FiveThirtyEight.com (May 18, 2016).

4. M. Lewis, Moneyball (New York: W. W. Norton & Company, 2003).

5. Paul E. Meehl, Clinical versus Statistical Prediction: A Theoretical Analysisand a Review of the Evidence (Minneapolis: University of Minnesota Press,1954).

6. Paul Meehl, "Causes and Effects of My Disturbing Little Book," Journal of Personality Assessment 50 (1986): 370–375.

7. R. M. Dawes, D. Faust, and P. E. Meehl, "Clinical versus Actuarial Judgment,"Science (1989), doi: 10.1126/ science. 2648573; William M. Grove and Paul E. Meehl, "Comparative Efficicncy of Informal (Subjective, Impressionistic) and Formal (Mechanical, Algorithmic) Prediction Procedures: The Clinical-Statistical Controversy," Psychology, Public Policy, and Law 2(1996): 293–323; William M. Grove et al., "Clinical versus Mechanical Prediction: A Meta-Analysis," Psychological Assessment 12, No. 1 (2000):19–30.

8. Philip E. Tetlock, Expert Political Judgment: How Good Is It? How Can We Know? (Princeton, NJ: Princeton University Press, 2006).
9. N. Taleb, Antifragile: Things That Gain from Disorder (New York: Random House, 2012).
10. E. Gelman, "Fear of a Black Swan: Risk Guru Nassim Taleb Talks about Why Wall Street Fails to Anticipate Disaster," Fortune (April 3, 2008).
11. E. Goode, "Paul Meehl, 83, an Example for Leaders of Psychotherapy," New York Times (February 19, 2003).
12. N. Taleb, Antifragile: Things that Gain from Disorder (Incerto) (New York:Random House, 2014).
13. S. Paterson, "Mr. Volatility and the Swan," Wall Street Journal Online (July 13, 2007).
14. D. Hubbard and Alicia L. Carriquiry, "Quality Control for Scientific Research: Addressing Reproducibility, Responsiveness, and Relevance," The American Statistician (March 2019).
15. 全概率法则要求 x 的加权条件概率之和必须等于 x 的概率，可以写成 Pr（x）= Pr(x|T) Pr(T)+Pr(x |Not T) Pr(Not T)=（0.7）（0.1）+（A）（0.9）=0.2。解出 A，得到 0.144，小于 0.2。在任何只有两个条件的简单情形下（在本例中，有威胁 t 和没有威胁 t），如果一个条件的概率增加了，那么另一个必须减少，以使整个概率方程达到平衡。可参阅 www.howtomeasureanything.com/riskmanagement 进一步了解相关内容，该网址以电子表格的形式解释了这个问题。
16. C. C. Jaeger, O. Renn, and E. A. Rosa, Risk, Uncertainty, and Rational Action(London: Earthscan, 2001).

第 10 章

即使定量分析师也出错的地方：定量模型中常见的基础错误

> 在不可靠的前提上建立详尽精巧的数学过程，也许没有比这更隐秘、更危险的欺骗了。
>
> ——托马斯·C. 张伯伦，地质学家（1899 年）
>
> 理论与实践，二者在理论上没差别，在实践中有差别。
>
> ——约吉·贝拉

在改善风险管理方面，我倾向于采用定量方法来开展分析、缓释风险或选择值得冒险的好机遇。我认为我们在风险管理中发现的许多问题，将通过更多的定量方法来找到答案。但有一点不容忽视，那就是风险管理方法应该受到科学合理方法的测试。我在目前所写的每一篇文章中都对此做出了强调。同时，即使是再量化的模型，我们也应该一视同仁，严谨对待。不能只因为它们的数学运算看起来更复杂，或者出自备受尊敬的科学家之手就特殊对待。尽管在前一章中我批评了纳西姆·塔勒布（Nassim Taleb）的诸多看法，但在这方面我们达成了共识。

认为但凡使用了看似很复杂的数学模型就自然会更好，这一观点被称为荒谬的严谨性（参见第 8 章中对该术语的讨论），风险管理者应该始终对此保持警惕。不幸的是，人们往往在不具备相应技能的情况下，将复杂工具快速投入使用，有问题的定量方法也被胡乱使用。

科学之所以发展到当下的先进水平，是因为总存在一批批充满怀疑精神的科学家不断求索。在重复独立测试中，即使是公认的科学思想从长远来看也经受不住考验，结果相互矛盾。和对待风险矩阵一样，本章将持怀疑态度审慎分析风险评估和风险管理的量化方法。

蒙特卡洛模拟使用情况调查

第 4 章提到的一对一替代模型是蒙特卡洛模拟中主要关注风险的很小一类。除了解决灾难性损失问题外，蒙特卡洛模拟还可用于不确定性问题的相机决策，比如是否研发新产品或增加工厂产能。若将这一方法应用到由软件项目、研究开发和其他投资构成的整个决策组合中，就可以根据风险和回报对不同投资进行优先级排序。可访问 www.howtomeasureanything.com/riskmanagement，下载一个基于 Excel、应用于资本投资决策的模拟，了解如何运用蒙特卡洛方法解决风险以外的问题。

基于 PC 端的蒙特卡洛模拟工具已经被广泛使用了数十年。蒙特卡洛工具 @Risk 和 Crystal Ball 发布于 20 世纪 80 年代后期，当时我还在使用 Fortran、BASIC，甚至 Lotus 123 电子表格编写定制的蒙特卡洛模拟。到 20 世纪 90 年代，随着基于 Excel 版本的更新，这些工具的用户群体迅速增长。

在销量增加的同时，这些工具被错误使用的可能性也在增加。2008 年，为了解情况是否如此，我进行了一项调查。通过参与建模会议的人员名单，我召集了 35 名 @Risk 和 Crystal Ball 的用户，调查他们的使用情况。我们要求每个用户都提供他们所构建的最后一到三个蒙特卡洛模型的详细信息。总计收集了 72 个蒙特卡洛模型数据，平均每个用户只收集了近两个模型。

依据建模者在调查中所述，他们的经验平均而言相当丰富。平均从业年数为 6.2 年，但从业中位数仅为 4 年。这种偏态分布是由于少数人拥有超过 15 年的从业经验，而不少人才入行不久。大多数的模型并不是非常复杂，73% 的模型变量不到 50 个。受访者将蒙特卡洛模拟应用于各个领域，包括：

- 商业计划
- 金融投资组合风险
- 销售预测
- 信息技术项目
- 钢铁行业资本投资
- 采矿和石油勘探
- 医药产品开发
- 项目进度和预算预测
- 工程和科学模型，如雷达模拟和材料强度
- 竞争招标
- 供应链和库存水平的备选方案分析
- 建筑施工风险
- 制造中的产品变动

询问了数据来源以及模型质量控制问题后，我有了以下发现：

- 模型存在很多主观估计，也没有对概率进行校准。绝大多数受访者（89%）在模型中使用了主观估计。平均而言，所有模型中主观估计的变量比例为44%。然而，没有一个建模者使用过，甚至听过校准训练。正如第7章所讨论的，这意味着几乎所有的估计都过于自信，所有的模型都低估了风险。事实上，对模型结果有较大影响的最不确定变量，恰恰最有可能依赖于专家的主观估计。

- 当我问及如何将预测与现实进行比对时，只有一名受访者表示曾试图将最初的预测与实际结果进行对照。其他受访者大多表示没有这么做，但谨慎地认为预测是合格的。有一个人声称自己确实对最初的预测做了一些验证，但他无法为其提供数据。相反，他只能提供轶事证据（anecdotal evidence）。

- 尽管75%的模型使用了现有的一些历史数据，但只有35%的模型使用了特意收集的一手实证测量数据。此外，只有4%的人在模型最敏感的地方进行了额外的实证测量，以减少不确定性。相比之下，基于敏感性分析和进一步的测量值计算，我发现我在过去20年里亲自开发的150多个模型中只有3个缺少进一步测量。似乎大多数建模者都认为他们只能根据主观估计和现有数据进行建模，并且完全没有考虑过在蒙特卡洛模拟中收集一手实证研究。

如果我把自己培训过的客户也包括进来，那么这次调查的样本量可以大得多，但我不想因为包括他们而使样本产生偏差。然而，询问过我培训的这些人后，我发现他们在遇到我之前所建立的模型也存在以上问题。即使依据少量主观估计建立定量模型的客户，在接受培训前也没有在组织中使用过校准训练。这些客户包括经常对各种关键的政府政策决策、主要的技术和产品开发项目进行蒙特卡洛模拟的大量经济学家和统计学家。

自2008年的第一次调查以来，我还进行了其他有关项目管理、网络安全和企业风险管理（ERM）的调查。第2章介绍了这些调查的发现。我每次都会询问他们是使用蒙特卡洛模拟，还是贝叶斯网络、统计回归等其他定量方法。在少数使用蒙特卡洛模拟的项目管理中，我发现领域专家（subject matter experts）

仍然是数据输入的主要来源，而且大多数情况下仍没有进行校准训练。只有六分之一的蒙特卡洛模拟用户表示，他们在项目管理中使用了校准的参数估计量。

随后的研究再次表明，人们采用量化工具的速度可能超过了学习如何正确使用量化工具的速度。回想 2015 年的网络安全调查，我们向受访者提出了一系列关于概率方法的基础知识问题。那些自称使用蒙特卡洛工具、贝叶斯网络或历史回归的受访者，在统计知识问题上的表现平均而言并不比其他受访者好。

还有迹象表明，如前一章所述，统计显著性的概念可能在定量决策模型中被误用。关于如何实现统计显著性，尽管我们在任何一项调查中从未直接提出这个问题，但有些人在自由形式的回应中表示他们会使用抽样法和对照实验来赋予模型统计显著性。尽管这值得进一步调查，但它与我在咨询中观察到的一些轶事，以及我在美国统计协会（the AmericanStatistical Association，ASA）遇到的许多统计学家的观察相一致。单凭统计显著性并不能告诉我们一种新药起作用的概率，或者一种新的培训计划提高客户满意度的概率。正如上一章中所解释的，在 0.05 显著性水平下的结果并不等同于假说有 95% 的概率是正确的。但至少一些定量模型似乎是这样错误地使用了显著性测试结果。

当然，我们不应该把网络安全调查的结果强行延伸到其他领域，我们当然也不应该从调查中的轶事和一些自由形式的回应中得出太多的结论。但是，我们应该考虑到在项目管理、财务、供应链和其他风险评估领域可能存在这样一个问题：人们缺乏一个概念基础来充分利用流行的定量工具。人们运用定量工具所构建出的结果可能是无意义的。

风险悖论

风险管理咨询公司甫瀚咨询（Protiviti）的吉姆·德洛奇（Jim DeLoach）观察到："风险管理被绝望地埋没在组织的最底层。而风险分析则关注某一员工在车间因机械操作不当受伤的可能性。" 我在风险管理领域多年来切身观察到的一个悖论是，风险的重要性与其接受的详细定量分析程度之间存在明显的不一致。与我交谈过的许多风险专家似乎也观察到了这一点。

> **风险悖论**
>
> 组织通常使用最精巧的风险分析方法来应对低水平的操作风险。相比之下，使用较弱或根本不使用任何方法来应对面临的最重大风险。

关于风险悖论，我常说起一则轶事。20 世纪 90 年代，我在一个研讨会上讲授应用信息经济学（applied information economics，AIE）方法，并以为听众都是首席信息官（CIOs）和 IT 经理。我问是否有人应用过蒙特卡洛模拟和其他定量风险分析方法。这几乎是一个反问句，因为我在其他任何研讨会上都没有见过有人举手。但这一次，美国纸制品公司卡斯卡特（Boise Cascade）的一位经理举起了手。

这给我留下了深刻的印象，我说："您是我见过第一个使用蒙特卡洛模拟来评估 IT 项目风险的首席信息官。"他说，"但我不是首席信息官，也不在 IT 部门。我以此分析纸张生产操作中的风险。"我问，"那您知道您的公司是否在 IT 项目中使用这些方法吗？"他回答说："不，那里不用。我是公司里唯一这么做的。"我接着问，"您认为哪个风险更大，是您正在处理的操作风险，还是新投入 IT 项目的风险？"他认为 IT 项目的风险要大得多。但这些项目并没有采用他那更精巧的风险分析技术。以下是其他一些关于风险悖论的例子：

- 如第 3 章所述，百特（Baxter）和其他许多制药公司一样，在快速闸门分析（stop-gate analysis）中使用定量风险模型，即对新产品开发是否进入下一重要阶段进行决策评估。与石油勘探一样，精巧的方法之所以被运用，是因为这是一笔巨大的资本支出，而且回报存在很大的不确定性。
- 截至 2008 年国际金融危机，通常对个人贷款进行定量风险分析的银行，很少对经济不景气或系统性政策对银行整体投资组合的影响进行定量风险分析。
- 长期资本管理公司（LTCM）使用诺贝尔奖得主的期权理论来评估单个期权的价格，但他们所面临的最大风险应该是交易中杠杆的使用程度，以及大经济趋势对整体投资组合的影响。
- 保险公司使用先进的方法来评估保险产品所承受的风险和准备金的或有

损失，但很少或根本没有对主要商业风险（虽然这在严格意义上超出了保险概念的范畴）进行同等分析，例如美国国际集团（AIG）和他们的信用违约掉期。

- 有些风险分析方法已用于评估 IT 项目成本超支和进度延期风险，但 IT 出现重大问题从而干扰经营活动的风险却很少被量化。1999 年好时食品公司（Hershey Foods Corp）安装的企业资源计划（ERP）系统就是一个典型的例子。为了将商业运作整合成一个无缝衔接的系统，ERP 项目的进度落后了数月，而且成本累计高达 1.15 亿美元。原本计划当年 9 月上线的系统，直到至关重要的万圣节期间，仍在修复订单处理和发货功能问题。业务份额被竞争对手抢走，收入下降了 12.4%。这种风险比 ERP 项目成本超支本身的风险要大得多。

以上对某些最佳风险分析方法的阻隔会妨碍风险管理的进一步发展。在同一组织中，风险分析的相对孤立可能意味着不同的分析师也彼此独立地工作，构建出完全不一致的模型。企业内部缺乏协作使得风险管理的另一个重要步骤几乎不可能实现——共同发起建立跨越组织边界的产业经济和全球风险模型（更多内容见本书最后一章）。

不确定性太大而无法定量建模

风险悖论也许部分源于我在前几章中提到的那些长久困惑。在某些定量建模者中，存在一种把不确定因素排除在风险分析之外的文化。

我曾经和一位大学跨学科小组的负责人谈过。这个小组被她称为风险建模协作组织。她称这种特别的文化在团队中造成了压力。有时候，这些所谓"建模者"令这位跨学科研究项目的负责人感到失望。她解释道："建模者说，因为我们无法预测人们的行为，所以我们不得不把这些变量排除在外。"我觉得这很奇怪，因为作为一名建模者，我通常会把所谓"与人相关的变量"包括进来。当我对一家公司实施某些新信息技术的风险和回报进行建模时，我常常考虑诸多不确定因素，比如用户多快能开始有效地使用新技术。我甚至还做了包含某些法案是否会在国会获得通过，以及萨达姆·侯赛因军队在伊拉克的行动等不确定因素的模型。

后来我发现，她所谓的"建模者"是指一群桥梁建筑工程师。出于某些原因，他们亲自负责构建蒙特卡洛模拟来评估整个项目风险。但对工程师来说，只有关于桥梁的物理参数才显得足够真实，可以作为变量纳入模拟中。那些被负责人称为"建模者"和"非建模者"的人彼此之间没有交流，一些组员也因此经历了她所称的专业分割（professional divorce）。在她的观念中，"建模者"通常来自工程学和自然科学，而"非建模者"则来自政治学、社会学等背景。"非建模者"认为与人相关的变量在模型中必不可少。"建模者"则因为他们相信自己无法测量与人相关的变量，所以认为不得不把这些排除在模型之外。在"建模者"看来，重要的变量是材料抗拉强度等。

这提出了两个重要问题。首先，为什么只有部分领域专家（SMEs）被认定负责构建蒙特卡洛模型，而其他领域专家被排除在外呢？我通常认为工程师只是领域专家的一种类型，并作为一分子加入到需要多类型领域专家的建模问题中。其次，更重要的是，怎么能因为无法确定而遗漏某些变量呢？建立蒙特卡洛模型的核心目标就是应对系统中的不确定性。因为不确定性太大而忽略一个变量，就像因为太渴而不喝水一样毫无逻辑。

在石油勘探模型中，有时同样会排除那些被认为"不确定性太大"的变量。分析师们会根据油田面积、深度、岩石孔隙度和含水量等进行蒙特卡洛模拟，从而估计新油田的体积。通过运行模拟，他们得到油田中石油储量的可能范围值。但当建模涉及石油价格这个最不确定的变量之一时，分析师们有时不使用区间估计，而可能会使用一个确切的点估计。

有人告诉我，这么做的原因是负责进行蒙特卡洛模拟的地质学家和科学家要么对价格太不确定，要么是管理层简单地给他们设定了一个确切的价格来建模。这意味着，当管理层对石油勘探项目进行分析时，事实上并没有关注实际风险。本应基于恰当区间估计的风险分析，被管理层与独断专行、随意而定的点估计混合。这完完全全破坏了蒙特卡洛模拟的意义。

管理层还以其他方式破坏了蒙特卡洛模拟的输出结果。有时为了"会计目的"，构建蒙特卡洛模拟的分析师会被告知将得出的优秀分布压缩成一个点。因为范围代表着不确定性，所以管理层要求分析师给出确切的数字。如果你有一个储量在20亿到60亿桶之间的油田，你会告诉投资者油田储量正好是40亿桶吗？

管理层知道，高估石油储量可能要付出远高于低估储量的代价。因此，他们倾向于选择估计区间内一个接近下限的数字，宁愿低估也不愿高估。在进入 Crystal Ball 公司之前，史蒂夫·霍伊（Steve Hoye）从 1980 年起在石油行业工作了近 20 年。作为一名年轻的地球物理学家，他亲身观察到了这一点。并在我们的邮件交流中，指出了这个将分布转化为点估计的又一动因：

> 低估是有好处的，而高估有时会带来严重的后果。壳牌在 2004 年对其油气储量进行了 20% 的减记。他们不得不重新告诉投资者，公司并没有想象中那么多的储量。这是研究错误高估的一个很好案例。我（史蒂夫·霍伊）工作的德士古公司（Texaco）在 20 世纪 70 年代进行了大量的减记，高层因此进行了改组。

所以这种保守低估的做法是可以理解的。但试想一下，每位经理都可能在低估每个油田的储量。一项研究发现，将分布估计系统性地转换为保守的点估计，再将其相加的做法，将使石油总储量被系统性地低估。

> 一项研究发现，将分布估计系统性地转换为保守的点估计，再将其相加的做法，将使石油总储量被系统性地低估。

通常，大型石油公司在量化风险方面做得很好。正如霍伊所说，"石油行业存在巨大的风险，需要巨额的资本支出，而且要花很多年才能得到回报。尽管如此，勘探项目成功的概率是八分之一。这是个不错的比例。"但当项目成功的结果被管理层悉知时，建立恰当风险模型的动机可能就不再那么强烈了。霍伊表示："石油公司正在处理他们无法接触的资产，但他们必须公开宣布这些资产的价值。"或许应对这种情况的最好办法就是向投资者公开这种实际的不确定性。一个区间估计有可能是正确的，而一个点估计几乎总是错误的。

提出决策精度（Decision Precision）的约翰·斯凯勒（John Schuyler）是另一位长期从事石油勘探领域蒙特卡洛模拟研究的专家。有时，他看到确定性模型和随机模型被奇怪地混合在一起。据他观察"许多人运行蒙特卡洛模拟后，取输出结果均值并将其放入一个确定性模型中，或是将结果范围缩小为体现'保守'或'乐观'的点估计……这么做只会得出一个人为设计的可怕结果。"斯凯勒补充说，"此前得出的所有优秀蒙特卡洛模拟结果都将付诸东流。"

这种因为"不确定性太大"而排除相关因素的做法在许多行业中普遍存在。2008年年中，我与一位经济学家进行了一次漫长的讨论。这位经济学家从事高档房地产开发项目的商业分析。他声称因为高档住宅和二套房市场受到抵押贷款系统压力的影响较小，自己的业务不会受到太大影响。

令我非常惊讶的是，这位熟知蒙特卡洛模拟的经济学家，在房地产存在风险和不确定性的情况下，对其发展趋势进行了确定性的定点分析。我认为对任何房地产开发投资项目而言，风险识别都是极其重要的部分，经济学家必须以某种方式把它包括进模型中。而这位经济学家则认为，因为缺乏足够的数据，他很难确定模型中所有变量的取值范围。他对自己观点本质上的自相矛盾视而不见：没有足够的数据来估算一个范围，那就必须估算出一个点。

这和评分模型中对精度和概率的误解相同。如果建模者因为某些变量相比之下不确定性更大而将其排除，那么他们将不可避免地将一些最重要的风险来源排除在模型之外。极端情况下，一些分析师完全放弃了概率模型，而选择基于点估计的模型。除非我们能够开始认识到，正是因为我们缺乏完美的信息，所以才需要概率模型，否则我们永远无法进行有意义的风险分析。

"太独特"而无法定量建模

显然，"太独特"或"非常独特"是矛盾修辞法，因为某个事物要么独特，要么不独特，不可能有不同程度的独特。援引这个词是为了说明在使用实证方法时存在的另一个思想上的障碍。有人认为独立事件是如此不寻常，以至于事实上不可能从一个事件去了解另一个事件。每个IT项目、每个建筑项目、每次并购都是如此特殊，以往事件无法告诉我们任何关于下一事件的风险。这就好比保险公司告诉我，因为我是一个完全独特的个体，所以无法计算出我的人寿保险保费。[①]

虽然我们知道保险公司不会让"太独特"成为其良好风险分析的障碍，但其他许多领域并不能幸免于这种错误想法。甚至一些科学家，比如研究火山的

---

① 译者注：保险公司精算师往往能给出专业的保费评估，此处是为了反驳上一句的观点。

地质学家（火山学家，volcanologists），在其研究中也持有这种观点。正因为如此火山专家们忽视了1980年圣海伦斯火山灾难性爆发的风险。参见案例圣海伦斯火山谬误。

> **圣海伦斯火山谬误**
>
> 谬误：如果两种系统在某些方面不同，就无法将它们进行比较。更确切地说，这类谬误认为，只要存在任何差异，就不可能找到任何有用的相似之处。
>
> 1980年5月18日，华盛顿州喀斯喀特山脉的圣海伦斯火山爆发。这是美国历史上最具破坏性的火山喷发事件，两百多平方英里的森林被烧为平地。
>
> 在火山喷发之前，上升的岩浆在北坡形成了一个隆起，随后隆起不断突起并变得十分不稳定。上午8点32分，巨大的隆起滑落而下，岩浆柱不再受到阻碍，横向喷发而出（即从一侧喷发）。
>
> 此前研究该火山的科学家没有发现任何地质证据表明圣海伦斯火山以前曾发生过横向爆发，因此忽视了这种可能性。正如美国地质调查局（US Geological Survey）的地质学家理查德·霍布里特（Richard Hoblitt）所说："在1980年以前，对喀斯喀特山脉内某座火山的相关危险性评估都是基于该火山以往发生的事件。"1980年的这次爆发表明，"史无前例"的事件是有可能发生并需要加以考虑的。
>
> 科学家们甚至需要忽略这个系统的基本物理学，才能得出"因为它以前没有发生过，所以现在也不可能发生"的错误结论：不稳定的隆起必然导致山体滑坡，以释放压力。"史无前例"的事件现在有望被系统地纳入考虑中，但并不是人人都认识到这一点。在探索频道关于火山的特别节目中，一位火山学家说："没有两座火山是完全一样的。所以为了研究一座火山你必须研究这座火山的历史。"火鸡案例也反驳了这位火山学家的观点（参见第9章）——单看这只火鸡的历史，你永远无法得出它即将变成盘中餐的结论。只有通过研究其他火鸡的历史我们才能知道这一点。

但实际上，我们确实可以通过观察其他火山来了解某个特定的火山。如果不是，那么火山专家的专业知识到底是什么呢？这被称为"近似类比谬误"（the fallacy of close analogy）。也就是说，除非两件事在各方面都相同，否则从一件事学到的东西不能应用到另一件事上。想想看：我们的经验几乎总是建立在学习基本原则的基础上，学习与应用这些基本原则的情形不尽相同。反之，如果我们不能通过观察一些不完全相同的事物来推断出适用于许多情形的基本原则，那么我们的经验将一无是处。

事实上，从风险分析的角度来看，不仅火山之间有共同点，火山爆发与完全不同类别的事件之间也有很多共同之处。正如下文所述，例如森林火灾、电力中断、战争和股票市场等均有共同之处。

金融模型和灾难的真貌：正态分布并不寻常

上一章花了部分篇幅来阐述我认为纳西姆·塔勒布（Nassim Taleb）观点中存在的错误，但在其他一些关键点上他绝对是正确的。他和许多经济学家一样指出金融领域许多最受赞誉的工具，尤其是一些获得诺贝尔奖的工具，竟然建立在一些仅凭简单观察就知道是错误的基础假设上。获得过诺贝尔奖的期权理论和现代投资组合理论（至少在最初）假设了一种特定的潜在回报和价格分布，这种分布使得极端结果出现的可能性大大低于我们所知的水平。这些理论使用了统计学和自然科学中另一个强大工具，即高斯分布或正态分布（normal probability distribution），如图 10.1 所示。

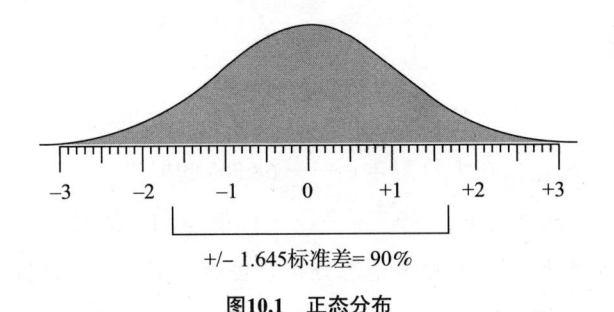

+/− 1.645 标准差 = 90%

图10.1　正态分布

正态分布是一种钟形对称概率分布，描述了一些随机或不确定过程的输出结果。钟形意味着结果更有可能出现在中间，同时非常不可能出现在尾部。正态分布形状完全可以由其均值和标准差两个参数刻画。由于形状对称，偏度为 0（不向一方倾斜），均值总是固定在中间位置。标准差代表围绕均值描述不确定性的一种度量单位。

> **使用正态分布的简单随机调查示例**
>
> 如果你不了解正态分布，这里有个很简单的例子。你可以在 http://www.howtomeasureanything.com/riskmanagement 找到其中的数学过程和更详细的解释。
>
> 正态分布可用于表示随机样本误差。如果对通勤情况的随机调查显示，司机在上下班路上平均花费 25 分钟，这意味着调查中所有受访者所回答时间的平均值是 25 分钟。但是为了确定这个调查结果与实际情况相差多少，需要计算估计误差的标准差，然后以此确定一个给定置信度水平下的区间。为了说明调查得出的平均值与现实的差距有多大，统计学家通常会计算一个置信区间（confidence interval, CI），这个区间可能包含所有通勤情况的实际平均值。否则统计学家只有调查所有通勤情况（这几乎不可能实现）才能知道差距有多大。
>
> 这个区间的宽度与标准差直接相关。假设统计学家确定估计误差的标准差为 2 分钟，并决定在 90% 置信度水平下显示这一结果（意味着他有 90% 的信心该区间包含正确答案）。通过援引对照表（或运用 Excel 函数），统计学家知道 90% 置信区间的上限高于均值 1.645 个标准差，下限低于均值 1.645 个标准差。因此，他计算出（25-1.645×2=21.71）下限为 21.71，（25+1.645×2=28.29）上限为 28.29。所以调查显示有 90% 的信心相信平均通勤时间在 21.7 分钟到 28.3 分钟之间。

正态分布是一种非常特殊的钟形。在射击场，如果靶心周围的命中点服从正态分布，那么这是指在大量射击后——68.2% 的射击落在靶心的一个标准差内，95.3% 在两个标准差内，99.7% 在三个标准差内，依此类推。但并非所有分布都符合这种形状。为了确定正态分布能否恰当拟合实际情况，统计学家可能会使用数学上的拟合优度检验，例如卡方检验或柯尔莫可洛夫—斯米洛夫检验（Kolmogorov–Smirnov test，K-S 检验）。尽管这类方法被广泛运用，但并不适用于风险分析中相关分布的检验。

风险分析师主要关注的是分布的尾部，而一些拟合优度检验，如 K-S 检验，对尾部的"厚度"不敏感。我在第 9 章中提过以此来检验分布可能是无效的。如果我们将正态分布应用于1928年到2008年的道琼斯指数每日价格变化，我们会发现每日价格变化（相对于前一天的百分比）的标准差约为1.157%。因为90%置信区间的上下限距离均值1.645个标准差，这意味着大约90%的每日价格变动会在前一天的1.9%之内。事实上，大约93%的每日价格变化在这一区间内。二者已经很接近了。但在进一步远离平均交易日价格变化（即均值）的地方，正态分布大大低估了价格大幅下跌的可能性。正如第9章中提到的，正态分布显示指数价格下跌5%在80年内发生一次的概率小于15%。而实际上，这一幅度的下跌在80年内发生了70次。

但是，由于K-S检验关注的是分布的主体，对尾部不敏感，因此使用K-S检验的分析师会认为正态分布是建立金融模型的一个很好假设。而对于一个更担心尾部的风险分析师来说，这不是小错误，而是大错特错。根据道琼斯指数数据，发生更极端事件的可能性，比如单日价格下跌7%，将被低估10亿倍甚至更多。值得注意的是，正态分布是获得诺贝尔奖的现代投资组合理论和期权理论的基本假设，这两个理论的模型应用非常广泛。（作者注：技术人员可能会指出，绝对价格变化实际上服从对数正态分布。但由于我将数据转化为价格变化相对于前一天的比率，所以可以应用正态分布。）

金融危机的真相是什么？事实证明，金融危机的分布与火山爆发、森林火灾、地震、大停电、小行星撞击和大流行病的分布更类似。这些现象遵循幂律分布，而不是正态分布。可以这样描述幂定律规则："十年一遇事件的影响是一年一遇事件的 × 倍"，其中 × 体现相对而言的严重程度。如果我们在对数坐标系上绘制这些事件（刻度上每一增量是前一个增量的10倍），而后将点联结成直线。图10.2显示了飓风和地震遇难人数的幂律分布。在关于地震的例子中，还包括震级的测量值（该值已经遵循对数尺度——每一震级强度是前一震级的十倍[①]）。

如图10.2所示，在频率与震级的对数坐标系上，幂律分布由一条贴合的直线表示。十年一遇的最严重地震将导致大约100人死亡，这约是一年一遇地震所造成伤亡的10倍。严重程度倍数 × 在此处为10。沿着这条线向下移动，同

[①] 译者注：不同震级间的实际强度差距请参考专业文献。

样的比率也适用。一场会造成1000人死亡的地震（仅限美国）百年一遇。

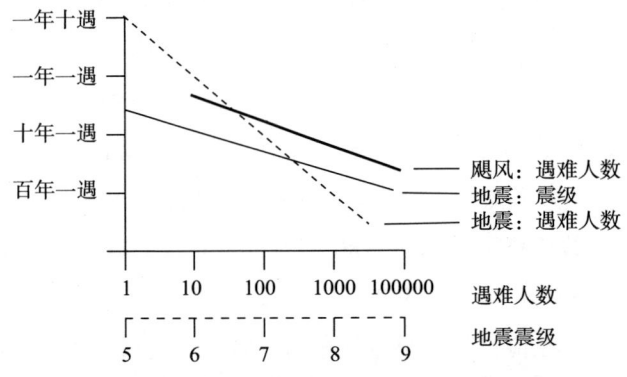

```
一年十遇
一年一遇
十年一遇
百年一遇
                        飓风：遇难人数
                        地震：震级
                        地震：遇难人数
  1   10   100   1000   100000   遇难人数
                                  地震震级
  5    6    7    8    9
```

图10.2　关于地震和飓风的频率与严重性幂律分布

对许多遵循故障幂律分布的承压系统，我们需要同时考虑共模故障和级联故障发生的可能性。例如，森林火灾和停电是级联成的系统，其中单个事故可以影响许多组件，并且某些组件的故障会导致其他组件故障。炎热、干燥的天气会使森林中的一切变得易燃，一棵树着火会使与它相邻的植被更容易被点燃。能源使用高峰时期会给整个电网带来压力，同时一个电力子系统的过载会给其他子系统带来更大压力。

不同于按照正态分布建模的系统，许多对企业有重要意义的系统与电网和森林火灾有更多的共同点。正态分布更适用于对一个具有大量独立成分的系统进行均值估计的问题。此外，在预测抛掷一千次硬币得到正面的比例时，正态分布是对这类不确定性结果建模的最好方法。但是金融市场、供应链和主要IT项目都是由组件组成的复杂系统，以下每一种情况都可能发生。

遵循故障幂律分布系统的特性

- 整个系统承压时会增加所有组件的故障概率，或者一个组件的故障会导致其他几个组件的故障，故障也可能并行发生（即共模故障）。
- 系统中某一组件的故障会引发串联组件的连锁反应故障（即级联故障）。
- 某些组件的故障会产生一个反馈回路，加剧这些部件或其他部件的故障（正反馈）。

塔勒布指出，将正态分布应用于金融市场似乎不是一个好主意。若采用正态分布建模，自 1928 年以来，股市单日下跌 5% 或以上的情况应该一次都不可能发生。但通过研究道琼斯指数从 1928 年到 2008 年底的历史数据，这一幅度的下跌发生了 70 次——仅 2008 年就有 9 次。我们将在本书的后面进一步讨论这个问题。无论看起来有多先进，模型必须经过实证检验。不能仅仅因为某个定量模型据称会为一个特定问题带来"严密性（rigor）"（像诺贝尔奖委员会陈述的某一获奖理由那样），就相信它实际上比另一种模型更好。

许多基金经理都说，1987 年和 2008 年的波动是一种极端厄运——极端到只有万亿分之一的可能性会发生如此大的波动。即便基金经理算错概率的可能性只有 1%，他们仍然更有可能是数学不好算错了概率。所谓"极端厄运"事件即使只发生一次，也应该足以引起基金经理对概率计算结果的严重怀疑。

让我们看看金融市场的历史数据与幂律分布有多接近。图 10.3 在对数坐标系上显示了标普 500 指数和道琼斯工业平均指数（DJIA）每日价格下跌的频率和幅度。实线显示两个指数的实际历史价格分布，虚线显示它们的近似高斯分布。在 1~3 个百分点的下跌范围内，高斯分布和历史数据分布较好地拟合。对于这两个指数来说，1% 的价格下跌被高斯分布略微夸大了，在下跌 2% 到 3% 之间，历史数据符合高斯分布。K-S 检验可以判断正态分布是否足够拟合。但当股价较前一天的收盘价下跌超过 3% 时，这两种分布就会出现巨大差异。

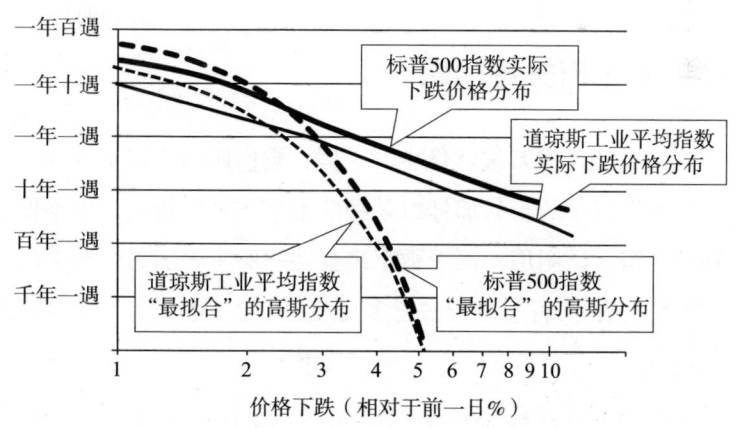

图10.3 标普500指数和道琼斯工业平均指数每日下跌的频率和幅度对数坐标系

显然，这两个指数的真实历史数据分布更像飓风和地震的频率和严重性对数坐标系中向下倾斜的直线。更弯曲的正态分布显示价格单日下跌 6% 或更多，可能万年都不会发生一次。

但在实际数据中，如此大幅度的价格下跌已经发生过很多次，而且每隔几年就可能发生一次。1987年股市崩盘后，两个指数在一天之内都下跌了20%以上。一些分析师称，这次股市崩盘是百万年一遇的。但根据幂律分布，它更接近于百年一遇。或者，换句话说，每个人一生中有相当大的概率会遇到如此大幅度的股市下跌。

虽然我一向推崇开发强大蒙特卡洛模拟工具的公司，但它们最受欢迎的一些产品存在一个主要遗漏。在模型包含的各种分布类型中，大多数仍然没有幂律分布。但这并不难制作，我在 www.howtomeasureanything.com/riskmanagement 的电子表格中包含了一个简单的随机幂律生成器。

另一个有趣的方面是，压力系统、共模故障和级联故障的正反馈循环使得进行建模时，甚至无须指定模型生成故障的幂律分布，仅通过对系统组件进行显式建模（explicit modeling）[①]就可以达到同种效果。例如，森林火灾、流感流行和人群行为的计算机模型都是如此。对于输出简单描述统计而不是潜在机制的其他模型，仍然需要设定幂律分布。因此，金融模型要么用幂律分布代替正态分布，要么开始对金融系统及其组成部分的相互作用建立更详细的模型。

追寻牛群规律：相关性问题

我们想要建模的许多系统就像牛群一样，它们倾向于以不规则的方式一起移动。牛群既不像行军的士兵那样以某种队形整齐划一行进，也不像猫那样完全自由自在地乱窜。试图用一两个数字来描述一头牛跟随另一头牛的方式，比如"位于十英尺之后"，肯定会省去很多复杂的信息。然而，许多定量风险模型正是这样所做的。

当两个变量以某种方式一起上下移动时，我们说它们是相关的。两组数据之间的相关性通常用介于 +1 和 −1 之间的数字表示。相关系数为 1 意味着两个

---

① 译者注：指将变量间逻辑关系厘清、确定的建模过程。

变量完美协同地移动：一个变量完全随着另一个变量的增加而增加。相关系数 -1 表示两个变量完全相关，但随着一个变量的增加，另一个变量则同步减少。相关性为 0 则表示两个变量之间没有任何关系。

图 10.4 中的四个数据示例显示了不同程度的相关性。既可以假设，横轴是道琼斯指数，纵轴是个人收入。也可以假设，横轴是抵押贷款违约的数量，纵轴是失业率。通过设定横纵坐标变量，我们能够了解任意两种事物的相关性。显然有些图表坐标轴上的数据相关性比其他图表更强。而左上角的图表显示了两个独立的随机变量。变量之间没有任何关联，不存在相关性。在右下角的图中，可以看到两个相关性强的变量所形成的数据点。

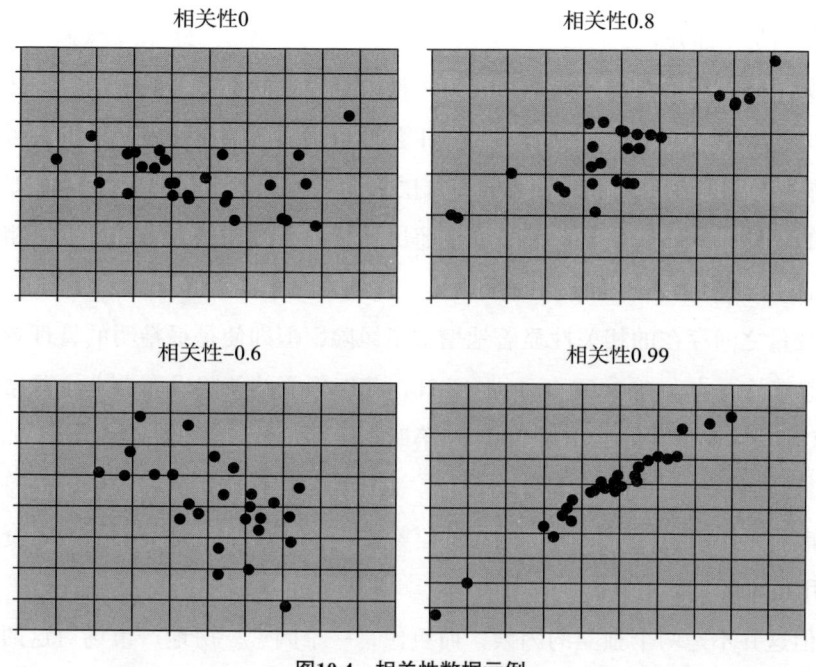

图10.4　相关性数据示例

给定相关系数，就不难生成相关随机数。我们可以使用 Excel 中的一个简单公式（=correl()）来计算两个数据集之间的相关性。请参阅 www.howtomeasureanything.com/riskmanagement 上的电子表格，以获得既能生成相关数据又能计算给定数据之间相关性的简单示例。像 Crystal Ball 和 @Risk 这样的工具使建模者能够设定任意变量组合之间的相关性。

需要注意的是，相关性只是添加到定量模型中的另一层次细节，即使没有相关性分析也不意味着使用定性的风险矩阵模型就更好。无论能否捕捉到所有变量间的相关性都应建立一个定量模型，哪怕只是一个简单的定量模型，而不是坚持只用风险矩阵。毕竟，在风险矩阵中完全无法对相关性展开分析，而应用定量模型这一点是可以实现的。

话虽如此，建模者应该意识到，将重要的相关性分析排除在外会系统性地低估风险。在建筑项目风险评估中，通过对各部分详细的成本范围进行蒙特卡洛模拟，你会发现这些成本是相互关联的。如果一个因素导致大楼的一部分成本上升，那么它很有可能同时也影响了其他部分的成本。例如，钢铁、混凝土和劳动力的价格，或是由于罢工或天气造成的停工，这往往会延误整个工程，而不仅仅是一部分。

如果建筑项目各部分成本在建模中被设定为独立不相关的变量，那么就像同时掷几十个骰子一样，极端情况往往会平均化。几十个独立变量不太可能仅仅靠偶然性共同变化。但是，如果它们之间存在关联则有可能。此外，即便一栋楼的建设成本低于预算，另一栋楼超出预算的风险也从未降低。恰恰相反，大楼的建设成本往往一同超出预算。

变量之间存在的相关性显著地增加了风险，但即使是最精明的管理者也可能会忽略这一点。在 2008 年 1 月 15 日，花旗集团的新闻发布会上，首席执行官潘伟迪（Vikrim Pandit）对 2007 年第四季度 98.3 亿美元的亏损做出了如下解释："我们本季度的财务业绩十分糟糕。这主要是由两个因素造成的，一是固定收益市场上次级抵押贷款直接敞口的巨额减记和损失，二是美国消费者贷款组合信用成本的大幅上升。"

但这并不是两个独立的因素，而更像是一个因素。房地产市场对这两方面因素都有影响。两个因素往往会同时上下波动，而任何将它们视为独立变量的风险模型都明显低估了风险。另一位受人尊敬的金融专家，比尔·克林顿（Bill Clinton）政府时期的财政部长罗伯特·鲁宾（Robert Rubin），将 2008 年的国际金融危机形容为"一场完美风暴"，并说："这是一场极其不可能发生、带来严重后果的事件。"完美风暴暗指金融危机是由几个独立因素的随机收敛造成的，但事实可能并非如此。

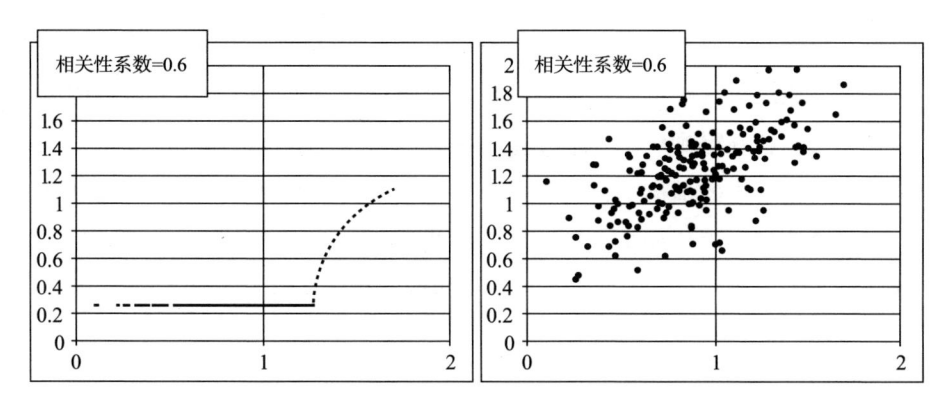

图10.5　同样的相关系数，截然不同的模式

关于相关性的另一个大错误不是排除了一些变量之间的关系，而是用单一的相关系数来对两个变量进行建模。参照图 10.5 中显示的两个数据集，虽然两个图表中横纵坐标数据的移动情况明显不同，但典型的相关性计算会给出相同的相关系数。相比右图可以用单个"最佳拟合"相关系数来近似模拟，左图需要更复杂、明确的描述。如果用单个相关系数来描述如左图所示的历史数据，那么蒙特卡洛模拟产生的结果将会类似于右图的数据分布。

相关性是两个变量之间关系的粗略近似值。通常还需要用比单个数字更复杂的系统来描述两个变量之间的关系。这之间的区别，就像知道一个人的智商和了解大脑是如何运转一样。

作为对变量关系的简单描述，相关性不是恒定的。基于相关系数并不能知道变量相关性的内在原因，所以相关性可能会在不被察觉的情况下发生变化。宾夕法尼亚州达拉斯市 Sema4 集团（Sema4 Group）的大宗商品交易顾问兼负责人约翰·约瑟夫（John Joseph）发现，即使多年来基本保持一致，汇率相关性也可能突然发生变化。他指出，从 1982 年到 2007 年，英镑和日元一直相对于美元正相关。

然而在一年的时间里，该相关性就从 +0.65 波动至 −0.1。多数分析师基于一年的数据对汇率风险进行建模，他们信心满满地计算出美元与日元、英镑的相关性，并认为这种相关性将会持续下去。事实上，他们不应该抱有太大的信心，因为这种水平的分析无法解释汇率体系的内在原因。

还有一种方法可以替代相关系数，作为解释相关性的基础。当对不确定的建筑成本进行建模时，钢材、其他材料和劳动力的价格都会影响每栋建筑的各部分成本。通过对这种价格关系进行显式建模，可以在不借助相关系数的情况下描述相关性，并得到一个更加真实的模型。就像在圣海伦斯火山案例中，不仅可以在火山历史的基础上，还可以在岩石结构、压力和重力系统的物理基础上进行风险分析。再比如，通过对各变量关系的显式建模（例如共模故障）来构建遵循故障幂律分布的模型，从而替代相关系数这一粗略近似值。

测量反转——额外信息的价值

在新产品的决策分析模型中，需要考虑开发成本和时间、生产中的材料成本以及不同市场需求等方面的不确定性因素。这就像一个计算现金流的典型成本效益分析，只不过是用概率分布而不是精确的数字来体现不确定性。这样甚至可以包括开发项目失败的概率（没有开发出可行的产品，项目被取消），或者包括更严重的灾难性场景，如重大产品召回。通过一些成本投入和努力这些变量都可以被进一步测量。但应该先测量哪一个，测量这些又值得花费几何呢？多年来，我一直致力于计算模型中每个不确定变量额外信息的价值。

假设在一个模拟中运行一万个情景，并确定其中 1500 个情景将发生净亏损。如果决定继续开发这个产品但出现了不好的情景，那么损失的资金被称为机会损失（the opportunity loss, OL），即做出错误选择的成本。如果继续开发但不亏损，机会损失就是零。在我们否决产品开发的情形下，如果最终发现能够从中获利，那么也存在一个机会损失。此时，机会损失的值是可能获得收益与资金外借利息之间的差额。如果无法从产品开发中获利，那么机会成本也是零（在这种情况下，我们拒绝批准产品开发是正确的）。

机会损失期望值（EOL）为每个可能的机会损失规模乘以该损失发生的概率，也就是出错的概率乘以出错的成本。在此前的蒙特卡洛模拟中，所有情景的机会损失被简单地平均了。假设在考虑当前产品的不确定性后，仍然认为将资金外借是一个好选择。通过将 1500 个情景中为正数的机会损失（亏损了）和 8500 个情景中为零的机会损失（做了正确的选择）进行平均。最终计算出机会损失期望值约为 60 万美元。

机会损失期望值相当于完全信息期望价值（the expected value of perfect information，EVPI）。完全信息期望价值是决策者为获得消除所有不确定性的信息所愿意支付的最大金额。虽然几乎不可能得到完全的信息并消除所有的不确定性，但完全信息期望价值可以作为一个有用的绝对上限。如果通过一项花费 18000 美元的市场调查能将 60 万美元的机会损失期望值减少一半，那么开展这项调查就是值得的。可访问本书网站 www.howtomeasureanything.com/riskmanagement 获取计算这类问题的电子表格。

计算模型中每个变量的信息价值，特别是当模型非常大时，这将更有启发意义。通过这种方式，不仅可以知道该在测量上投入多少资金，还可以知道哪些特定变量需要被测量，以及测量这些变量合理的投入规模。我已经对 150 多个定量决策模型进行了这样的计算，其中大多数模型有 50 个到 100 个变量（保守计算变量总数约达一万个）。当我向库中添加更多的分析变量时，我发现了一些规律。其中主要两点规律如下：

- 需要进一步测量的变量相对较少，但几乎总是有一些。
- 具有最大完全信息期望价值，即最值得进一步测量的不确定变量往往是组织几乎从未测量过的变量，并且组织一直测量的变量平均来说具有最小的完全信息期望价值。

我把这第二个发现称为"测量反转"（the measurement inversion）。这种现象遍布信息技术投资组合、军事后勤、环境政策、风险投资和市场预测等所有我接触过的领域。

> **测量反转**
>
> 组织往往将注意力集中在最没有价值的测量上，而忽略了那些更有可能改进决策的测量。

每个地方的每一个人似乎都在系统性地测量错误的变量。这一现象普遍存在且影响广泛，以至于我不禁怀疑这对国内生产总值（GDP）核计产生的影响。组织只是在测量自身知道如何测量的变量，而不去考虑是否应该学习新的方法来测量具有极高价值的不确定性因素。

对"测量反转"的偏向是如何影响风险评估，进而影响风险管理的呢？高度不确定、影响巨大的风险事件往往比容易列出的普通事件得到更少的分析。发生重大产品召回、公司丑闻、重大项目失败或工厂事故等风险的可能性，相比列表中更为常规和影响较小的事件被更少关注。传统的风险矩阵通常包含预计一年发生几次的风险。有的风险更是预计一年内发生的可能性达80%、90%甚至100%。发生可能性在这一水平的风险更像是一个固定的经营成本。成本控制很重要，但这不等同于风险管理。如果这类风险经常出现在预算中，那么管理层可能不需要在风险评估中看到它。

另外，作为一名分析师和主管，我可以告诉你，分析师们并不抗拒使用最新流行的建模方法。最近刚刚学习了随机森林、贝叶斯网络或深度学习的分析师，也许会认为这些方法有趣并且想运用它们。他们可以让这些方法成为解决方案的一部分。"测量反转"表明，凭借直觉无法判断需要在哪里花费更多的时间，以减少概率模型中的不确定性。除非对信息的价值进行评估，否则我们可能会陷入"兔子洞"，即不断向模型中添加越来越多的细节，并试图收集不太相关的数据。相反，我们只需要定期备份并问问自己是否真的识别了主要风险，以及是否增加了对决策有重大影响的细节。

蒙特卡洛模拟太复杂了吗

有些人担忧采用蒙特卡洛模拟来解决风险问题过于复杂。甚至使用过相当类型定量方法的分析师也明确表示蒙特卡洛模拟是难懂的。

1997年出版的《在险价值》（*Value at Risk*）对蒙特卡洛模拟的这一"弱点"持保留意见。在承认"蒙特卡洛模拟是迄今为止计算在险价值最强大的方法"之后，接着写道：

> 这种方法最大的缺点是计算量大。如果含一千种资产的投资组合有一千种生成样本路径，估值计算的总数将达到一百万。当资产的全面估值很复杂时，这种方法很快就会变得过于繁重而不能经常实施。

从20世纪80年代开始，我就用蒙特卡洛模拟进行各种风险分析，自90

年代中期以来，更是频繁运用这一方法。我为大多数模型设定了 50 个或更多的变量，通常会运行至少 5 万个情景。保守来看，每次模拟总共生成 250 万个独立的值。但即便是在 20 世纪 90 年代中期的电脑上，我运行蒙特卡洛模拟的耗时也不超过 60 分钟。我用的是未编译的 Excel 宏，这谈不上是最好的技术。现在，我笔记本电脑处理器比 1994 年的电脑快几百倍，内存快几千倍。萨姆·萨维奇（Sam Savage）通过使用快速分布计算进一步提高了计算速度，几秒钟内就能运算出结果。

想一想，获得额外计算能力来更快得到模拟结果的成本是多少。如果蒙特卡洛模拟是"迄今为止计算在险价值最强大的方法"（对这一点我深表赞同），那么大规模投资组合的管理者将从运用这一方法中获利颇丰。在高端个人电脑上投入更多资金是值得的。对于任何需要雇佣全职风险分析师的组织来说，为风险分析师电脑设备提升计算能力的花费相对收益而言都是微不足道的。

尽管如此，对我的团队和客户来说，可以运行 Excel 的电脑就足够了。时至今日，认为蒙特卡洛模拟仍然过于繁重的想法是没有依据且过时的。史蒂夫·霍伊（Steve Hoye）也认为："在过去，蒙特卡洛模拟需要大型主机运行。现在基于 Excel 就能实现模拟，以往的成见应该被打破。"

抛开计算能力的问题，认为蒙特卡洛模拟太复杂也是缺乏根据的。霍伊接着指出："有些人会争辩说，蒙特卡洛模拟只有在特殊情况下才适用。依我之见，他们误认为蒙特卡洛模拟难以理解、过于学术，因此才不去运用它。"那些反对使用蒙特卡洛模拟的分析师，从来没有从实证出发给出过依据。这类分析师对蒙特卡洛模拟知之甚少，也缺乏判断它过于复杂与否的基础。

毕竟，复杂是相对的。我最复杂的蒙特卡洛模型也总是比我所建模的系统简单得多。我用超过一百万行代码来为软件开发项目的风险建模。而我的蒙特卡洛模型只是一个有着不到一百个变量的大电子表格。甚至与我所分析的项目中最琐碎的部分相比，蒙特卡洛模拟花费的时间和资金投入都更少。

> 我最复杂的蒙特卡洛模型也总是比我所建模的系统简单得多。

就本书的目的而言，第 4 章中的一对一替代模型本身应该足以解决对方法复杂性的担忧。尽管一对一替代模型适用于非常简单的风险评估框架，但它是对蒙特卡洛模拟的一个很好举例。需要掌握的数学知识就是这些。目前唯一真正的挑战是"如何定义风险"这一非量化问题。本书的最后一部分，也将提供一些关于这方面的建议。

◆ 注释

1. "Have We Underestimated Total Oil Reserves?" New Scientist 198, no. 2660 (June 11, 2008).
2. R. Carson, Mount St. Helens: The Eruption and Recovery of a Volcano (Seattle: Sasquatch Books, 2002), 69.
3. 一些分析师指出，1987年的崩盘距离均值13个标准差。在正态分布中，这样的事件大约每1039年有一次发生机会。其他人则表示距离16或20个标准差，即分别每1058年和1089年有一次发生机会。
4. Vikram Pandit, Citigroup press release (January 15, 2008).
5. Interview with Fareed Zakaria, CNN (October 26, 2008).
6. P. Jorion, Value at Risk (Burr Ridge, IL: Irwin Professional Publications, 1997).

第三部分

如何纠正

第 11 章

以有效方法为起点

> 在人生中的大多数时候,仅概率问题是真正最重要的。
> ——皮埃尔·西蒙·拉普拉斯(1812)

在本书第二部分,我们讨论了风险管理失败中的"失败原因"(why it's broken)。目前,我们的注意力主要集中在风险分析所存在的问题。但如前所述,这并不是要将风险分析与风险管理简单合并到一块。显而易见,进行风险评估是风险管理的必要前提。无论一些管理者和知名作家是否认为自己在分析或化解风险,这一点都成立。

如果不解决风险分析问题,我们就无法解决风险管理问题。我们已经讨论了风险分析存在的几个问题,以及这些问题如何演变的历史背景。并得出以下观察结果:

- 不同领域的风险管理演进出不同的解决路径,但大多局促于特定领域(但有些领域的风险管理方法极大优于其他领域)。
- 行业内对风险和相关概念的不同定义令人困扰。
- 专家对不确定性和风险的评估存在系统性问题。
- 许多受到推崇的风险分析和风险管理方法事实上比坐视不管还糟糕。
- 在采用更好方法的道路上普遍存在观念上的阻碍。
- 即使量化分析师也免不了犯错。此外,和量化方法一样,分析师们也很少评估自身的表现。

应该如何做出改变已经显而易见。绵软无力的评分方法和半成品般的混合确定性模型毫无价值,应该弃之一旁。在逐步采用更好方法时,不再使用旧方法。努力克服这段阵痛期。不要因为"这是管理层能理解的"而将旧方法保留。也不要因为既定的旧方法被普遍使用且开发时间和资金投入已是沉没成本,而拘泥于这种方法。对旧方法的投入应该完全记为亏损。认为旧方法起作用的感觉只是一种安慰效应剂或者幻觉。现在就采取更好的方法，否则风险管理将继续失败。别把精力浪费在这些漏洞百出的方法上，更快地开发替代方法。

幸运的是，解释如何开始解决问题比解释现有方法的错误更简单。对于超出风险分析范畴的风险管理部分，我也将提供一些建议，以支持在更大目标范围内组织和实施风险分析。让我们先从最简单的风险管理出发再不断改进。

改进风险管理的三个步骤（本书最后三章）

- **从更好的简单方法开始**：本章将展示为什么一对一替代模型中的数学运算是对直觉判断或是对如风险矩阵的流行定性方法的改进。同时，说明如何改善对概率的主观估计，并介绍一些用来估计风险的极简实证方法。本章最后列举了一些正确使用一对一替代模型的注意事项。
- **持续改进**：第 12 章将对超越一对一替代模型的方法进行更深层次的论述。包括测量模型自身效果，以及粗略分析几种更高级的建模方法。
- **拓展和连接机构**：最后一章将讨论一些更广泛的问题，以改变组织和整个社会的风险管理文化。

现在，我们将讨论对现有流行方法具有重大改进的新方法。一起开始运用这些新方法吧。

用正确的语言

为改善风险管理，我们需要避免一些常见方法所带来的问题，并将重点放在能够显著改善估计和决策的方法上。需要清楚的是，目前提出的改进措施还远远不够完美。但拘泥于新方法的不够完美的同时，却勉强接受存在更大错误的现有方法，这是登山遇熊谬误。相反，我们应该关注那些即时的改进措施和简单方法，并试着持续改善我们的方法。

简而言之，就是我们需要用概率的语言来表达，即萨姆·萨维奇所说的不确定性算法（the arithmetic of uncertainty）：用实际概率来表示不确定性，并进行适当的计算，以避免常见的直觉错误。让我们从第 4 章中一对一替代模型的构建开始吧，该模型可在 www.howtomeasureanything.com/riskmanagement 下载。

量化风险偏好

概率语言表达包括量化自身愿意冒多大的风险。这是风险管理的基础，也为组织中顶级管理人员参与风险管理提供了一种自然机制。

回顾第 7 章中的研究，人们对风险的容忍度会由于不相关的外部因素在潜意识中频繁地变化。用一大段文字来解释中度风险是没有意义的。在一些领域对风险容忍度为零也是不现实的。解决办法是在共同商定后，以明确数值表示风险容忍度，并将其记录在案。遵循第 4 章中概述的程序，询问管理层以得出风险容忍度的数值对照。这些数据直接适用于一对一替代模型。

将问题分解，再做数学运算

一些情况下，估计值是非常难以确定的。例如，重大产品召回造成的收入损失。这时将问题分解成几个更容易估计的量是明智的：召回一批产品的规模；从历史上看，产品召回对公司或同类公司其他产品的销售的影响；召回过程的成本；以及如果是由于简单的质量缺陷或儿童安全缺陷以上数值的变化。面对我们自认为一无所知的事物，常常可以通过简单计算来提高估计的准确性。

在前面的章节中，保罗·米尔（Paul Meehl）和其他研究人员运用的统计模型在许多领域的表现都显著优于领域专家。其中一些模型甚至非常简单。我们列举的其他研究表明，在很多方面，直觉都让我们产生了误判。即使一些最简单的概率相关问题也是如此，所以不能仅靠大脑进行数学运算。事实上，即便没有对历史数据进行详细分析，仅仅用主观的数量估计来做数学运算也是对直觉判断的改进。关于估算问题，米尔观察到了显而易见但十分有用的一点：

当你在超市结账时，你不会盯着购物车里成堆的商品对店员说："在我看来，这些商品大概要花 17 美元。你觉得呢？"你会等着店员把商品金额加总。

米尔提议通过分解来改进估计值。在 20 世纪 80 年代，这当然不是一个新想法，但米尔发现这一点有被重申的必要。即使最初的一些数值来自专家估计，几个世纪以来，会计师、工程师、裁缝、屠夫和木匠，各行各业通过将事物分解成各个部分来估算。

诺贝尔奖获得者、参与曼哈顿计划的物理学家恩利克·费米（Enrico Fermi），在芝加哥大学任教时，因将对学生而言非常困难的估计问题用常识分解而闻名。其中一个著名的例子是他让学生估计芝加哥市钢琴调音师的数量。起初学生们被难住了，后来费米指导他们可以先估计一些不确定性较低的事情来粗略估算答案，比如芝加哥市的家庭数量、拥有钢琴家庭的比例以及钢琴需要被调音的频率等。一旦遵循这个思路，剩下的就是简单的运算问题了。

将分解方法应用于最初显得难以解决、听起来最稀奇古怪的问题，这被称为费米问题（Fermi problems）或费米分解（Fermi decompositions）。费米对分解方法价值的洞悉后来得到了米尔等人实证研究的支撑。20世纪70年代到90年代，关于分解可以多大程度上提高估计准确性，决策科学（decision science）研究者唐纳德·G.麦格雷戈（Donald G. MacGregor）和斯科特·阿姆斯特朗（J. Scott Armstrong）先各自做了实验，而后又共同进行了相关实验。

麦格雷戈和阿姆斯特朗为进行各种实验招募了数百名受试者，以评估不同估算问题的难度，这些问题包括一枚特定硬币的周长或美国每年生产的男式裤子数量等。第一组受试者被要求直接对数值进行估计，而第二组被要求估计分解变量，然后用这些变量来估计问题中的数值。例如，在关于裤子的问题中，第二组将先估计美国男性人口、男性每年购买裤子的数量、海外生产裤子的百分比等分解变量。将两组的估计值进行比较后，阿姆斯特朗和麦格雷戈发现，在例如以英寸为单位估算一枚50美分硬币的周长这类问题中，第一组估计值相比实际值误差相对较小，第二组的分解也并不能将误差缩小。但在对美国生产的男式裤子数量或每年汽车事故总数进行估计时，第一组的估计存在巨大误差，第二组则通过对问题的分解大大提高了估计精度。

麦格雷戈和阿姆斯特朗的又一项研究发现，对于最不确定的变量，一个不超过五个变量的简单分解可以减少96.3%的误差。值得注意的是，这个结果只是平均值，有些结果的误差减少较少，有些结果的误差减少较多。总体而言，在不进行分解的情况下，估计值与实际值间的误差仅存在减少约十分之一或百分之一的可能。在分解方法下，只需进行显式数学运算，即使输入本身存在主观估计，也能一定程度消除错误的根源。显然，分解有助于估计。

不确定性算法与蒙特卡洛模拟

当分解高度模糊的问题时，分解后的估计值将存在高度不确定性，例如对重大事故或关键信息系统被黑客攻击的风险进行估计。尽管运算的输入存在不确定性，但通过更了解的事物来计算更不了解的事物的准则不变。

对于非常简单的概率问题，可以在分解中使用基本运算解决。这些问题有"封闭形式"的解，即解析解。通过有限的计算步骤可以产生准确的答案来解决问题。例如，假设有 A 和 B 两个事件可能在明年发生。发生概率分别是 10% 和 20%，事件发生的结果分别是损失 200 万美元和损失 100 万美元。我们可以很容易地计算出没有损失（没有事件发生，90%×80%=72%），损失 100 万美元（只有 A 发生，10%×80%=8%），损失 200 万美元（只有 B 发生，90%×20%=18%），或损失 300 万美元（两个事件都发生，10%×20%=2%）的概率。

但日常情况下，我们也会面临没有简单解析解的问题。例如，在一对一替代模型中，没有简单的解决方法来将风险相加。与前面的例子不同，每个风险都有一个连续的影响范围，并且遵循特定的分布。在接下来的示例中，我们将使用对数正态分布来计算损失，因为该分布不能取零或负值（毕竟安全事故或数据泄露是难以带来正收益的），同时还考虑到了出现巨大损失的可能性。

在一对一替代模型仅列有六类风险的简单情况下，假设其中三类风险每年发生的概率为 5%，造成损失的范围为 500 万到 2000 万美元。其余风险每年发生的概率为 15%，造成 10 万到 1000 万美元的损失。风险损失遵循一对一替代模型中相同的对数正态分布，以上损失范围代表 90% 置信区间。那么每年因这些风险造成超过 3000 万美元、1 亿美元等金额损失的可能性有多大？尽管示例中是一个被理想化和简化的问题，但仍没有解析解。像费米这样的天才物理学家也不会试图仅凭大脑做如此庞大的数学运算。为应对这类问题蒙特卡洛模拟应运而生。事实上，费米与尼古拉斯·梅特罗波利斯（Nicholas Metropolis）和斯塔尼斯拉夫·乌拉姆（Stanislaw Ulam）一道，是蒙特卡洛模拟发展的最初贡献者之一。

在曼哈顿计划中，他们使用蒙特卡洛模拟来估算中子相互作用相关的解。同时，蒙特卡洛模拟也适用于其他许多无法解决的难题，包括基于各类型风险计算损失超越曲线（loss exceedance curve，也称超越概率曲线）。如第 4 章所述，通过对多种可能性进行抽样，蒙特卡洛模拟最终收敛于一个解。在每个抽样情景中进行模拟的数学运算。然后继续重复抽样过程，再一次运算。例如，在对 1000 个模拟进行抽样后，发现在 90 个模拟中，损失超过 1000 万美元。那么，超越概率曲线将显示，面对这些风险明年损失超过 1000 万美元的可能性为 9%。

在蒙特卡洛模拟中，存在一些随机抽样误差。而只要进行更多的抽样模拟，就可以减少这类误差。如果需要的话，使用 Excel 中模拟分析（What-if Analysis）下的模拟运算表（Data Table）进行更大规模的模拟，Excel 中的单个工作表有一百万行、一万六千多列。在第 4 章，一对一替代模型中的伪随机数发生器（a pseudo random number generator，PRNG）公式可以生成 1 亿次模拟。这些随机数在纯随机性检验中表现良好。实际限制蒙特卡洛模拟抽样规模的是内存和处理器的购买数量，以及等待答案的时间。

美国宇航局用蒙特卡洛模拟来评估不确定性的原因

除了在控制变量条件下，对分解的好处进行的基础性研究外。现实世界的事例也印证了分解、统计和模拟所带来的好处。专门从事成本估算的航空航天工程师雷·科夫特（Ray Covert）在担任美国宇航局承包商期间直接观察到了这样做的好处。基于蒙特卡洛模拟和历史数据，从 2005 年到 2012 年，他花了大部分时间为太空任务建立成本和任务分析模型。

科夫特经常将模型结果与现实情况进行跟踪比对。他发现，虽然基于蒙特卡洛的成本分析方法仍然略微低估了任务的平均成本，但这比基于成本点估计的确定性方法要好。他的估计值大多与实际值的偏差在 10% 以内（有些略高于实际值），而标准会计方法得出的所有估计值都低估了 25% 到 55% 的成本。

通过美国宇航局的其他分析，科夫特得以追踪对比不同方法的效果。运用 5 乘 5 风险矩阵（第 7 章中批驳的方法）和概率方法，美国宇航局对一百多个星际空间探测器任务进行了风险评估。当评估结果与事实进行比较时，科夫特发现 5 乘 5 风险矩阵与观察到的现实情况不太匹配。他说，"我并不推崇 5 乘 5 风险矩阵方法。这些矩阵图上永远也不会显示航天飞机灾难和卫星故障。"

科夫特使用了航空航天公司（Aerospace Corporation）大卫·比尔登（David

Bearden）开发的任务失败模型来替代 5 乘 5 风险矩阵。这一历史模型可以很好地模拟星际空间任务失败的实际情况。比尔登使用 37 个因素开发了一种复杂度指数。这些因素包括轨道管理的严密程度、是否与外国合作伙伴共同开发以及特制仪器的数量。通过查看实际历史数据，比尔登发现在给定复杂程度下所有失败的任务都有着非常紧张的时间和预算。

单凭复杂程度并不能很好地预测任务是否会失败。但如果一个复杂的任务预算紧张、时间有限，那么任务失败的可能性将大大增加，甚至成为定局。当比尔登在给定复杂程度下观察任务时间表的分布时，他发现几乎所有部分或完全失败的任务都发生在时间表的后三分之一。而任务时间表和预算金额都排在前半段的任务从来没有失败过。比尔登把在给定复杂程度下没有足够的时间和资金来开发系统的区域称为"禁飞区"。通过历史数据，大多数建模者可能会在各类项目或投资中找到类似的禁飞区。

对于众多建模者来说，关于美国宇航局还有一个寓意深远的故事。当任务的时间和预算都很紧张时，美国宇航局倾向于削减组件测试。但更少的测试意味着更多的失败。对于各个组织的风险模型也是如此，测试越少，失败越多。由于几乎从未被测试过，风险模型失败的可能性比任何太空任务都大得多。

尽管在使用时需极力避免各种问题（详见第 10 章），蒙特卡洛模拟对于掌握组织的风险分析至关重要。有一个很好的理由可以解释为什么蒙特卡洛模拟不仅在美国宇航局，而且在核能安全、石油勘探和环境政策的分析中经常被采用。那就是，事实上当面对如此巨大的风险时，最好的风险分析师不会相信除蒙特卡洛模拟外的其他任何东西。

对概率进行校准

在蒙特卡洛模拟中需要输入各种概率相关的值，正如在前一章中所看到的，其中许多值依赖于领域专家的估计。但即使最初带有主观性，定量评估仍然能避免定性评分方法存在的错误。一些简单的实证方法可以验证和改进初始估计，但如果专家已经提供了定量的判断那就更好了。此外，我们还可以跟踪观点中的定量表达，并加以调试改进。

改进专家主观概率估计值的方法称为去偏法（debiasing）或校准法（calibration）。校准训练不仅可以显著提高专家评估概率的能力，而且还能帮助塑造理解概率模型的一般直觉基础。根据我的经验，第9章中的各种反对意见，将随着受试者接受校准训练而逐步消失。正如确定管理层的量化风险承受能力可以促使他们接受定量方法，校准训练也可以提升领域专家（SMEs）对概率模型的认可度。

校准最重要的内容就是重复和反馈。在一个为期半天、讨论激烈的研讨会上，领域专家们接受了我的一系列测试。正是得益于这些领域专家，我们才能更好地做出估计。第7章中包含小部分这类测试的示例。而附录中有额外更多的测试。测试类型包括判断对错小测试和答案置信区间为90%的测试。

回顾你在第7章小测试中的表现，将自己的预期结果与实际结果进行比较。关于答案置信区间为90%的测试，你需要估计一个范围并且预期90%的实际结果落在这一范围内。你可能和大多数人一样，最初估计的范围小于90%置信区间。诚然，这些小样本测试不能用来精确测量你的校准能力，但这依然是一个很好的近似测量。在这样的小样本下，如果估计范围不到70%置信区间，那么你可能过于自信了。如果不到50%置信区间（大多数人都是这样），那么你就是太过于自信了。

另外，在判断对错小测试中，你需要做出50%、60%、70%、80%、90%或100%有信心的判断。再将肯定度百分数转换成小数（即0.5，0.6，…，1.0）进行加总。假设你对答案的信心是1、0.5、0.9、0.6、0.7、0.8、0.8、1、0.9和0.7，总的信心度就是7.9，即你预期自己做出了7.9个正确判断。10个判断题固然只是一个小样本，但这依然有参考价值。如果你预期自己做出8.7个正确判断，但实际只回答对了6个问题，那你可能是过度自信了。

大多数人即使是表7.1和表7.3中的这些小测试也做不好。如果你也如此，那么在开始练习更多的校准测试（参见附录）之前，学习一些简单的方法来改进你的校准能力吧。

等价的下注

依据这样一个事实可以有效改进校准：大多数人在假装下注时，更善于评估概率，即赔率。举例来说，在不查找答案的情况下，请你给出美国 6 英尺高男性平均体重的 90% 置信区间。同时，假设你可以选择以下两种方式之一来赢得 1000 美元：

选项 A：如果真实答案在你给出的范围之间，你将赢得 1000 美元。如果没有，你一无所获。

选项 B：从装有 9 颗绿色和 1 颗红色弹珠的袋子中随机抽取一颗弹珠，如果弹珠是绿色的，你将赢得 1000 美元。如果是红色，你将一无所获（也就是说，你有 90% 的概率赢得 1000 美元）。

你更偏向于哪个选项？如果你选择抽取弹珠，那么你将有 90% 的概率赢得 1000 美元，10% 的概率一无所获。大多数人（约 80%）更喜欢从袋子里抽取弹珠，而不是下注自己给出的范围答案。为什么会这样呢？唯一合理的解释是，大多数人认为自己从袋子里抽取弹珠会有更高的机会得到回报。依此推导，那么实际上大多数人最初估计的 90% 置信区间并不是他们真正的 90% 置信区间。而更可能是他们的 50%、65% 或 80% 置信区间。人们夸大了自己对估计的信心。大多数人给出了估计的 90% 置信区间，但自身却没有 90% 的信心。

选项 A 同样是不合理的。如果你选择选项 A，这意味着你认为自己给出的范围包含答案的可能性超过 90%。但根据问题中 90% 置信区间的要求，实际上你只有 90% 的把握答案在这个范围内。

唯一合理的答案是，在你给出一个范围后，选项 A 和 B 对你来说应该是毫无区别的。也就是说，你的确有 90% 的信心答案在自己所给的范围之内。而对于过度自信的大多数人，他们应该将自己给出的范围扩大，直到选项 A 和 B 可以被同等看待。

当然，同样的测试也可以应用于如表 7.1 所示的二元问题。假设你对自己正确判断拿破仑出生地问题对错 80% 的把握。同时，你能选择下注自己的答案是正确的，或是选择随机抽取一颗弹珠。在这种情况下，袋子里有 8 颗绿色和 2 颗红色的弹珠，有 80% 的概率得到回报。如果你偏向抽取弹珠，那就意味着你对答案的肯定度可能不到 80%。现在假设我们把袋子里的弹珠换成 7 颗绿色和 3 个红色。如果你认为抽取一颗弹珠和下注自己的答案正确是一样的（没有哪个选项更好），那么你确有 70% 的信心自己的答案是正确的。

在校准培训课程中，我一直将以上方法称为等价下注测试，即通过与等价的下注进行比较，测试你是否真的有 90% 的信心给出一个范围。有研究表明，下注能显著提高一个人评估概率（赔率）的能力，即使是假装下注也能显著提高校准。因为大多数判断与决策领域研究人员以瓮来举例，所以他们将这个方法称为等价瓮（the equivalent urn，EQU）。根据不同情况，分析师们还会以牌、骰子或转盘为例。

其他校准策略

以等价下注为基础，并在每次测试中提供其他校准策略。几位研究人员认为，缺乏校准（通常是过分自信）的一个原因是没有考虑方法本身可能就是错误的，换句话说，是缺乏对基础的假设和推定的质疑。莎拉·利希滕斯坦（Sarah Lichtenstein）建议通过花一些时间思考为什么你的估计区间包含或不包含答案来纠正这一问题。试着为每个估计想出两个优点和两个缺点，这促使我们对自己的估计有不同的思考。专家对于自己的估计往往立即采取辩护立场，而不是质疑它。摆脱这种习惯能让我们更加冷静地评估自己的估计。第 3 章中首先提到的加里·克莱因（Gary Klein）进一步提出建议：我们应该跳过对正误的判断，直接假设自己错了并试着找出原因。这种技术方法被称为"克莱因的死前验尸法"。

另一种纠正方法是避免锚定。卡尼曼（Kahneman）和特沃斯基（Tversky）首先在估算实验中发现受试者会将估计值锚定。受试者倾向于按先前获取的某个数字对估计值进行调整，即使这个数字是随机数，或是和估计值毫无关联。在一项实验中，卡尼曼和特沃斯基发现，受试者对曼哈顿岛上内科医生人数的估计受先前测试中其他数字（受试者社会保险号码的后四位数）的影响。

卡尼曼和特沃斯基揭示许多估算分析师普遍存在一个具有误导性的思路，他们首先设想一个"最佳估算"，然后尝试围绕它确定误差范围。例如，在领域专家估计下一季度的销售额范围时，往往习惯性地设定一个"最佳数字"（2000 万美元），然后想象自己的偏差有多大（如果偏差是 500 万美元，则结果是 1500 万至 2500 万美元之间）。但是，这常常导致领域专家提供的范围比实际代表不确定性所需的范围要窄。卡尼曼和特沃斯基发现，得出这一估计范围的最佳方法是询问专家们销售额超过特定金额的可能性。然后再询问销售额超过另一更高金额的可能性。按此方法不断迭代，从而找出专家认为有 95% 机会超过和有 5% 机会超过的两个销售额。这两个值正好构成了 90% 置信区间。

进行附录中的测试，并尝试在每个测试中应用本章列出的各种方法。这需要练习，但是习惯使用这些方法后，你的校准能力会有所提高。附录中的测试比第 7 章中的示例更多（二十个问题），但评估过程是一样的。当你认为正确估计的数值和实际正确数值非常接近时，校准是有效的。也就是说，在估计范围问题中，当 90% 置信区间包含大约 90% 的答案时，校准是成功的。对于二元问题，当你认为的正确概率之和与实际正确题数大致相同时，校准是成功的。

校准训练的结果

校准训练非常有助于培养以概率思维看待风险。作为一项基础技能，这甚至对那些没有接受过统计训练的管理人员也适用。在校准研讨会中，我培训了具有各种技术和非技术背景的人员，我发现大约 85% 的参与者在校准后结果达到了统计误差允许的范围内。还有 10% 的参与者估计准确度明显提高，但没有达到统计标准，只有 5% 的参与者似乎抵制任何形式的校准。

> **校准概率估计的方法总结**
>
> - **重复和反馈**：连续进行几次测试，每次测试后评估自己的表现，并尝试提高下一次测试的表现。在校准训练完成后仍持续跟踪表现。
> - **等价下注**：为每个估计值设置等价的下注，以测试该范围或概率是否真实反映自己的不确定程度。
> - **想一想可能错在哪里**：暂时假设自己错了，然后思考原因。这些原因可能会使你对最初估计的信心程度重新评估。
> - **避免锚定**：将范围问题视为两个单独的二元问题，形式为"你是否 95% 确信真实值高于或低于 [选择一个] 下界或上界 [选择一个]？"

好消息是，我们最依赖其做出估计的人大多都成功完成了校准。那些抵触校准的人通常不是我们要依靠其估计的领域专家。未成功校准的那部分人通常也是级别较低的助理人员,很少参与制定或协助做出管理决策。这可能是因为低级助理人员知道在实际决策中不会要求自己提供信息输入,而缺乏努力校准的动力。或者是因为那些经常为公司做出风险决策的人已经开始接受校准思维了。

还有一个项目非常有助于促进组织以概率思维看待风险。那就是创设一个可以记录领域专家的预测、跟踪结果、报告结果并提供持续改进动力的正规系统,这将从根本上改变组织在不确定情况下的决策思考方式。在第13章中,我将详细介绍如何创建这种校准文化。

运用数据构建初始基准

虽然我们可以用校准训练改进估计值,但是从一开始就找到一些标杆作为估计的基础也是有用的。有时我们可能对风险发生的可能性或影响毫无头绪。在使用纯定性方法时,不存在这些问题。这在一定程度上是由于人们一直认为,领域专家正在试图估算某种唯一正确的不确定性。我们把不确定性看做是个别专家的专利,而不是专家自身也不确定的东西。事实上,不同的专家可能对情况的了解程度不同,因此不确定性的程度也不同。

这里有些需要牢记的策略,有助于你进行初始的一些估计。在我的第一本书《数据化决策:寻找商业无形资产的价值》中,我提出了三个简单的"临时有效假设"以帮助人们着手解决那些看似很难的测量问题。之所以称之为临时有效假设,是因为尽管可能被证明是错误的,但在经过一定的证伪前,我们可以暂且相信这些假设是正确的。

- 这些变量此前都被测量过
- 你拥有的数据比你想象的要多
- 你需要的数据比你想象的要少

这些变量此前都被测量过

这一临时有效假设提示我们,在放弃继续测量前,至少尝试在互联网上搜索几次。如果需要测量的是一个感觉起来极其重要的风险,那我们可能需要加倍努力，寻找相关学术研究。互联网上有大型IT项目失败率、主要数据泄露的速度和成本、导致运营停滞的自然灾害的发生频率以及重大生产事故发生的规模和频率等相关的研究吗？答案是有的。虽然这些研究并不完全适用于你正面临的情景，但是仍可以为校准估计提供参考。

就我个人而言，我喜欢引用研究资料来评估风险。这给估计结果增加了额外可信度，看起来做了功课。首先在谷歌和/或必应中进行搜索。推荐使用多个搜索引擎。添加诸如调查、标准差、调查对象或大学等额外关键词，这样更有可能查找到附有实际数据的调查研究，而不是随意的博客文章。此外政府网站上也有数据。想一想，哪些政府机构会追踪关注我们问题中的指标。最后，别忘了问一下最早的搜索引擎：图书管理员。

"黑天鹅事件"可能是一个反例。最大的风险是我们完全无法想象的。有些人因此认为，既然我们不能完美地预测、甚至连想象都想象不到最大的风险，那么任何风险分析都是无用的。这显然是荒谬的。事实上，时不时有人因为桥上的坠物死于车祸，但这并不意味着我们应该忽视那些相对更常见的事故，因为这些事故的风险可以通过安全带、安全气囊、防抱死制动和避免碰撞来减少。对飞机检查人员来说，更多地关注常见的故障维修原因当然是合理的。不管是否能识别出所有可能的风险点，对常见风险事件数据的忽略都是一种人为疏忽。这些事件是如此常见，以至于已经得到了广泛的研究。

你拥有的数据比你想象的要多

现在假设你没有找到相关的研究，或者研究中的情景和你实际面对的相去甚远完全无法作为改进校准估算的基础。即便这种情况发生的概率微乎其微，但有助于我们引出下一个临时有效假设——你拥有的数据比你想象的要多。如果你认为当前正在考虑的事物只是一类相似事物中的一个例子，那么你将拥有大量的数据。当然，每个人、每个项目、每个产品以及每个公司都是独一无二的，但这并不意味着他们之间没有可比性。如果你正在考虑自己身亡、重大项目失败、有缺陷产品的召回或者重大数据泄露的可能性，那么制作此类事件的列表并计算列表中事件发生的频率将会很有帮助。

一批相似的事物分为一个参考类（reference class）。丹尼尔·卡尼曼（Daniel

Kahneman）建议通过参考类来估计不确定数量的基准情况。他将基准情况（baseline case）定义为"除了对某个情况所属的类别外其他一无所知时，你对该情况做出的预测。"

如果你是一位主要零售商，试图估计重大数据泄露的基准情况，则可以按照以下流程进行操作。

1. **列出所有主要零售商**：无须考虑正在估计的事件。也就是说，不要根据是否存在数据泄露对主要零售商们进行筛选。在不告知目的的情况下请某人编制该列表，要求他列出类似的公司即可。例如，对于大型连锁酒店而言，可以告诉相关人员选取大型连锁酒店或在线销售额超过一定金额的酒店来编制列表。

2. **查找重大数据泄露的来源**：来源是多种多样的。对于初学者来说，维基百科（Wikipedia）的"重大数据泄露"（Major Data Breaches）页面通常是实时更新的，但建议也使用其他行业报告。使用谷歌或必应搜索几次就能查到大多数数据泄露来源。也许并非所有事件都会向公众公开，但是我们需要关注的是重大事件，而重大事件更有可能被公开。此外，在估计声誉受损等事件时，从定义来看这类事件总是公开的。因为秘而不宣的事件不会对声誉造成损害。

3. **给数据泄露事件的发生时间设定一个范围**：也许你认为过去四年发生的事件相关性是最强的，因为再早几年之前的泄露率可能会由于行业中网络威胁或风险控制的增加而更高或更低。

4. **列出并计算在指定时间段内也出现数据泄露的所有公司**：为了减少选择偏见，仅计算先前准备的两个列表的重叠部分并在计算过程中克制修改的冲动。请同一位研究助理在不知道数据用途的情况下对列表进行比较可能会有所帮助。

假设你列出了一份 25 家类似公司的名单，并将这份名单与过去 4 年发生数据泄露的公司名单进行了对比。你只有 25 个样本数据吗？实际上，你有 100 个会计年度数据。如果你发现 25 家公司在 4 年的时间里出现过 6 次数据泄露，那么可以认为名单上公司明年发生一次数据泄露的基准概率是 6%。需要注意的是，这只是一个初始的基准。如果有理由相信这个概率可能高于或低于其他参考类，请对估计进行校准。

在以上过程中经常犯的一个错误是，有些人觉得他们所面临的情况是如此不寻常，以至于无法进行任何分类。在他们看来，每个制造商都是独一无二的，所以向相似制造商询问工业事故发生的频率毫无意义。这恰恰犯了第10章所讨论的圣海伦斯火山谬误。如果不能从相似但不完全相同的情况中得出推论，那么整个保险业将不可能存在。不仅如此，任何形式的经验甚至都不可能存在。

这并不意味着在同一参考类中不存在可能彻底改变估计值的情况。在举例中，我们只研究了25家符合特定标准的公司。如果你认为它们可比较性不强，可以进一步增加限制条件。在估计产品召回的概率时，新发行药品的召回率显然无法同智能手机或婴儿车的召回率相比较。但是，只要定义的参考类足够小，例如新发行药品而不是所有产品构成一个参考类。或者，在参考类中进行更多的细分，将所有新发行的药品再细分为新发行止痛药参考类。

当然，参考类的划分越细致，能进行推测的样本容量就越小。即使你认为自己在这个世界上是如此的与众不同、无与伦比，你仍然可以通过自己的过往进行对比。如果一位客户正在绞尽脑汁估计某一事件发生的概率，我往往会问他："这种事情以前发生过吗？"更具体地说"你在这里工作多久了？在工作期间，你看到过这件事发生过吗？"在这种情况下，组织中经历过的年月就构成了一个参考类。如果他们观察到这种情况每10年发生一次，那么这就可以作为明年发生这种情况的基准概率。

你需要的数据比你想象的要少

现在，如果你有一个大的参考类，例如包含1000个样本容量，有200次命中（相当于袋子里的红色弹珠、发生数据泄露的公司等），最简单的基准假设是以20%作为命中概率。但如果一个参考类只包含10个样本、1次命中呢？10个观察结果都没有命中又怎么办？我们当然不能认为这意味着该事件在下一次观察（抽一次弹球、公司的一个会计年度等）中发生概率为零。听起来也许违反直觉，但其实在这些情况下，你也可以获得一些基准作为参照。

运用等价下注中相似的方法或许可以克服以上问题。这一次我们并不知道袋子中红色弹珠（其余弹珠为绿色）的比例。也就是基于目前得到的信息，红色弹珠的比例是任意可能的值，即没有红色弹珠、全是红色弹珠或介于两者之间。同时，所有值出现的概率都是相等的。从数量上讲，我们称之为0~100%的均匀分布。

现在假设我们随机抽取5个弹珠，5个都是绿色的。这足以证明袋中的弹珠并不都是红色的，但还不能证明袋中没有红色弹珠。假设我们继续抽取弹珠，10次后仍然找不到红色弹珠。那么在从未抽到过红色弹珠的情况下，我们能推断出下一次抽取弹珠是红色的概率吗？

虽然这听起来很奇怪，但其实是可以做到的，而且这也适用于现实世界。我们可以使用前文简要提到的一种贝叶斯统计方法进行推断。根据贝叶斯方法，首先有一个不确定的先验状态，之后用额外的数据对不确定状态进行更新。在这个例子中，红色弹珠的比例从0到100%的均匀分布是先验状态。这个特殊的概率分布是一种无信息先验。无信息先验（也称为稳健先验）是一种极其保守的假设，在假设中，我们一开始对目标比例几乎一无所知，只知道它的数学极限值——不可能大于100%或小于0。由于缺乏任何对照信息，我们假设所有的比例都是等可能的。

使用贝叶斯方法，对先验概率进行更新得到一个新概率，即后验概率。每抽取一次弹珠都会改变当前概率分布的形状。即使抽取数次都只抽到一种颜色的弹珠，下一次仍有可能抽到另一种颜色。这种分布的形状称为贝塔分布。可以从本书网站下载相关电子表格，表格将显示一个参考类的估计比例分布是如何变化的。第12章将对此进行更多的讨论。但现在，我们关注于这个问题的简单版本。你不需要精确估计红色弹珠的比例（或是发生数据泄露的公司比例）。估计公司风险登记表中一个事件的发生概率，其实和评估抽取下一个弹珠是红色的概率相似。

如果知道红色弹珠的比例，我们就能知道下一个弹珠是红色的概率。也就是红色弹珠比例是10%时，下一个随机抽取弹珠是红色的概率是10%。但由于不确定性我们只能推测每个比例的概率。可以用贝塔分布表示红色弹珠各种比例的概率、数据泄露和工厂火灾不同频率的概率等。这听起来很复杂，但如果只是想知道下一次抽取弹珠是红色的概率，我们只需要求出目前为止观察到的所有可能比例的概率加权平均值。公式其实很简单：

下一次抽取的命中率＝（命中+1）/（命中+未命中+2）

如果我们将抽取一次弹珠视为公司的一个会计年度，那么计算下一年公司将经历的特定事件的概率就像计算下一次抽取弹珠为红色的概率一样。即使四年都没有观察到该事件一次（即，抽取4次都是绿色弹珠），明年发生该事件的概率（即下一个抽取弹珠为红色的概率）的基准概率还是16.67%，即（0+1）/（0+4+2）=0.1667。

这对于更大样本容量的参考类也是适用的。在前文的数据泄露示例中，参考类容量不是4年，不是25家公司，而是100个会计年度。如果数据泄露在行业内从未发生过，那么你可以认为下一会计年度内某一公司发生数据泄露的概率为（0+1）/（0+100+2）=0.0098，并以此为基准展开进一步计算。

值得注意的是，相比于简单地将命中数除以样本容量，贝叶斯方法得出的命中概率往往更高，正如卡尼曼所说，当命中次数和样本容量都比较小时，这一现象尤为明显。不过这一基准的计算非常保守地将不确定性考虑到最大，并以此作为起点。也就是说，在引入来自参考类的观察结果前，实际上我们对要估计的事件一无所知。

这种估计不确定事件的方法看似极其简单，但其实是结合了贝叶斯统计和贝塔分布的特例。早在18世纪，数学家皮埃尔·西蒙·拉普拉斯（本章开头引用了他的名言）就已经为此类问题找到了这一个他称为继承法则（the rule of succession）的简单解决方法。

这种方法可能会产生一些不合理的结果，但这并不是因为拉普拉斯的数学理论出错了，而是在查看参考类之前，我们实际上对事件一无所知。当你认为事件发生的可能性比根据参考类中历史观察结果得出的可能性更高或者更低时，由于风险事件的新发性，你可以扩大参考类包含的公司范围，同时将观察期缩短。基准仅作为估计的基础，当你认为你的公司与参考类中的其他公司非常不同时，也可以根据情况进行调整。

参考类错误：回顾火鸡案例

参考类错误是指根据历史观察得出明显不合理的结论。当表面拒绝使用参考类而实际上仍用参考类方法来表明观点（尽管本质不同）时，就可能犯这种类型的错误。再次以袋中抽取弹珠为例，假设已经对许多袋子进行了采样，而且在多次抽取后，通常总会得到一些红色弹珠。现在从另一新的袋中抽取弹珠，在 20 次随机抽取后仍然没有找到红色弹珠，根据抽取其他袋子的经验，你会认为这个袋中没有红色弹珠是不合理的。即使抽取一千次后只得到绿色弹珠，使用上文的公式计算抽到红色弹珠的概率只会变得非常低，永远不会等于零。同样地，即使你从未见过公司遭到勒索软件攻击、发生火灾影响数据中心运行，也不会断定这些情况永远不会发生，因为你知道这在其他地方发生过。我们设定的参考类通常比公司自身经验更加丰富。虽然对成功和失败的计算可能没有那么仔细，但这是我们从许多公司多年经验构成的参考类中得出的。

基于以上理论，现在让我们回顾纳西姆·塔勒布（Nassim Taleb）在第 9 章中描述的火鸡案例。我们知道火鸡将永生的结论是不合理的，因为那只火鸡的经历并不是唯一的参考类。其他火鸡在过了轻松、饱食的生活后最终会被宰杀。即使你不是一个精算师，没有详细的精算表，也知道还没死并不意味着自己是永生的，一般人类寿命可以作为参考类。我认为，塔勒布将火鸡案例作为反对历史观察效用的一部分，恰恰是犯了参考类错误。

塔勒布的例子引申自哲学和数学家伯特兰·罗素（Bertrand Russell）。只是在罗素的案例中，这发生在一只鸡而不是火鸡身上。与塔勒布相似，罗素用这个案例来论证归纳推理的局限性。归纳推理与演绎推理所能提供的证明不同，只能用观察来评估某事发生的概率。但归纳推理是概率建模的核心。我认为归纳推理也是生活的核心。我不是唯一这么想的，拉普拉斯应该会同意我的观点。但罗素反对所有归纳推理，并写道：

> 那位在鸡的一生中每天给它喂食的人，最终反而扭断了它的脖子。这表明如果能对自然的统一性提出更精确的见解，对鸡是有益的。

具有讽刺意味的是，罗素和塔勒布恰恰是因为在历史观察中使用了归纳推理，才知道鸟类永生是不合理的。事实上，他们利用了一个更大参考类的知识。尽管我在挑战像罗素和塔勒布这样的思想家，但我同意罗素的部分观点"对自然的统一性提出更精确的见解"是有益的。

检查替换

估计不仅仅是数学问题。尽管我一直在论证为何以及如何正确使用定量方法，但即便在使用简单的一对一模型时，也需要考虑一些重要的非定量因素。第 12 章将提供一些改进方法，第 13 章则将讨论一些组织性问题。

而当前，我们将按字面意思使用一对一替代模型，即如何填写原始风险矩阵就如何填写一对一替代模型。为两种方法提供初始数据输入和核准输出结果而召集的所有人员都是相同的。风险类型也是相同的，我们将在下面讨论一些可能的注意事项。

可以从列出一系列风险开始。这通常被称为风险登记表（risk register），即使对一个正在使用非定量方法的组织来说也适用。正如第 4 章中指出的，将风险矩阵转换到风险登记表的最简单初始方法是：像图 11.1 那样，为风险矩阵中的每个点，在一对一替代模型的电子表格中创建一行。

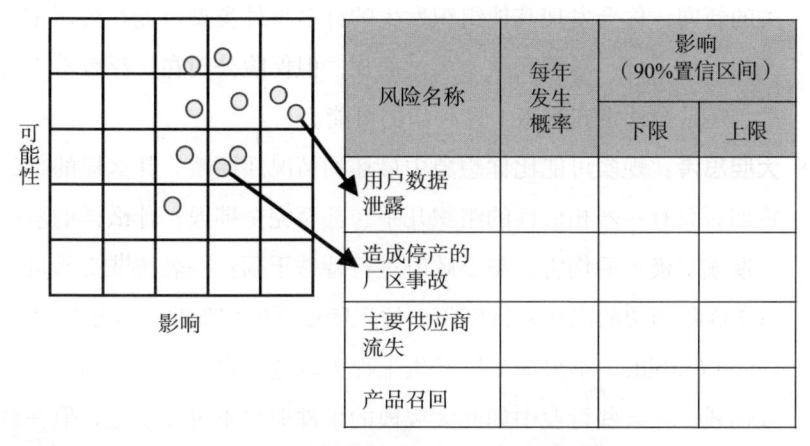

风险名称	每年发生概率	影响（90%置信区间）	
		下限	上限
用户数据泄露			
造成停产的厂区事故			
主要供应商流失			
产品召回			

图11.1　将非量化矩阵映射到简化的量化表格中

无论你一开始运用的是风险矩阵还是其他风险列表，都可以遵循几个简单原则进行一些修改。首先，尽可能多地包含各类潜在风险。其次，过滤掉非风险因素和冗余风险。

涵盖尽可能完整的风险

列出所有可能的风险也许不太现实，但大多数公司仍应尽可能地完善自身的风险清单。这里有一些建议，可以帮助你避免漏掉潜在的重要风险：

- **涵盖整个企业**：组织的所有部分都应该参与到风险识别中，甚至包括各部分不同层级的人员。不要让组织中的任一单位独自进行风险评估，否则风险就会向某个方向倾斜，从而排除了其他风险。例如，工业工程师可能更关注与工业事故相关的风险、法律顾问更关注诉讼风险以及信息技术部门更关注 IT 风险等。

- **关注外部情况**：供应商和客户在公共事业、市政、州和联邦机构相关的风险分析中占有特殊地位。每个人在预测灾难时都会想到不同的可能事件，组织可以按不同方式利用这些预测。甚至竞争对手也可以成为思想来源。任何上市公司都必须遵循美国证券交易委员会（SEC）规定，在档案中按照表格 10-K 披露其认为存在的风险。在线搜索 EDGAR 数据库就可以找到相关内容。即便是与公司关系不大的组织，查看它们过去发生的事件也可能会很有启发。例如，在互联网上搜索与灾难一词相关的新闻，你会发现其他组织发生的许多事件类型可能在公司重演。基于相同的道理，尽管我从未患过癌症，但保险公司在广泛查看人群情况后，还是会认定我有患上这种病的可能。

- **大胆思考**：现实可能比你想象中最坏的情况还要糟。什么样的事件可以将那些只有一丝相似性的组织几乎、甚至完全摧毁？什么样的事件对公众造成了极大的伤害，需要政府进行特殊干预？一名流氓交易员导致拥有 233 年历史的巴林银行倒闭。位于印度博帕尔的联合碳化物公司（the Union Carbide）杀虫剂工厂发生工程灾难造成数千人死亡和更多的人永久伤残。在某些行业中如此大规模的事件似乎不可能发生，但在放弃识别这些风险之前，至少应该尝试评估其发生的可能性。什么可能导致管理层的彻底变更？什么可能导致公司失去大部分市场份额？在许多管理者看来，过去一二十年都未曾发生的事件相当于不可能发生。但回想 20 世纪的重大灾难，当时又是否有人认为这些灾难有可能发生呢？我们没有理由认为这些灾难不会再次发生。而且有的灾难可能变得更容易发生了。

- **集思广益进行组合**：风险管理者应该对此前列出来源的事件进行组合分

析。考虑所有的组合情况通常是不可行的，但即使是将更可能发生的事件组合起来也可能引出对其他风险新的认识。了解一个事件的发生是如何增加另一个事件发生的概率或影响。只有通过这种分析，才能揭示发生在 232 航班上的共模故障或 2008 年主要银行的级联故障（多米诺骨牌效应）。假装自己身处未来回顾失败，心理学家加里·克莱因（Gary Klein）提出的"死前验尸法"是一种可以改变集思广益进程节奏的有趣方法。他用"与死后验尸相反的假设"来描述这种方法：与项目团队成员被问询哪里可能出问题的典型评判会议不同，"验尸"是在假设"患者已经死亡"的情况下进行的，因此需要询问的是哪里确实出错了。团队成员的任务是找出项目失败的合理原因。

对风险进行过滤筛选

确定什么构成了风险。正如本书前文指出的，沃尔玛可能认为入店行窃不是一种风险，而是运营所要付出的成本。当然，这种"成本"也需要控制，但不应该与风险混为一谈。我们实际要考虑的是在损失超越曲线（the loss exceedance curve, LEC）上显示什么。

我之前提到过，一些组织将平均每年都会发生好几次的频繁事件列为风险。项目延期、轻微罚款或诉讼案件、一批原材料拒收以及某些业务流程的短暂中断等情况可能非常常见，甚至会在预算中给予一定的额度考虑。将此类事件包括在内从数学角度来讲没有错，但这可能不是决策者期待看到的 LEC。关于什么才应该被称为风险的一些经验法则如下：

- 风险并不是每年都发生。风险是意料之外的，不会被包括在预算或其他计划中。风险每年发生的概率通常低于 50%。
- 风险的影响可能很大，当它发生时，事实上必须向最高管理层报告。
- 未能达成积极的销售目标是一种风险吗？如果是的话，那么彩票没能中奖算不算是一种风险？我认为这些风险都是合理的，不同组织有理由按照不同的方式标准设定风险。因为也许在特定情况下，没有获得大奖就是一种风险。在企业指望通过一笔大合同避免破产时，没能赢得这份合同就是一种风险。同样，在 LEC 中包含这类风险在数学上是没有问题的。但组织内部在设定这类风险时，应该充分沟通并达成一致意见。
- 将公司决策视为风险来源的情况并不少见，比如"完成 × 项目的预算不足"或"× 缺乏管理层支持"。对于即将告知其风险分析情况的管理层，我建议不要将他们的决策本身视为风险。
- 避免列出相互重叠的风险。假设列出了"监管罚款"和"重大数据泄露"两个风险。重大数据泄露的影响难道不包括监管罚款吗？

从第 4 章中的一对一替代模型开始，我们得以避免风险矩阵等流行非定量方法带来的许多歧义和其他问题。我们需要做的就是确定风险，说明自身风险容忍度，并给出对每种风险年度发生概率和影响的初始校准估计。现在，我们将不再赘述其他额外的建模问题，而将目标重心放在替代非定量方法上。

建模应该是一个与领域专家交流互动的过程，而且一些交互过程比其他的要好。我和许多分析师一样以集思广益作为开始，以确定所有可能出错的地方。但我发现集思广益过程到达一定程度后收益快速递减。进行大约 3 个小时后，就应该从集思广益过程中休息一下，去开展其他的工作。以下的做法有助于让集思广益过程继续下去。

约翰·斯凯勒（John Schuyler，参见第 9 章）说："我 30 年来看到的最大进步是同行评议（the peer review）。在进入管理层决策前，所有事情都要经过严格的筛选。"这在多个层面上都是明智的。首先，向没有沉浸在模型中的人展示模型，可以很好地检验模型假设。其次，电子表格错误是决策分析中的一种"流行病"。基于电子表格的风险分析工具也可能出现这种错误。研究表明，电子表格计算出错的程度可能远远超出了大多数管理者愿意相信的范围。

简单风险管理框架

我们已经介绍了定量风险分析的基础知识。现在需要把基础风险分析转化为基础风险管理框架。在完成了初始风险清单后，将损失超越曲线（LEC）和风险容忍度曲线进行比较，从而判断目前的风险是否可以接受。但这并不是全部。

我们还需要确定采用哪些风险缓释措施来进一步降低风险。如果一项缓释措施可以降低某种特定风险 50% 的发生概率，但却要花费 20 万美元，这样做值得吗？正如在第 4 章中提到的，这需要用缓释回报率（return on mitigation，RoM）来明确。RoM 类似于投资回报率（return on investment，ROI），但用于表示风险缓释的程度。为了计算这个值，我们需要将风险货币化，这样才能进一步将风险缓释程度货币化。最终可以将 RoM、损失超越曲线（LEC）和风险容忍度曲线一起使用，如表 11.1 所示。

表11.1　损失超越曲线VS风险容忍度曲线

	风险缓释选项	
	选项RoM为正数且预算充足	选项RoM为负数或预算不足
损失超越曲线位于风险容忍度曲线下方。	进行风险缓释的回报大于其他用途时，可以考虑采取措施将损失超越曲线进一步拉低。	不必进行风险缓释。
损失超越曲线位于风险容忍度曲线上方。	按照RoM从高到低的顺序采用风险缓释措施，直至损失超越曲线低于风险容忍度曲线，或是用尽所有RoM为正的措施或预算（此后参照其他网格内容）。	三种思路： • 是否考虑了所有可能的缓释措施？ • 风险容忍度是否低到不现实？ • 是否有可能增加预算或是降低目标RoM？

缓释风险就是缓和或减轻风险——以某种方式将风险降低。为了追求更大的回报，决策者可能会主动接受更高的风险。但即便在这种情况下，决策者也不会去接受不必要的风险。风险管理者们通常会从四种基本选项中进行选择，来进行风险管理：

- **避免**：不采取可能会造成某种风险的行为。避免合并、新技术投资以及次级抵押贷款市场等。这有效地使特定风险为零，但可能会增加其他领域的风险。例如，在研发投资方面缺乏冒险精神可能会降低企业的竞争力。
- **减少**：管理者在继续进行有风险的投资或其他工作的同时，采取措施减少风险。管理者可以决定投资新的化工厂，并实行更好的防火安全系统，以应对重大安全风险。
- **转移**：管理者可以将风险转嫁给他人。保险就是最好的例子。管理者可以购买保险，而不必采取其他措施来降低事件的风险。例如，购买火险而不是投资于先进的防火系统。也可以通过合同将风险转移给客户或其他利益相关者。比如在合同中规定"客户同意公司不对……负责"。
- **保留**：这是任何风险管理的默认选择。你只需要接受风险本身。

我和我认识的一些风险管理者发现，这些选项之间的界限有点模糊。风险转移使得转移风险的人可以减少或避免风险。风险减少实际上是对更大风险的部分规避。毕竟，风险管理的最终目标应该是，通过转移、避免或减少特定风险，降低企业在给定预期回报下的总风险。如果只是保留全部风险，那么这与不进行风险管理可能没有任何区别。

风险缓释

Y. S. Kong 是伊利诺伊州夏晖集团（HAVI Group）的财务主管和首席战略规划师，该集团由分布在 40 个国家的大型分销服务公司组成。YS 倾向于按照他称为风险过滤器的特定风险缓释措施来对风险管理活动进行分类。四个连续的风险过滤器包括转移、运营、保险和保留。第一层过滤是通过合同将风险转移给客户或供应商。被称为运营的第二层过滤是指通过更好的系统、流程和管理者等来解决风险。第三层过滤是对风险进行投保（从技术上讲，这也是在转移风险）。最后，风险保留可能算不上是一层过滤，那些没有被过滤掉的风险将最终留在这一层。即便如此，YS 作为财务主管的任务还有确保公司拥有足够的资产头寸，以承担任何可能的风险。

为构建以下方案清单，我在 YS 清单的基础上添加了几个项目，并对每个项目进行了扩展，使其尽可能通用。与夏晖集团的风险过滤器不同，该清单的顺序并不代表特定的优先级。尽管这份风险缓释备选方案清单很长但仍不完整：

- **有选择地承担重大风险敞口**：对可能产生潜在损失的来源进行决策分析，以确保所承担的风险有相应的预期回报。例如：
  - 主要技术投资、新产品等的风险 / 回报分析；
  - 选择从银行贷款的风险；其他类型公司的应收账款风险。
- **保险**：保险包含几十个专业类型，以下是几个常见类型：
  - 防止特定财产和其他资产损失的保险，包括火灾、洪水等；

- 各种责任险，包括产品责任；
- 特定贸易或货物运输保险，如海上保险或发射通信卫星保险；
- 关键管理层的人寿保险；
- 再保险，通常由保险公司购买，以帮助降低集中在某些区域的风险。例如，佛罗里达州的飓风保险、加利福尼亚州的地震保险等。

- **通过合同转移风险**：在与供应商、客户、员工、合作伙伴或其他利益相关者签订的商业合同中，加入如"X 同意公司不对 Y 负责"的各种条款。

- **降低运营风险**：公司通过主动管理降低风险的所有内部举措，例如：
  - 安全流程；
  - 培训；
  - 安保流程和系统；
  - 应急 / 预演计划；
  - 对备份和 / 或高可靠性流程的投资，如多个 IT 运营点、新的安全系统等；
  - 针对特定类型风险，明确组织结构或人员的责任和权限（轮班安全管理员、首席信息安全官等）。

- **流动资产头寸**：在试图解决留存风险的同时，通过使用流动储备（即现金、一些存货等）来吸收部分风险后果，以确保损失不会对公司造成毁灭性的影响。

- **遵循合规要求**：遵循合规要求并不是一个单独的风险缓释类别，它常常和前文的其他项目一同被考虑。之所以值得一提，是因为缓释风险的许多关键驱动力都来自遵循合规要求。在某种程度上，这是一个监管要求日益增多背景下"透过现象看本质"的问题。

- **调整法律结构**：创建股份公司是限制所有者责任的经典方案。但是风险缓释措施可以更进一步，将现存公司的各种风险划分到单独的子公司实体中，或者进行完全的独立分拆更有效地将法律责任分离出来。

- **积极干预**：这可能是最罕见的风险缓释措施，很少有公司能做到，但有时至关重要。通过倡导新的立法，某些行业企业成功为所承担责任设限。例如，1995 年的《私人证券诉讼改革法案》(*Private Securities*

Litigation Reform Act）限制了针对证券公司的损害索赔；密歇根州 1996 年的 FDA（美国食品药品监督管理局）防卫法，限制了 FDA 批准药品的产品责任；以及 1998 年的《数字千年版权法案》（*Digital Millennium Copyright Act*），该法案限制了为数据传输提供渠道的公司在数据来源可能造成的损害中承担的责任。

通常，深思熟虑的风险缓释措施是从识别风险开始的，之后是对风险的各种评估。一旦风险管理者知道了风险是什么，就可以采取某种措施来解决它们。一些非常明显的风险似乎不需要太多的评估工作就可以管理。例如，在没有备份和不可恢复的数据中心实现完全备份和数据恢复，在大型珠宝店安装安防系统等。但大多数环境下存在诸多风险，每个风险或许都有一个或多个潜在的风险缓释方法。由于资源是有限的，我们不仅要评估最初的风险，还要评估采取各种预防措施后风险的变化有多大。一旦选定这些风险缓释方法，也必须以同样的方式继续进行监测。之后重新开始新一轮的风险管理循环（参见图 11.2）。请注意，风险评估出现在选择风险缓释方法之前，并作为进行选择的部分依据。

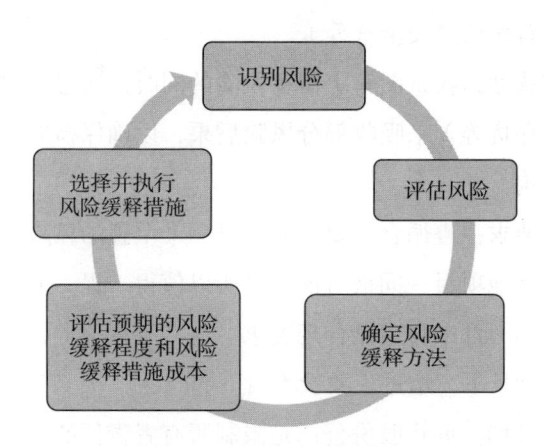

图11.2　简化的风险管理循环

走到现在这一步，不仅是对独立直觉的改善，还是对风险矩阵或定性评分等方法的重大改进。当然，以上定量方法仍然有诸多简化假设。在第 12 章中，我们将阐述一些值得思考的问题，并为在模型中添加更多的现实考虑因素做好准备。

◆ **注释**

1. P. E. Meehl, "Causes and Effects of My Disturbing Little Book," Journal of Personality Assessment 50, no. 3 (1986): 370–375.
2. D. MacGregor and J. S. Armstrong, "Judgmental Decomposition: When Does It Work?" International Journal of Forecasting 10, no. 4 (December 1994): 495–506.
3. D. Bearden, C. Freaner, R. Bitten, and D. Emmons, "An Assessment of the Inherent Optimism in Early Conceptual Designs and Its Effect on Cost and Schedule Growth," SSCAG/SCAF/EACE Joint International Conference, Noordwijk, The Netherlands, May 15–16, 2008.
4. A. Hoerl and H. Fallin, "Reliability of Subjective Evaluations in a High Incentive Situation," Journal of the Royal Statistical Society 137, no. 2 (1974): 227–230.
5. S. Lichtenstein and L. Phillips, "Calibration of Probabilities: The State of the Art to 1980," in D. Kahneman, P. Slovic, and A. Tversky, ed., Judgment under Uncertainty: Heuristics and Biases (New York: Cambridge University Press, 1982).
6. D. Kahneman, P. Slovic, and A. Tversky, Judgment under Uncertainty: Heuristics and Biases (New York: Cambridge University Press, 1982).
7. Daniel Kahneman, Thinking, Fast and Slow (New York: Farrar, Straus and Giroux, 2011), 248.
8. Bertrand Russell, The Problems of Philosophy (New York: Henry Holt; London: Williams and Norgate, 1912).
9. G. Klein, "Performing a Project Premortem," Harvard Business Review 36, no. 2 (September 2007):103–104.
10. T.S.H. Teo and M. Tan, "Quantitative and Qualitative Errors in Spreadsheet Development," Proceedings of the Thirtieth Hawaii International Conference on Systems Sciences, 1997; R. Panko and R. Sprangue, "Hitting the Wall: Errors in Developing and Code Inspecting: A 'Simple' Spreadsheet Model," Decision Support Systems 22, no. 4 (April 1998): 337–353.

第 12 章

改进模型

> 所有知识都应经过实践的考验。实践是检验科学真理的唯一标准。
>
> ——理查德·费恩曼《费恩曼物理讲义》

进行网络研讨会和线下培训会时,我喜欢将内容分为"简餐"(takeaway)和"盛宴"(aspirational)。前者是与会者在培训结束之前就能够立即应用且无须进一步协助的方法,例如第 4 章和第 11 章中描述的基础一对一替代模型。这一模型可能是最简单的定量风险分析方法之一,仅涉及对事件发生可能性及影响、风险偏好和风险控制效果进行明确的定量估计。基础一对一替代模型只引入了最简单的实证方法,且大多数估计依赖于专家校准。如果你认为合适的话,这可以作为逐步改进模型的起点。

本章将带你深入了解定量风险管理"盛宴"。你可以根据需求和技术熟练程度,尽快地掌握这些方法。本章的目的是为你提供足够的知识储备,理解这些方法以便在将来需要的时候对模型进行添加或改进。这一深层方法的顺序介绍如下:

- 额外实证输入
- 向模型中添加更现实的细节
- 进一步改进专家估计
- 更多用于蒙特卡洛模拟的工具
- 对模型本身的实证检验

实证输入

在对蒙特卡洛模拟建模者展开的调查中(参见第 10 章)发现,重新评估的 72 个模型里，只有 3 个（占比 4%）实际上进行了一些原始实证测量，以减少模型中特定变量的不确定性。这远未达到应有的水平。

是否应该进行更多测量？额外测量是值得的吗？哪些具体的测量是合理的？以上问题都是可以解答的。如前所述，计算额外测量价值的方法已经在许多模型中得到了应用。

在我当前已经完成的超过 150 个模型中，只有 3 个不需要进一步的测量。换句话说，在至少 97% 而不是 4% 的情况下开展额外实证测量是值得的。显然，缺乏实证方法是许多定量模型的一个致命弱点。接下来我们将简单讨论计算信息价值涉及的相关概念，以及为风险分析进行更多测量所需的关键思想。

信息的价值

如第 10 章所述，可以消除某些决策不确定性的完全信息期望价值（the expected value of perfect information，EVPI）等于该决策的机会损失期望值（the expected opportunity loss，EOL）。也就是说为减少决策不确定性而购买信息时，你愿意付出的最大金额是出错概率乘以出错损失。

完全信息期望价值的概念很容易理解，但我们通常无法获得完全信息。因此，需要估计信息期望价值（the expected value of information，EVI），即"不完全"的完全信息期望价值。EVI 等于获得信息前后测量出的 EOL 差值。好奇的读者可以到 www.howtomeasureanything.com/riskmanagement 查看示例，这里将不再做进一步的介绍。

信息价值总结

信息期望价值（EVI）= 机会损失期望值（EOL）的差值

即，$EVI = EOL_{获得信息前} - EOL_{获得信息后}$

其中，

EOL = 出错概率 × 出错损失

当且仅当 $EOL_{获得信息后} = 0$ 时，信息是完全的。此时，完全信息期望价值（EVPI）= $EOL_{获得信息前}$

我开发的理论之所以被称为应用信息经济学，是因为该理论系统性地应用了这种计算信息价值的方法。应用信息经济学理论的过程很容易总结。只需准备好蒙特卡洛工具，对估计值进行校准，然后执行以下五个步骤：

1. 明确问题和各备选方案。
2. 基于校准的估计值和／或可用的历史数据，对现有已知内容进行建模。
3. 对模型中各不确定性因素的额外信息价值进行计算。
4. 如果有理由进一步测量，则对具有高信息价值的不确定性因素进行实证测量，并重复步骤3，否则转到步骤5。
5. 优化决策。

许多模型者的做法与此极为不同。其中很大的一个区别是在步骤2中，他们几乎从不进行校准。此外，他们从不执行步骤3和4。我的很多分析结果都是基于这些步骤的，没有它们我将一筹莫展。正是由于这些步骤的缺失，我发现分析师、管理者和各领域专家正在持续低估他们目前的不确定性程度以及为减少不确定性付出努力的价值。他们可能也从未意识到第10章所说的"测量反转"。由于缺乏对信息价值的评估的指导，他们不知道什么应该被测量。在这种情况下，盲目执意开展测量很可能是没有意义的。

我们此前讨论过的研究已经找到了低估不确定性的原因及其对决策的影响。判断与决策领域研究人员也对估计不确定性时，分析师过度自信的程度进行了观测。此外，丹尼尔·卡尼曼（Daniel Kahneman）观察到当决策者获得新信息时，会忘记自己学到了多少。决策者忘记了之前的不确定性，认为新的信息并不令人惊讶。也就是说，他们会认为"我一直都知道"。研究人员还发现，面对给定数量的信息，决策者通常会低估从中可以推断出的信息量。

我曾经和一位富有经验的运筹学专家谈论过相关话题，他在大型执法机构浸淫多年，使用蒙特卡洛模型的经验也十分丰富。我们讨论了如何测量由于信息交流不畅导致跨司法辖区签发逮捕令不及时，使得嫌疑人被无意释放的比例。这位运筹学专家需要一种量化方法来证明信息技术将使执法机构之间的沟通更加便利，从而让这方面的建设投资合理化。

在我解释了我的方法后，他说，"我们没有足够的数据来进行测量。"我回答道，"可是你不知道你需要什么数据，需要多少数据。"我接着向他解释说，实际上只有经过具体的计算后，你才能得出没有足够数据的结论，而不是把这一点当做假设。当知道只需要少量的额外数据就可以减少高度的不确定性时，他可能会感到十分惊讶。

我经常从各种各样的人那里听到"我们没有足够的数据来进行测量"的论点，然后通过测量他们认为无法测量的东西进行反驳。这种情况频繁发生，以至于我不得不写《数据化决策：寻找商业无形资产的价值》(*How to Measure Anything: Finding the intangible assets in Business*)，来解释我遇到的各种谬误以及相应的解决办法。以下是那本书中的几个关键概念，风险管理人员应该牢记在心：

- 测量（measurement）是指根据观测来减少不确定性。
- 当一个变量具有高度不确定性时，认为需要大量的数据来减少不确定性是一种谬误。事实上，当不确定性很大时，只需要较少的数据就可以大幅减少不确定性。
- 当额外信息价值很高时，现有数据量的多寡将无关紧要，因为收集更多的观测数据是必要的。
- 如前所述，经常出现的"测量反转"意味着你可能需要完全不同于你想象的数据。

减少不确定性——用贝叶斯定理对认知进行更新

在风险分析中，对发生频率极低、造成影响极大的事件进行概率评估十分重要。这类事件被称为大灾难（catastrophes）或大灾祸（disasters），因为这类事件十分罕见，可参照的样本极少，所以确定其发生概率存在困难。大灾难事实上发生次数很少，这使得统计分析变得不可信。但我们仍有方法能够解决这一情况。例如，前文提到的贝叶斯定理就是一个简单但强大的数学工具，可以作为风险分析师评估这类情形的基本工具。据我所知，定量建模者使用贝叶斯定理的频率远远低于应有水平。

贝叶斯定理是一种利用新信息更新先验知识的方法。从校准训练中我们知道，对几乎所有不确定事件我们都能得出一个先验的认知。让许多人感到惊讶的是，只需要少量额外数据，我们就可以对此前的认知进行更新，并达成有一定价值的分析。

贝叶斯定理

$$P(A|B) = P(A) \times P(B|A)/P(B)$$

其中，

P(A|B) = 在 B 条件下发生 A 的概率

P(A)、P(非 A) 分别等于发生 A 和发生非 A 的概率

P(B) = 发生 B 的概率 = P(B|A)P(A) + P(B|非 A)P(非 A)

P(B|A) = 在 A 条件下发生 B 的概率

关于新型航空航天飞行器发射失败率这一风险分析领域，我们没有太多的数据点。正在研发一种新型火箭的我们无法得知新火箭发射失败的可能性是多少——也就是说，火箭爆炸或因其他原因无法将有效载荷送入轨道的概率。如果能发射一百万次，那么我们将得到一个非常精确的失败率值。但这样做很显然是不可能的，因为和许多商业问题一样，每个测试样品的成本价格太高了。

假设现有的风险分析（校准后的专家估计值）认定一种新型火箭设计有80%可能性正常发射，20%的可能性失败。同时，还有另一组备份组件测试，可以减少发射时的不确定性。当然，这些测试本身也存在缺陷，因此通过这些测试并不能保证发射的成功。基于历史数据，我们了解到在组件测试中失败的新设计在首次试射中也失败的概率是95%。在发射台上成功发射的新设计通过组件测试的概率是90%。如果新火箭通过了组件测试，那么第一次飞行发射成功的概率有多大？接下来使用前一节介绍的符号表示：

P(T|R) = 测试通过的情况下，火箭发射成功的概率 =0.9

P(T|非 R) = 测试通过的情况下，火箭发射失败的概率 =0.05

P(R) = 火箭发射成功的概率 = 0.8

P(T) = 测试通过的概率 = P(T|R) × P(R)+ P(T|非 R) × P(非 R) = 0.9 × 0.8 + 0.05 × 0.2 = 0.73

P(R|T) = P(R) × P(T|R)/P(T)=0.8 × 0.9/0.73 = 0.986

换句话说，测试通过意味着我们可以将发射成功的确定性从80%提高到98.6%。我们从"火箭发射成功的情况下，通过测试的概率"得到了"测试通过的情况下，火箭发射成功的概率"。这被称为利用贝叶斯定理的反演，或者说是

贝叶斯逆概率。

现在，假设我们没有这类测试（不管怎么说，获得发射失败且通过测试的所有历史数据也是困难重重的）。我们只能得到每一次实际发射的结果，并以此作下一次发射的参照。同时，对潜在的发射失败率，我们极其不确定。如果能够发射一百万次，我们可以非常精确地测量发射失败率。但事实上，我们只能假设潜在的发射失败率在 0 到 100% 之间。鉴于这种高度不确定性，从第一次发射开始的每一次发射都能或多或少地增加我们对潜在发射失败率的认知。

刚开始发射时不确定性很大，发射失败率在 0 到 100% 内每个百分位的增加可能性都相等。基准发射失败率在 8%~9% 的概率是 1%，在 98%~99% 的概率也是 1%，依此类推，对于 0 到 100% 之间的其他值也是如此。如果几次发射后算出的基准发射失败率是 77%，那么我们可以简单地把下次发射失败的概率当做 77%。而后进行贝叶斯反演，这样我们就可以计算出给定基准概率下，一些实际观察值发生的概率。我在 www.howtomeasureanything.com 上展示了一个可以对概率范围进行贝叶斯反演的电子表格。在图 12.1 中，可以看到在几次发射之后可能的基准失败率分布情况。

图 12.1 以概率密度函数（probability density function，pdf）的形式显示了对基准发射失败率的估计。每条曲线下的面积加总必须为 1，曲线越高的地方表示发生概率越大。尽管分布一开始是均匀的（水平虚线），即每个基准发射失败率都是等可能的，但仅第一次的发射结果就更新了我们的不确定性。在第一次发射后，概率密度函数向左边移动。

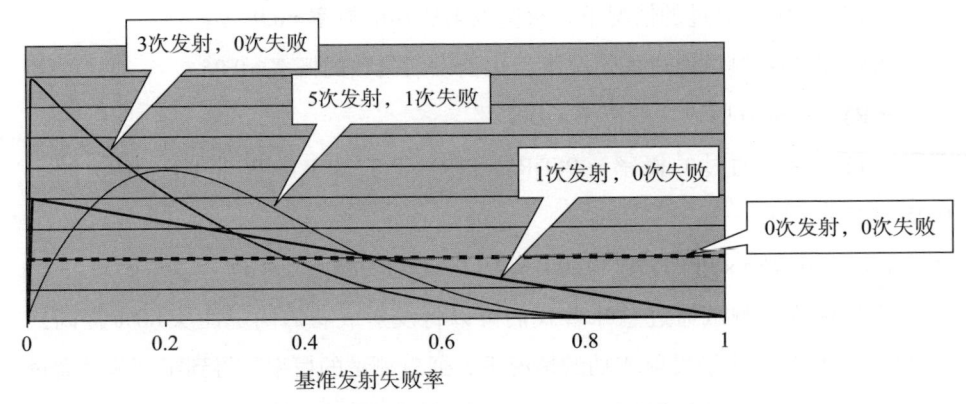

图12.1 稳健贝叶斯方法在发射失败率中的应用

图 12.1 的含义是：如果发射失败率真的是 99%，那么第一次发射就不大可能成功。如果发射失败概率是 95%，虽然第一次发射成功的可能性仍然不大，但相比于失败率 99% 的情况希望还是要大一些的。在 0 到 100% 区间的另一端，实际发射失败率为 2% 时，很可能第一次发射就成功了。

我们可以知道给定基准发射失败率下，下一次发射失败的概率。在已知此前实际发射成功与失败次数的前提下，我们应用贝叶斯反演得到下次发射失败的概率大小。简单地将概率范围（0~100%）划分成一份份小区间（如 6%~7%），并为每一个区间范围计算贝叶斯反演。这样我们就可以看到在每次发射后，分布是如何变化的。

即使只发射了几次，我们也可以计算出在给定的基准发射失败率下，下次发射失败的概率。这有两种计算方法，其中一种是计算在给定的基准发射失败率下，看到给定的失败次数的概率，然后使用贝叶斯反演来计算观测到给定发射失败的情况下，给定基准发射失败率出现的可能性。

这一步可以用统计学中的二项分布来计算。在 Excel 中二项分布可以简单地写成 = binomdist(S,T,P,C)，其中 S= 发射成功的次数，T= 测试（也是发射）的次数，P= 成功的概率，C 是一个指示符，用来设定 Excel 是否输出累积分布函数（到目标成功次数为止，成功概率的叠加），或者概率密度函数（单个成功次数的概率结果，我们设置为后者）。在 5 次发射后有 1 次失败。如果基准失败概率是 50%，那么可以得出发射 5 次后再一次发射，出现失败的概率是 15.6%。如果基准发射失败率为 70%，那么这一概率将只有 3%。与第一次发射一样，将贝叶斯反演应用于我们原始范围内的每一个可能的百分比小区间。

Excel 中的二项式概率

给定发射次数情况下，给定成功次数概率的 Excel 公式：
$$=binomdist(S,T,P,C)$$
其中 S= 发射成功的次数，T= 测试（同时也是发射）的次数，P= 成功的概率，需要知道成功 0 至 S 次的概率加总时，设定 C=0；需要知道成功 S 次的概率时，设定 C=1。

因为这种方法初始假设不确定性处于最高水平（发射失败率在 0 到 100% 之间），所以被称为稳健贝叶斯方法。当我们高度不确定时，并不需要很多数据点就能改善我们的认知，有时一个数据点足矣。

概率的发生概率：贝塔分布

此前简要提到过的贝塔分布能够更简单地实现这一点。上一章解释了如何根据先前观察到的抽取结果，使用贝塔分布的均值来估计从袋中抽取下一颗弹珠是红色的概率。也就是拉普拉斯所说的继承法则。即使只抽取了几次，或是抽取了很多但没有观察到红色弹珠，继承法则仍然成立。这种方法可以为数据稀少的各类事件提供估计的基准。

现在，我们不再估计下一次抽取弹珠是红色的概率，而是要估计红色弹珠占总数的比例。贝塔分布使用了两个命名相当晦涩的参数：alpha（α）和 beta（β）。你可以把这两个参数分别看作代表命中和未命中。α 或 β 也可以用来表示我们先验的不确定性程度。例如，如果将 alpha 和 beta 分别设置为 1 和 1，那么 beta 分布的形状等于从 0 到 100% 的均匀分布，其中介于两者之间所有值出现的可能性相等。同样，这是一个稳健先验或无信息先验，我们对弹珠的真实比例一无所知。也就是说，我们只知道弹珠比例必须介于 0 到 100% 之间。当我们从某个样本开始抽样时，将命中率添加到 α、未命中率添加到 β 上。

假设从一个袋中进行抽样，红色弹珠表示命中，绿色弹珠表示未命中。以一个稳健先验为开端，红色弹珠的比例可以是从 0 到 100% 之间的任意值，每个概率等可能。在抽取样本过程中，每抽到一个红色弹珠 alpha 值加一，每抽到一个绿色弹珠 beta 值加一。如果想用贝塔分布显示弹珠比例的 90% 置信区间，可以在 Excel 中输入以下内容：

关于下界输入：=beta.inv(0.05, alpha, beta)

关于上界输入：=beta.inv(0.95, alpha, beta)

（alpha 和 beta 初始值为 1）

如果抽取四颗弹珠，其中只有一颗为红色的，那么袋中红色弹珠比例的 90% 置信区间是 7.6% 到 65.7%。如果抽取 12 颗弹珠后只有 2 颗是红色的，那么 90% 的置信区间将缩小至 6% 到 41%。

贝塔分布将产生与贝叶斯反演二项分布方法相同的结果。在网站的第12章电子表格中可以看到这个例子。

利用侥幸脱险评估更大灾难

为应对真正的灾难性事件，需要找到一种不局限于灾难本身的方法来获取更多的数据。与第8章中罗宾·狄隆·梅里尔（Robin Dillon-Merrill）的研究类似，可能利用侥幸脱险来扩大样本容量。侥幸脱险的发生次数往往大于实际灾难，而我们能从与灾难发生原因相同的侥幸脱险中吸取经验。侥幸脱险可以用多种方式来定义，但我将用一个非常宽泛的术语。侥幸脱险（near miss）是指此前发生过侥幸脱险的灾难其条件概率高于未发生侥幸脱险的灾难。换句话说，P（有侥幸脱险的灾难）＞P（无侥幸脱险的灾难）。

如果不采取修正措施，飞机未能通过安全检查可能预示着灾难的发生。核电站发出警报、中年人经历胸痛、司机因为危险驾驶被开罚单、或是航天飞机发射过程中部件出故障（例如，发射期间O形环烧坏或脱落的隔热泡沫撞击飞行器）都可能是一个预警。这些因素可能是某种灾难发生的必要不充分条件。由于灾难样本的有限性，仅仅依据现有灾难数量是不足以监测风险增加与否的，但侥幸脱险发生率的增加则可以表明灾难发生风险的增加。

和计算系统整体失败率时一样，对侥幸脱险或没有险情发生的每一次观测都有助于侥幸脱险发生率的计算。此外，对每次侥幸脱险发生或没有发生时，灾难的发生情况进行观察，从而得出侥幸脱险发生的情况下，灾难发生的条件概率。为了分析这一点，我对系统失败率（灾难发生概率）和侥幸脱险发生概率同时使用了相当简单的稳健贝叶斯反演方法。当我将这种方法应用到航天飞机上时，成功证实了狄隆·梅里尔的发现：美国宇航局管理者认为发生未遂事故证明系统有抵抗风险的能力是不正确的。当这些管理者看到险情发生但机组人员安全返回时，他们可能会得出"这个系统一定比想象中更稳健"的错误结论。

图12.2显示了此前每次发射都成功，但均发生了险情（类似隔热泡沫从飞行器外壳脱落）的情况下，下一次发射发生灾难的概率。我以一些工程师的先验知识为分析的起点，他们认为每五十次发射会有一次失败（这比费曼通过访谈得到的观点更悲观）。我仅仅把这2%的失败率当作一系列可能的基准失败

率的期望值。一开始我还对侥幸脱险的发生率有极大的不确定性。最后,我将发生灾难的结果进行条件限制,选取出那些以侥幸脱险的发生为必要先决条件的灾难。换句话说,经过筛选后,造成侥幸脱险的原因必然也是造成灾难的原因。这些假设实际上对美国宇航局的管理来说是更为宽松的。

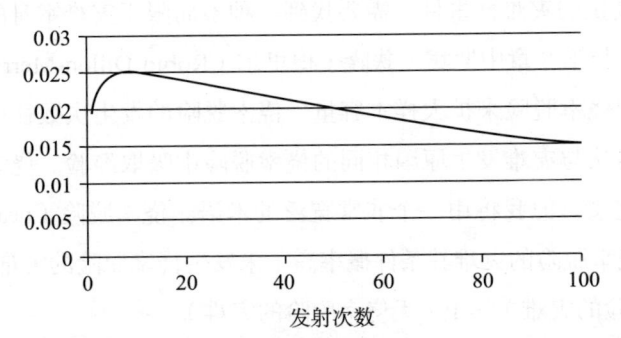

图12.2 有条件的稳健贝叶斯方法:每次观测到侥幸脱险(例如,脱落的隔热泡沫、O形环烧坏)出现的情况下,航天灾难发生的概率

如图 12.2 所示,第一次发射失败的概率从 2% 开始,然后观察接下来每一次的发射,通过对侥幸脱险和成功发射的统计,对概率进行更新。如我前文所述,我意识到真正的失败率可能更高或更低。对于前 10 次发射,即使在这样非常宽松的假设下,每次调整后的失败率仍有增加的可能。尽管试射成功,但能观察到的险情频率会使得处于低水平基准的侥幸脱险率越来越低。例如,如果每次发射发生侥幸脱险的真实概率只有 3%,那么观察过程中就不太可能出现这么多的侥幸脱险来得出 3% 的结果。事实上,如果要让调整后的失败率回到真实水平,可能需要观察到大约 50 次的成功发射。

再次重申,这些做法过于宽松。在实际观察到侥幸脱险之前,假装自己不知道它们会发生一样行事。假设这些侥幸脱险发生率实际上为 0,然后在第一次观察后彻底证明这是错误的。

贝叶斯方法的使用并不局限于特殊情况。我认为它是解决大多数测量问题的首选工具。事实上,几乎所有现实世界中的测量问题都可以通过贝叶斯方法解决。也就是说,如果你此前多少知道些围绕某一问题的数量关系(再不济,一个校准估计值),那么新的信息就能更新先前的知识。贝叶斯方法被用于救生药物的临床试验中,其原因与它适用于大多数灾难性风险分析的原因相同——

贝叶斯理论是一种仅从少数观察中就能最大限度减少不确定性的方法。

处理侥幸脱险的方法的发展将大大扩大我们可用于评估各种灾难的数据。对于许多灾难，运用贝叶斯方法分析未遂事故将是唯一现实的测量来源。

向模型中添加细节

第 11 章中，我们讨论了如何利用分解和蒙特卡洛模拟方法进行估计。需要铭记的是，我们总可以向模型添加更多的分解细节，但模型永远不可能完全准确地表示所建模的内容。否则我们就不会称之为模型，而是现实了。因此，改进模型的目标不是无止境地添加细节，而是找到那些使模型逐步变得更现实、更正确的边际改善因素。只要改进模型的价值（信息价值）超过增加的额外复杂成本，那么这么做就是合理的。

在一对一替代模型中，我们可以从三个维度进行分解：垂直、水平和 Z。鉴于电子表格的结构，这种分解方法的分类天然兼容了不同层次的工作和复杂性，可以带来极大的便利。

垂直分解

这是最简单的分解。它只涉及用多行替换单行。如果每年数据泄露风险发生的可能性是 90%，并且造成损失的范围是 1000 美元至 1 亿美元，那么我们可能在模型的单行中包含了过多的数据。如此大的范围设定可能会包含那些频繁但损失小的事件，而不是发生频率低但损失严重的事件。在这种情况下，我们可能需要用不止一行来表示这种风险。我们还可以根据是否涉及法律处罚来将其划分成不同的两行。例如，每年数据泄露导致法律处罚的可能性为 5%，造成损失范围为 200 万美元至 1 亿美元。造成损失规模较小的事件几乎每年都会发生，损失范围为 1000 美元到 50 万美元。垂直分解只需要添加新的数据，而不需要新的计算。

水平分解

如果以一对一替代模型为起点，水平分解需要添加新的列和进行新的计算。例如，用几个因素构建损失程度函数并计算。以业务中断相关的特定损失为例，可以进行如下计算分解：

业务中断或受影响的损失 = 中断时长（小时）× 每小时的损失
+ 恢复业务的成本

此外，每小时的损失可以进一步分解为每小时的收入、利润率和收入无法挽回的部分。用类似的方式，数据泄露的损失也可以分解为由受损档案数和单个档案损失（包括法律责任）构成的函数。

在添加这些新变量时，还需要增加以下内容：

- **输入列**。在估计时长、每小时的损失等这类连续变量时，需要添加上下界。而在增加离散变量（事故是否发生本身就是一个离散型概率分布）时，只需要一个单列。事故发生时，是否需要承担法律责任也是一个离散变量。
- **添加伪随机数生成器（PRNG）列**。对于添加的每个新变量，都需要添加另一个 PRNG 列。PRNG 列需要专属的变量识别名称。
- **对损失模拟列进行修正**。如上文业务中断示例，将分解值计算结果融入到模拟损失中，对计算进行更新。
- **预期损失列**。这是计算投资回报率（ROI）的快速方法。但是不能仅仅根据所有输入数据的平均值来计算投资回报率。而必须算出投资回报率模拟值的平均值。

Z 分解

某些分解需要将原始风险登记表中的某一行转换为完全独立的模型，或是同一电子表格中的另一页工作表。这使得通常直接输入风险模型的估计值可能来自另一个模型中。例如，针对数据库第三方/供应商错误，我们可能需要创建详细的数据泄露事件模型。模型可能包括与这类风险相关的大量专门输入量和计算。在新的工作表中列出所有供应商，并进一步列出每个供应商的信息，包括他们提供的服务类型、他们获得批准成为供应商的时长、他们可以访问哪些系统和数据以及他们内部的审核程序等。然后，这些信息可用于分别计算各个供应商发生数据泄露事件的风险。最终将该模型的输出结果转入原始风险登记表。通常独立模型中只有计算得出的总损失会被用于风险登记表，以及损失模拟的进一步计算。

Z分解本质上是针对特定类型风险的新模型。尽管Z分解是更高级的解决方案，但我和我的员工在实践中经常需要用到这个方法。

更多类型的分布

在简单的一对一替代模型中，我们只关注两种分布：二项分布和对数正态分布。我们所说的二项分布（数学家和统计学家也可能称之为布尔或伯努利分布）仅输出数字0或1。第4章中我们用二项分布来确定事件是否发生。如果事件发生，则使用对数正态分布以损失金额形式来表示事件影响的大小。使用对数正态的原因是它能很好地拟合各种损失。损失不能为负或零（如果损失为零，那么损失事件其实并没有发生）的特征与对数正态分布贴合。同时，对数正态分布有一条可以远远超过90%置信区间上限的厚尾。

如果掌握的信息表明对数正态分布不是最佳的拟合，那么我们可以按需选择添加以下内容。本书网站上可以找到这些分布的随机生成器（有关这些分布类型的示例，请参见图12.3）。

- **正态分布**：正态（或高斯）分布是围绕均值对称分布的钟形曲线。许多自然现象遵循这种分布，但是在某些应用中，它将低估极端事件发生的可能性。当我们有理由相信分布是对称的时，正态分布很有用。在这种情况下，一个值超过或低于给定置信区间中间值的可能性相等，且值更有可能靠中间。但与对数正态分布不同，正态分布下可以有零或负值。对于90%置信区间为1到10的正态分布，产生负值的可能性为2.2%。如果正好需要负值和零，那么正态分布也许就是适合的答案。正态分布也是样本量大于30时，常用于估算总体均值的分布类型。
- **三角形分布**：对于三角形分布，上界（UB）和下界（LB）表示绝对极限。不可能在这个界限外生成值。除此之外，三角形分布具有可以在上界和下界之间变化为任意值的模式。当需要设置绝对上下限，但同时想使输出结果以类似对数正态分布的形式倾斜时，三角形分布可以作为合适的替代。对于知道绝对上下限，但最有可能的值不像正态分布一样在中间的任何情况，三角形分布都适用。

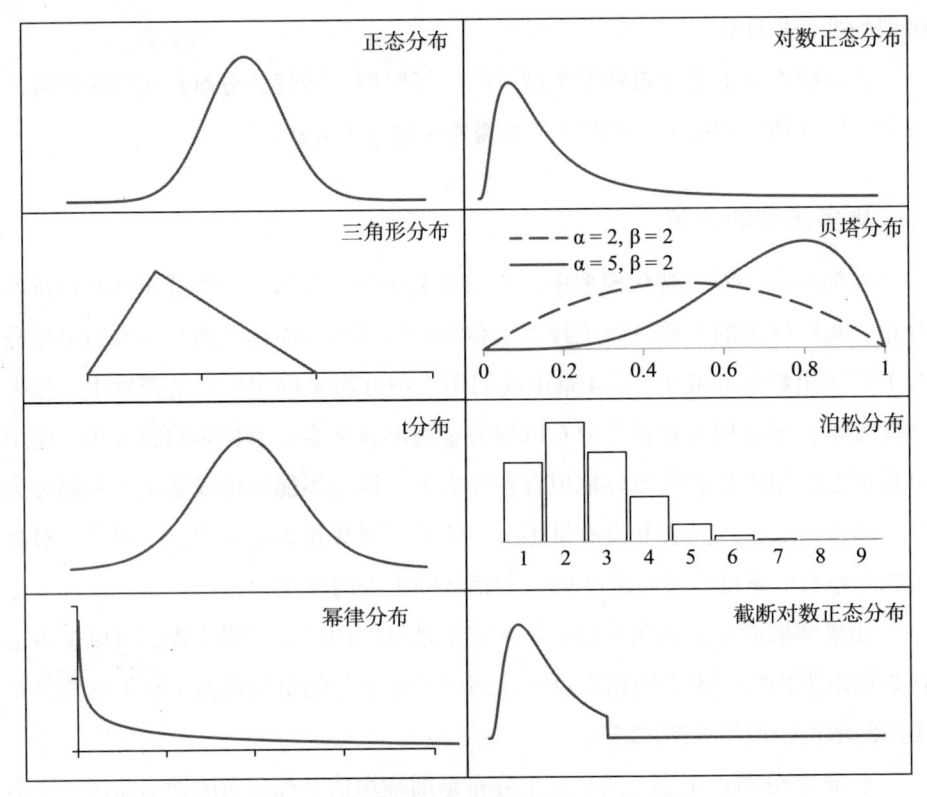

图12.3 各类分布示例

- **贝塔分布**：正如我们在本章中已经看到的那样，贝塔分布适用于风险评估中普遍存在的测量问题。同时，它也通用于生成一整类有用的值。贝塔分布可用于生成 0 到 1 之间的值，其中某些值生成的可能性更大。分布的结果也可以用于其他公式中，以生成所需的任意范围的值。在对事件的频率进行建模时，尤其是在根据人群的随机样本或历史观测值估算频率时，贝塔分布特别有用。但在此分布中，仅基于上限和下限来确定参数并不像在其他分布中那样容易。唯一的解决方案是反复尝试不同的 alpha 和 beta 值，直到获得所需的 90% 置信区间。如果 alpha 和 beta 分别大于 1 且彼此相等，则分布将是对称的，其中接近 0.5 的值可能性最大，而远离 0.5 的值可能性递减。alpha 和 beta 越大，分布越窄。如果 alpha 大于 beta，则分布将向左偏，如果 beta 大于 alpha，则将向右偏。

- **幂律分布**：幂律分布比对数正态分布更适用于描述极端情况下灾难发生的可能性。幂律分布的厚尾使我们在识别常见小事件的同时，仍然考虑到更极端情况出现的可能性。实际上，由于有时尾部过长，幂律分布并不总是具有确定的均值。并需要小心生成意想不到的极端结果。为了避免产生不切实际的结果，截断幂律分布也许是更好的选项。幂律分布可以以一种简单的形式显示，但要求你反复输入 alpha 和 beta 值，直到获得所需的 90% 置信区间。

- **泊松（Poisson）分布**：泊松分布适用于已知每个期间事件平均发生次数的情况下，描述某一期间事件发生的次数是多少。想象你有一百个弹珠，并且每个弹珠都随机分配到八十个袋子中的任意一个，一开始每个袋子都是空的。分配完弹珠后，没有弹珠的袋子占比 28.6%，有一颗弹珠的占比 35.8%，有两颗弹珠的占比 22.4%，有三颗弹珠的占比 9.3%，依此类推。这种分布很有用，是因为一年中已经发生的事件可能发生不止一次。当年度发生可能性超过 50% 时，两次或多次发生的可能性超过 9%。

- **学生 t 分布和对数 t 分布**：t 分布，也称学生 t 分布，原因是该分布的发明者威廉·希利·戈塞（William Sealy Gossett）在将论文发表时使用学生（student）作为笔名。t 分布通常用于根据非常小的样本来估计总体均值的情况。t 分布的尾部比正态分布要厚得多。如果样本量小于 30，那么相比正态分布，t 分布能更好地表示均值估计误差。t 分布还可以用于生成具有相同属性的随机变量。如果你想要一个与正态相似的对称分布，但又希望极端结果更加极端，那么 t 分布可能是一个很好的拟合。

- **混合分布和截断分布**：有时基于对特定情况的了解，可能需要对前文提到的分布进行修改或结合。例如，一个公司发生灾难性事件造成的影响，不会使公司自身的财务损失超过该公司的总市值。损失通常遵循对数正态分布或幂律分布，但可能需要设置一个最大可能损失范围上限。此外，当根据历史数据创建分布时，可能需要将多个分布拼凑在一起，以创建更符合观测数据的分布。金融界有时会这样做，以更准确地描述存在厚尾现象的市场行为。我把这称为弗兰肯分布（Franken distributions）。

事件之间的相关性和依赖性

除了进一步分解和使用更拟合的分布外，我们最终可能还会用到一些稍微更高级的概念。例如，可能需要对那些能够提高其他事件发生可能性或加剧其他事件影响的事件进行显式建模。一种方法是通过两个变量之间的相关系数来建立事件间的关联。例如，销售额可能与股票价格相关。具体示例可以参见 www.howtomeasureanything.com/riskmanagement。

但除非有大量的历史数据，否则你很难估计出两个变量之间的相关性。相关性并不是可以完全凭直觉，通过校准估计值近似的。就好像第 10 章所描述的那样，明确变量间的联系从而建立相关性。例如，在重大数据泄露事件中，企业所负的法律责任和客户欺诈检测的成本将相互关联，这是因为它们都是被泄露记录数的部分函数。如果将这些成本（损失）分解，并且使用相同的被泄露记录数估计值，两个变量将相互关联。

此外，有些事件实际上可能催发其他事件，导致级联故障。这也可以通过在模拟逻辑中显式建模来体现。简单来说就是，如果事件 B 发生，那么事件 A 发生的概率增加。例如，2018 年在加利福尼亚州，倒下的电缆塔导致了山火，当局不仅要面对不断加剧的火灾影响，还要应对大量人口断电。将事件之间的相关性和依赖性纳入考虑范围后，极端损失发生的概率将大大增加。

提高专家主观估计的更优方法

在第 11 章中，我们讨论了校准训练如何提高行业专家的主观估计。大多数专家一开始都过于自信，但通过训练他们可以克服这一点。据观察证实，专家说他们有 90% 的自信时，他们 90% 的情况下是正确的。

我们还可以采取更多举措改进专家估计。首先，专家不仅过于自信，而且专家间高度不一致。其次，我们可能需要考虑如何整合专家资源，因为不是所有的专家都表现优异。

减少专家间的不一致

在第 7 章中，我们介绍了 20 世纪 50 年代一位名叫埃贡·布伦斯维克（Egon

Brunswik）的研究人员及其研究成果，他指出专家们的估计高度不一致。例如，如果根据每个项目的描述性数据（持续时间、项目类型和项目经理经验等）来估计项目失败率，专家们会对同一个项目重复给出不同的估计值。如果重复的项目在列表中相隔得足够远——比如一个是第 11 个项目，另一个是第 92 个项目，忘记自己已经回答过的专家通常会在第二次至少给出略微不同的答案。布伦斯维克还展示了如何通过建立一个模型来预测专家的判断，并通过使用这个模型来改进估计，从而消除专家间的不一致。

减少不一致的一个简单方法是将多个专家的估计结果进行平均。判断与决策领域研究人员鲍勃·克莱门（Bob Clemen）和罗伯特·温克勒（Robert Winkler）发现，简单的预测平均值比任何个人预测都更容易校准。通过平均，我们可以减少单个不一致个人预测的影响，但不能消除团队整体的不一致，特别是如果只有几个专家。

另一个解决方案是建立模型来预测专家的主观估计。这可能看起来反直觉，但布伦斯维克得出的估计值更加一致，表明了这种专家判断模型比作为数据来源的专家更好。在第 7 章中，布伦斯维克将此称为透镜方法（lens method）。

与本章讨论的大多数其他方法一样，我们将透镜方法当做一个理想目标，并省略部分细节。如果你偏爱统计回归，那么可以通过以下步骤应用透镜方法。我们对布伦斯维克最初的方法进行了一些修改，使其能够融会贯通其他一些方法（例如，校准概率）。

1. 确定参与的专家名单并进行校准训练。
2. 请专家们列出给定估计项目的相关因素清单，但是因素应控制在 10 个以内。
3. 基于真实案例或纯粹假设，使用专家给出的因素组合成一系列情景。每位专家至少给出 30 个情景。如果专家愿意的话，100 个或者更多的情景更好。
4. 请专家们为每个情景提供相关的估计。
5. 将专家们的估计值汇总后求平均值。
6. 以专家估计的平均值为因变量，提供给专家的信息为自变量，进行 Logistic 回归分析。

7. Logistic 回归的最佳拟合公式就是透镜模型。

根据专家表现加权

在第 4 章和透镜模型中，我们只是简单地平均了多个专家的估计值。通常即使不运用透镜方法，这么做也会减少一定的不一致性。计算平均值是有用的，但我们还有更好的方法。

一位专注于决策分析的数学家罗杰·库克（Roger Cooke）对此进行了详细的研究。他进行的多项调查表明根据专家表现加权后的估计值比一般平均的估计值更好，并得到了其他人的反复证实。他还将这些方法应用于包括关键基础设施风险评估在内的多类评估中。

库克和他的同事还开发了特定主题问题的校准。不同于此前展示的一般琐碎问题的校准示例，在新的校准方法下，库克不仅可以对专家置信程度的校准进行度量，还可以评估该领域专家的一般知识水平。例如，两位同样精确校准过的专家，其中一位提供的范围是另一位的一半。因为两位专家都经过校准，所以他们都提供了自己所认为的 90% 情况下包含答案的范围。由于后者提供的 90% 置信区间较窄，因此我们应该认为他比另一位专家拥有更多的知识，不确定性更小。

库克使用校准表现和知识评估来计算每位专家估计值的权重。应客户要求，我和我的员工使用了业绩加权方法。最有趣的是，我发现大多数专家最终的表现权重为零或接近零，而只有少数或者可能只有一位，获得了团队的多数权重。

这很令人吃惊。在操作风险、工程估算、恐怖主义风险等多变的领域，我们真的可以忽略一半甚至更多专家的意见吗？显然可以。这与菲利普·泰特洛克（Philip Tetlock）的研究结果一致（参见第 9 章），尽管泰特洛克使用了不同的评分方法，他仍然发现一些"超级预测者"的表现远远超过其他人。你可以通过在团队中找到超级预测者来改进风险模型。

其他蒙特卡洛模拟工具

有诸多用户总数达万人以上的优秀蒙特卡洛模拟工具可供选择（参见表

12.1）。而且很可能有人已经在使用这些工具来解决你所面对的相似问题了。

如果你已经熟练掌握 Excel，这将是一个好的开端。但当需要开发更精细的分解并使用更高级的方法时，其他一些工具可能更合适。表 12.1 中列出的一些工具实际上是 Excel 插件，为 Excel 添加更多的功能。其他工具则是完全独立的软件包，还有一些可能更适合企业解决方案。这个领域经常有参与者进入或退出，所以表 12.1 可以作为你开始进行相关研究的临时名单。

表12.1 一些可选的蒙特卡洛模拟工具

工具	开发者	简介
Excel	微软（HDR提供免费模板支持）	适用于绝大多数用户；HDR开发了使用HDR伪随机数生成器（PRNG）的免费下载模板www.howtomeasureanything.com/riskmanagement
SIPMath	萨姆·萨维奇，www.Probabilitymanagement.org	一个直观和免费的Excel插件集，来自萨维奇的非营利组织，用于促进蒙特卡洛模拟工具的标准化；这些工具使用Hubbard PRNG
RiskLens	RiskLens	主要针对网络安全开发，内含为该用途研发的一个分解方法
Risk Solver Engine	Frontline Systems	基于Excel的独特开发平台，以前所未有的速度执行交互式蒙特卡洛模拟；支持以SIP和SLURP格式进行概率管理
Analytica	Lumina Decision Systems	运用非常直观的图形界面，将复杂的系统建模过程变为一种交互流程图；在政府和环境政策分析中具有重要的地位
R and RStudio	开源，由R统计计算基础支持	不仅仅是蒙特卡洛模拟，R是一种流行的开源统计编程语言，拥有大量的用户群；R的大多数用户使用RStudio作为更直观的界面；需要更多的技术知识
Crystal Ball	Oracle（前身Decisioneering,Inc.）	基于Excel；内含多种分布类型；相当精密的工具；拥有广泛的用户基础和技术支持
@Risk	Palisade Corporation	基于Excel的工具；Crystal Ball的主要竞争对手；用户多，技术支持广泛
SAS	SAS Corporation	功能远远不止蒙特卡洛模拟；许多专业统计学家都使用这一相当复杂精巧的软件包
SPSS	SPSS Inc	功能远远不止蒙特卡洛模拟；在学术界更受欢迎
Mathematica	Wolfram Research	功能远不止蒙特卡洛模拟的强大工具；主要由科学家和数学家使用，但在许多领域都有应用
Pelican	Vose	以蒙特卡洛模拟为基础的企业风险管理与风险治理工具

（译者注：开发者公司所在地址参见英文原版）

建模者的自我检验

对现实进行模拟的模型呈现出模型自己的"现实",这种情况不胜枚举。而模型的使用者可能会最终接受这一"现实",并把它当做真相。哲学家柏拉图(Plato,一位唯心主义者)和巴鲁赫·德·斯宾诺莎(Benedict de Spinoza,一位理性主义者)相信所有的知识都来自他们的模型(推理),即我们所知道的一切都可以不用观察,仅通过推断得出。在某种程度上,他们认为需要诉诸观察只能说明我们的推理能力存在弱点和缺陷。

与之相反,哲学家大卫·休谟(David Hume)是一位经验主义者。即便是最严格、理性的模型,在经验主义者看来都值得怀疑,他们更喜欢亲身观察和探寻现实世界的真相。经验主义者坚持认为,即使我们的推理能力是完美的,单凭推理也不足以作为知识的基础。事实上,在经验主义者眼中,如果没有观察我们所谓的推理在最初就不可能被人们所掌握。但最好的组合似乎是同时掌握理论技能和观察技能。诺贝尔物理学奖得主恩利克·费米(Enrico Fermi)和理查德·费曼(Richard Feynman)既是远见卓识的理论家,又是细致入微的观察者。他们有一个诀窍,那就是能用比人们想象中简单得多的观察方法来检验任何宣称。

然而,我认为大多数建模者,无论是否真的考虑过这个问题,他们的观点相比休谟而言,更接近柏拉图和斯宾诺莎。大多数建模者相信,由于使用了像蒙特卡洛模拟这样听起来很巧妙复杂的方法,他们的模型就应该是可行的。经过这个过程,他们和他们的客户可能会对决策更有信心。但我们知道分析的安慰剂效应(参见前面章节),也知道他们对这种方法有效性的信心是不可靠的。

通过对比模型与历史的匹配程度,不断测试模型绝对是必要的。这涉及对模型进行跟踪和/或回溯测试。追踪只需记录预测,并将其与最终结果进行比较。例如,观察一组由模型产生的项目成本估算与现实结果的匹配程度。回溯测试除了可能使用模型构建之前的真实历史事件数据进行测试外,其他方面与模型跟踪相似。换句话说,回溯测试就是根据已有的数据测试模型。对于估算项目成本的相同模型,不必等到当前的项目完成。而是将过去的模型代入进行回溯测试,建立起对构建新模型的信心。尽管回溯测试并不难实现,但第 10 章中对建模者的调查显示，很少有人这样做。分析师或管理层几乎没有什么动力回过头去检查那些与现实不符的模型。

> **跟踪**：记录模型中的预测（包括对模型中变量的预测），以便过后将预测与实际结果进行比较。
>
> **回溯测试**：运行模型并将结果与现有的历史数据进行比较。

在前面章节的研究中，有证据表明使用统计模型、分解和蒙特卡洛模拟可以改进估计。我们知道这一点，不是因为这么做能让我们对估计值更有信心，而是大量试验中估计值与实际值比较结果的佐证。

本着这种精神，我经常试着回顾过去，检验预测是否与现实相符。在我全部预测模型的所有变量中，只有少部分变量可以很容易地获取真实数据，并和预测进行比较。但这些变量加起来仍然超过 200 个。我们拥有这些变量的初步估计结果和实际结果，然后将二者进行了比较。

我们可以像前一章中验证判断对错问题校准测试的结果一样，验证二元概率的预测。也就是每当我们说某个事件有 10% 的可能性发生时，这个事件应该在 10% 的时间中出现。要验证预测区间，可以应用一个比我们用来验证 90% 置信区间更详细的测试。为了从实际观察中获得更多的数据，我将所有原始的预测区间分成多个部分：

- 50% 应该在四分位范围（分布中间的一半）内。
- 5% 应该高于 90% 置信区间的上限。
- 5% 应该低于 90% 置信区间的下限。
- 20% 应该高于四分位数，但低于 90% 置信区间的上限。
- 20% 应该低于四分位数，但高于 90% 置信区间的下限。

各部分的划分是任意的，你也可以定义一个非常不同的集合。但是，对于判断对错问题测试，事件出现应该和我们的估计频率相同。在这种情况下，实际数据落在这些区间内的次数应该大致和预测所暗示的相同。区间不必都是相同的分布类型。无论形状如何，我们总能对区间进行划分并找到相对应的分布类型。此外，无论我们怎么去定义一个分布，只有 5% 的数据应该高于预测的

95 百分位。

回过头来看时，我发现在统计允许的误差范围内，大多数类型的数据预测都按照我们的预期分布。对这些数据的预测方法是有效的。然而，在 2001 年，当我的数据库项目达到 30 个时，我发现虽然一些建模者已经在校准测试中显示了自己的概率分析能力，但是仍有一些变量的校准估计值预测效果不佳。这些即使经过校准训练，建模者也不能很好预测的两个领域是灾难性项目失败（取消）和业务量估计。

建模者对项目中途取消（项目开始后停止）进行评估得出的概率太低，无法解释我们观察到的实际情况。项目取消率的校准估计值从来没有大于 10%，平均值为 5%。但是对这些项目启动后的观察显示，实际取消率是 30 个项目取消了 6 个，即 20%。根据我们前面讨论的二项分布计算，如果每个项目平均取消的概率只有 5%，那么 30 个项目中有 6 个被取消（根据二项分布计算小于千分之一）是极其不可能的。而且其中一个实际被取消的项目此前被认为完全不可能取消。

我还发现，那些没有直接参与跟踪业务量的人同样无法很好地预测业务量。在我为公司评估的许多经营投资中，投资回报率在一定程度上取决于销售情况。例如，如果一家保险公司试图提高新保单的处理效率，那么这项举措的价值一定程度上会反映售出的新保单数量。起初，我们让 IT 经理对此进行估计，并且如果信息价值证明这么做是值得的话，再做更多的研究。可我再次发现 IT 经理对业务量的很多初始预测都与实际观察结果大相径庭。

好消息是，由于这种跟踪和测试，我发现关于项目取消和业务量变化的历史数据比经过校准的估算更可靠，即使这些数据来自行业而不是特定的公司。现在我们还知道，如果跟踪的对象不属于管理人员的专业领域，那么最好不要让他们估算业务量。此外，对于我要求做出的其他类型预测（例如，项目持续时间、生产力改进、技术采用率等），评估人员校准后的估计值表现良好——大约 90% 的观察结果都在最初预测的 90% 置信区间内。

使用历史数据来验证模型，跟踪预测并将其与实际结果进行比较是相当简单的。尽可能得到你能得到的数据，不要担心无法获得所有的数据。尽管数据有限，但我还是从跟踪结果中掌握到了一些有用的东西。这里有四点需要牢记的事项（如果这些和此前提到的要点相似，那是因为原则是贯彻始终的）：

- 避免因为每个模型都是独一无二的，就认定不能以某种综合方式对各模型结果进行评估。通过比对估计的事件发生概率与实际结果，仍然可以横向评估所有类型的预测。例如，可以观察所有类型预测中的 5% 尾部，看看是否确有 5% 的结果落在这一范围内。此外，应避免犯圣海伦斯火山谬论（参见第 10 章）。我们不能仅仅因为两种不同系统有其独特的方面，就认为从其中一种系统中无法学到关于另一种系统的知识。无论问题有多特别，都能找到足以涵盖它的参考类。

- 不要因为手中只有几个模型，就担心没有足够的数据来进行结果跟踪。模型中几乎每一个变量都可以用来观察，以检验预测的效果，无论这个预测是基于其他历史数据还是经过校准的估计。即使是单个传统模型，也会有好几种可供跟踪的预测。10 个模型可能只使用和生成 10 个预测结果，但涉及的独立变量却可能有数百个。

- 不要担心有些数据不是那么容易获取，因为总有些数据是很容易就能得到的。如果因为缺乏大量的操作研究，你无法判断对某些生产力改进的预测是否准确，请不用担心。你可以通过检查实际项目所耗时间或生产过程中的小部件很容易地进行判断。

- 不要认为几个数据点什么也说明不了。根据拉普拉斯继承法则，从少量的数据中你仍然可以得出有效的推论。而继承法则只是诸多例子中的一个。我们至少应先获取数据，然后再确定可以从中掌握什么信息。在被认定百分之一百不可能终止的 IT 项目中，我用一个数据点错误就证明了原本的估计是失败的。如果一个事件原本估计发生的概率小于 1%，但在 10 次预测中发生了 3 次，那么你已经有足够的数据来说明该事件发生的概率很可能大于 1% 了。

- 改变你的时间尺度。一些分析师习惯于观测 5 年期的数据，好像 5 是一个有魔力的数字。但是，正如 2008 年国际金融危机所证实的那样，几十年才发生一次的事件，其影响可能要大得多。假设一个事件每年的发生概率只有 5%。在 5 年的时间里，这个事件发生的概率仍然只有 23%，但是在人们通常为期 40 年的职业生涯中，该事件发生的概率将达到87%。即便是向管理层展示10年内事件的发生概率，而不是1年，也能让他们从更好角度来审视那些影响深远的事件。

- 如果涉及历史，请使用元历史（meta-history）。元历史是指比当前所考虑的历史主题更广泛的参考类，即类似历史事件的集合。例如，如果你在观察股票的历史价格波动，问问你自己，"从历史上看，某一时间范围内特定波动发生的次数有多少？"对于金融分析师来说，利用股票过去五年的波动率来估计下一季度的波动率是很常见的。如果我们观察道琼斯历史上的每一天，过去5年的波动性与下一个季度的波动性匹配程度如何？我们会发现，下一季度的波动率大约介于前五年波动率的一半到两倍之间。正如我们在第10章中发现的，不要死板接受两个变量之间的历史相关性，并将其作为不可变的事实。而应掌握历史上相关变量的相关性变化频率。

你必须了解的第一件事是自己。一个了解自己的人可以走出自己，像旁观者一样观察自己的反应。

——亚当·史密斯 ADAM SMITH [化名]，金钱游戏

◆ 注释

1. R.T. Clemen and R. L.Winkler, "Combining Economic Forecasts," Journal of Business & Economic Statistics 4, no. 1 (January 1986): 39–46.

2. Roger Cooke, Max Mendel, Wim Thijs, "Calibration and Information in Expert Resolution: A Classical Approach," Automatica 24, no. 1 (1988): 87–94.

3. M. P. Wiper, S. French, and R. Cooke, "Hypothesis-Based Calibration Scores Author(s)," Journal of the Royal Statistical Society, Series D (The Statistician) 43, no. 2 (2011): 231–236, https://www.jstor.org/stable/2348340; Roger M. Cooke, Experts in Uncertainty: Opinion and Subjective Probability in Science (New York: Oxford University Press, 1991).

4. R. M. Cooke and L.H.J. Goossens, "Expert Judgement Elicitation for Risk Assessments of Critical Infrastructures," Journal of Risk Research 7 (2004): 643–656.

5. Philip E. Tetlock and Dan Gardner, Superforecasting: The Art and Science of Prediction (New York: Crown Publishers, 2015).

第 13 章

风险共同体：组织内外的风险管理问题

> 承担预测后的风险与鲁莽轻率截然不同。
> ——乔治·巴顿
>
> 预测是困难的，尤其是预测未来。
> ——诺贝尔物理学奖获得者 尼尔斯·玻尔

本书大部分内容主要集中在分析风险和决策的方法上。这当然是解决风险管理问题的关键。继续使用堪比占星术的风险评估方法，是不可能改进风险管理的。实施更好的方法来衡量风险，才能更好地指导风险管理。

为了改进风险管理，组织还必须克服除定量方法以外的其他障碍。打破组织内的"筒仓"[①]，建立高质量的程序，并对好的分析和决策提供激励。

解决风险管理问题需要一些更宏观的方案。这包括公司内部，甚至是最终跨越公司边界的协作。组织必须有足够的决心来修复风险管理，而不是进行流于表面的风险度量，例如宣称设立了一个正规的风险流程，甚至是任命一位"风险沙皇"（risk czar）。

我们将以一些重要指引来结束本书，包括统筹团队、管理模型、激励好的表现和开发超越单个组织范畴的解决方案。此外本书还将分享一些实际用户的亲身实践观察。

---

① 译者注：筒仓效应指组织内部缺乏沟通、各自为政，就像一个个筒仓。

统筹全局

作为和我一样的风险评估方法倡导者，萨姆·萨维奇（Sam Savage）认为组织管理和质量控制问题也是同等重要的。萨维奇认为，"风险管理失败的最大原因是缺乏对诸多单个风险模型的整合，以及缺乏对模型进行评估的能力。"怡安集团（Aon）的克里斯托弗·基普·博恩（Christopher Kip Bohn）表示认同："组织中存在巨大的筒仓效应。没有人会从宏观角度看待组织的风险，风险缓释资金没有被有效地利用。如果不解决这些问题，即使再精妙的风险分析方法也无济于事。"

由谁来统筹

请允许我对此前风险管理的概念进行重申，并谈一谈首席风险官（chief risk officer，CRO）应该扮演怎样的角色。正如我之前提到的，风险分析只是决策分析的一部分，而分析只是风险和其他任何一种管理的一部分。第 6 章指出，有些人认为风险应该包括不确定的收益和损失的同时，却把涵盖收益的风险分析称为决策分析。当前，一些包括我在内的分析人员将具有收益的风险分析称为风险/收益分析（risk/return analysis），风险仅是问题的一半。如前所述，对于不确定性的两个方面（收益和损失）仅使用风险一词很容易使人困惑。

为支持组织实现目标，需要以系统的方式对所有不确定性（包括风险）进行分析。在所有重大决策中，最好的选择来自风险与收益之间的权衡，即风险/收益分析。无论赋予什么头衔，公司中需要有人负责对所有类型的不确定性进行总体评估。会计方法根本无法对概率不确定性进行量化。甚至有时站在首席财务官（CFO）立场也会过于狭隘，因为我们还需要解决首席运营官（COO）、首席信息官（CIO）、市场营销以及其他所有方面存在的不确定性。

看来我们应该考虑使用内涵更广泛的术语来称呼这一职位，例如首席决策分析官（chief decision analysis officer，CDAO）或是萨姆·萨维奇建议的首席概率官（chief probability officer，CPO）。但是不得不承认，首席风险官（CRO）是一个更好的保底选项。让某人负责风险听起来比由某人负责概率建模更像是管理者在积极、勇敢地正面困难。尽管首席概率官（CPO）的头衔可以让职位上的人清楚自己在公司扮演的角色，但是，正如萨维奇认为的那样，"风险管理已经毒化了这口井"，而且可能没有回头路了。因此，让我们从这里继续走下去吧。

无论头衔是什么，此人都应该对以下事务负责：

- **定义和安排职位**：除首席风险官（CRO）外，依据公司规模还需要一名或多名分析师。第 4 章和第 11 章中讨论的模型是有意简化的，如果想更深入地研究第 12 章中描述的方法，那么可能需要一些在决策科学方面受过专门训练的人。此外，可以考虑成立一个风险委员会，由公司不同部门管理层的代表组成。该委员会将参与确定风险承受能力，并就维护风险模型的相关程序进行协商一致。

- **确定培训要求**：任何为模型提供主观估计的个人都应经过校准训练。风险委员会和其他利益相关者至少应熟悉定量方法。首席风险官和助理分析师至少应该熟悉本书中的方法，能够研究上一章提到的高级方法就更好了。

- **创设模型管理程序**：派遣人员管理组织所有关键不确定性（包括机遇和风险）模拟的初始开发和持续改进。而不是针对不同问题组建一套分隔的独立风险模型。

- **跟踪和改进预测**：如第 12 章所述，应该对模型本身的绩效进行评估。派遣人员设置和监控公司所有预测的效果，以便将来逐步提高对不确定性的分析。此人将负责设计和监督用于跟踪个人预测、报告实际结果和激励更好预测的系统。

向利益相关者推荐更好的风险管理方法

第 4 章中提出使用简单的损失超越曲线（也称超越概率曲线）和容忍度曲线来阐明可承受的风险程度。除了明晰风险管理的关键要求之外，定义组织的风险承受能力并引导管理层参与其中的重要部分，也可以提高他们对这些方法的接受程度。

这可以由相应高级别管理层通过单个研讨会来完成：视情况可以在高级管理层参会之前设定初步的容忍度曲线。我们可以花费大约 20 分钟或 30 分钟的时间来解释建立定量模型的原因以及说明为何需要明确风险容忍度。与决策者们沟通的话题包括为什么需要更好的方法以及定量方法的优点。介绍（仅用一到两张幻灯片）风险矩阵的问题以及使用定量方法进行的估算改进，并说明相比之下定量方法实际上与其他财务方法更具有一致性。

在我发起会议时，常常会有人告诉我这可能会使管理层更加抗拒定量方法，但事实不然。与这些警告相反，我发现管理层理解为什么需要使用不同方法，并且非常乐于讨论他们愿意承担多大风险的。管理层赞赏不必一成不变的首次尝试，开始讨论需要多久更新一次曲线。如果第一次的结果表明管理层的首条曲线对风险的规避是不切实际的，那么他们可能会决定进一步修改曲线。除了一些初步的改进，曲线的修订频率最高不超过一年一次。每隔几年修订一次可能更适合于容忍度曲线这类平稳的企业级战略政策。

本书前面各章中的论点很有用。它们向管理层展示了为什么某些解决方案比其他解决方案更好，而某些解决方案是事实上的最佳实践。简而言之，向利益相关者推荐更好的风险管理方法可能比想象中要容易。利益相关者渴望解决方案，而我们只需要准备好正确的论据即可。

管理模型

跨越组织的筒仓将多个模型组合成一个整体模型，这个想法似乎令人生畏。但其实我们可以从一些种子模型和公司的每个新风险/收益分析开始，或者从自上而下的设计开始来构建组织的整体模型。整体模型的技术基础可以是前文描述的任何一种蒙特卡洛模拟工具。

整体模型的理念是，如果公司正在评估两个不同领域关于收入不确定性的风险/收益模型，那么这两个领域应该使用相同的模型进行收入预测。营销人员（或任何最接近问题本身的人）应该负责为收入不确定性建模，并且其他建模者都不应该、也不需要再独自重复建模。同样，如果天气、股市和汇率等不确定性因素对所有模型均有影响，那么为大型技术投资、新产品和供应链构建风险/收益模型的分析师们也应该避免重复建模。

我们需要一个专门的存储库来分析不确定性情形下的组织决策。我将其称为全局概率模型（GPM）。图 13.1 展示了在持续的建模工作和外部事件影响下，GPM 是如何不断发展的。实际上，该流程的右半部分是我在 20 世纪 90 年代开发的应用信息经济学（AIE）方法。这一方法最初主要针对涉及高度不确定性、风险和无形资产的重大决策。图 13.1 展示了独立建模工作与不断发展的 GPM 之间的双向交互作用。每当新决策需要额外建模时，新的模型就会成为 GPM 的一部分。

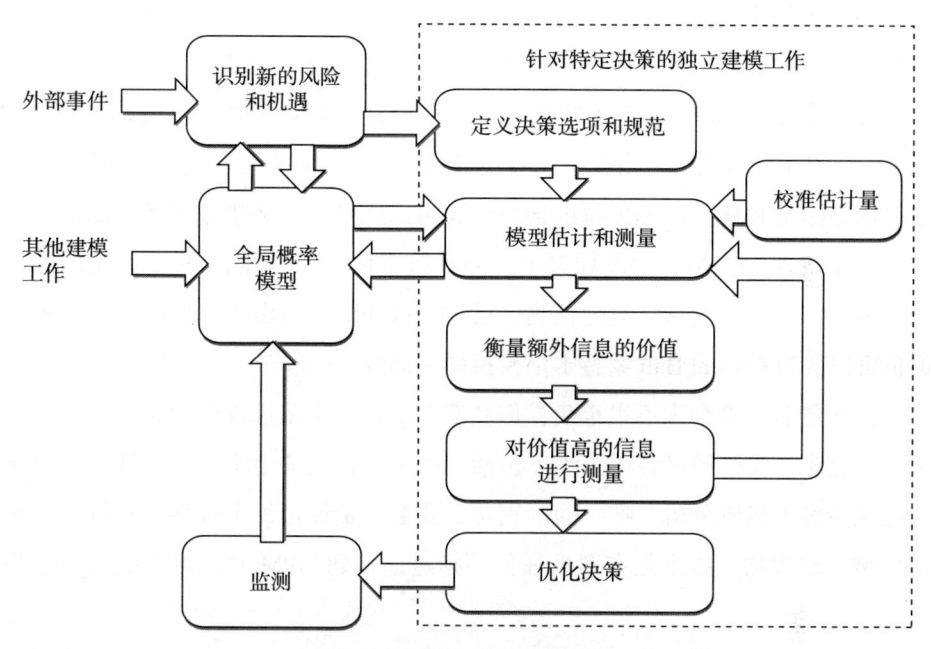

图13.1　不断演变的全局概率模型

除了组织中的独立建模工作外，图 13.1 还显示了其他更新 GPM、并与之相互作用的输入源。GPM 的输入源可以是来自组织之外的其他建模工作，也可以是外部事件和新的风险来源，即便这些输入源有时对特定决策分析毫无帮助。此外，GPM 本身也是识别组织新风险的方法之一。

萨姆·萨维奇开发了一个解决方案，很好地促进了 GPM 所需的信息共享。萨维奇通过技术手段创建了储存情景库，即一个包含 10 万个情景的数据库，每个情景都涉及多类问题。库中包括已经相互关联的诸多变量，例如节假日销售额、临时工薪资成本或能源和钢材成本等。萨维奇称之为随机信息包（stochastic information packets，SIPs）和保持关联的随机库单元（stochastic library units with relationships preserved，SLURPS）。

通过创建标准情景库可以进行蒙特卡洛模拟工具通常做不到的审计跟踪。这些构成了萨维奇所说的权限认证分配的一部分，即针对特定用途进行权限验证。萨维奇的目标是建立一种前所未有的质量控制和标准化水平。这不是一个产品，而是萨维奇所倡导的标准。Crystal Ball 和 Risk Solver 已经支持这一标准，萨维奇正在从开发蒙特卡洛模拟软件的公司中寻求更多的参与者。

组织使用中的企业应用程序或许能对 GPM 的构建起到十分积极的影响。反之，企业中所有主要应用程序可能很快就会有相应的概率建模应用方法。吉姆·富兰克林（Jim Franklin）曾在 Oracle 公司管理 Crystal Ball 部门，他解释说 Oracle 公司正在将蒙特卡洛模拟工具集成到企业的所有主要应用程序中："企业中采用 Oracle 程序静态输入量的地方，还可以选择采用随机输入量。例如，在客户关系管理（CRM）中添加渠道预测和概率估计。"其他一些企业应用程序则生成用于规划、预算之类的预测。目前，这些预测给出的都是确定性结果，但仍可以成为 Crystal Ball 蒙特卡洛模拟的一部分。

这可能看起来令人不堪重负，但其实并不比在决策过程中初次运用蒙特卡洛模拟更难。我曾经对各类组织（包括一些不是很大的组织）在各种决策问题中的风险做了随机分析。唯一的区别是，我会尽量保留每个模型，并将其与其他模型一起添加。以下是在开发任何模拟进而构建 GPM 时，需要记住的一些事项。

首先以一些模型组件标准化为起点，这些组件不应该在每次需要评估某些新决策的风险和收益时重新创建。一些可以尽早标准化的组件可能包括公司的销售额（如果是非营利机构或政府机构，可能需要其他衡量产出的指标），以及销售额如何与其他经济指标挂钩。同样，应该考虑如何标准化如天气、事故、网络中断或停电等日常风险。

然后将这些风险作为下一个重大风险/收益分析（如对生产设备进行投资等）的一部分。在分析中开发的模型随后成为 GPM 的一部分。这种情况在每次分析新决策时都会发生，对于大多数中等或更大规模的公司来说则更加频繁。这也可以和自上向下的设计方法结合在一起。尽管有别于独立决策，但我们仍可以把独立风险/收益分析中使用的几种模型开发方法运用于自上向下的建模。

建模应该是一个与领域专家（SMEs）相互交流的过程，而且我发现了一些相比之下更好的交互过程。许多分析师以"集思广益"会议为开端，确定所有可能出错的地方。我也是这样开始的，但我发现除非我们尝试各种方法，否则集思广益过程的回报会很快达到一个递减点。以下是一些让这个过程能更好继续下去的思路（包括对前几章的一些有用方法的重复）：

- **假设已经失败并进行反思**：如前所述，使用加里·克莱因（Gary Klein）的"死前验尸法"方法。假设一场大灾难确实发生了，然后反思这为何发生。

- **关注他人的风险**：曾在管理咨询公司国富浩华（Crowe Horwath）工作的里克·朱利安（Rick Julien）提出了一种方法，那就是从其他公司寻找思路发现一系列风险点。你可以查看所在行业所有上市公司年度财务报告中的 10-K 表。上市公司必须在 10-K 表的第 9 小节向公众披露他们所面临的风险。这些客户自身可能无法想到的风险点，在朱利安看来是对风险分析的建设性补充。建议查阅主要供应商甚至客户的风险评估报告。还可以抽取关联行业非竞争对手（其他服务行业、其他耐用品制造商等）的 10-K 表作为参考。

- **让所有人都参与进来**：组织中存在大量对各类特定风险了如指掌的专家，同时他们中的大多数很有可能都不在管理层。应该开展工作对公司各个级别的代表进行问询。

- **向商业保险顾问咨询潜在风险**：有时顾问的建议可能很片面，但往往很实用。一些风险管理公司，如怡安（Aon）和甫瀚咨询（Protiviti），能从一个相当宽广的视角来应对风险问题，而且精通风险分析和风险管理领域的量化分析。

- **进行同行评议**：约翰·斯凯勒（John Schuyler，参见第 9 章）说："我 30 年来看到的最大进步是同行评议。在进入管理层决策前，所有事情都要经过严格的筛选。"这在多个层面上都是明智的。首先，向没有沉浸在模型中的人展示模型，可以很好地检验模型假设。其次，电子表格错误是决策分析中的一种"流行病"。基于电子表格的风险分析工具也可能出现这种错误。研究表明，电子表格计算出错的程度可能远远超出了大多数管理者愿意相信的范围。

- **使用动态在线资源**：访问 www.howtomeasureanything.com/riskmanagement，获取不断增多的风险类别及其相关因素列表。网站有专门负责对风险列表进行扩充的讨论小组。无论购买这本书后发生什么，本书读者都能得到最新的信息。我还会在本书的网站上提供其他好的资源和下载免费工具的链接。

激励校准文化

在校准文化（calibrated culture）中，管理层和领域专家（SMEs）知道预测将被记录和报告，同时，好的预测将得到激励。此外，该文化下，缓释风险的措施与提高季度利润的举措一样均与薪酬计划挂钩。

为建立校准文化，你要做的不仅仅是对估计值进行校准，还需要跟踪预测并报告结果（例如，显示预测结果是否正确）；激励好的预测；以及更重要的是大部分时间按照符合组织长期最佳利益的方式行事。

度量预测者表现的指标

Brier 评分是进行激励的方法之一，它最初发明于 1950 年，主要应用于天气预报领域。通过估计值正确的频率和预测者认为自身估计正确的概率，Brier 评分实现了对预测结果的评估。如果预测者有 90% 的把握，而不是只有 50% 的把握，那么在预测正确的情况下，90% 把握的预测价值更高。如果预测者有 99% 的把握，但最终预测结果是错的，那么相应的评分惩罚也比他只有 60% 把握时要大。

经论证，决策理论研究者认为 Brier 评分是一种合格的评分机制，因为它在任何情况下都不可能被操纵；也就是说，除了尽可能在每次预测中给出最佳校准答案外，不可能通过使用诡谲的策略得到更好的分数。例如，在 90% 置信区间问题的简化校准训练中，可以给出一个荒谬的超大范围估计来包含 90% 置信区间，相应地对剩下的 10% 给出一个很小的范围，从而得到一个完美校准的结果——完全正确的 90% 置信区间。但是 Brier 评分会惩罚这种行为。

Brier评分取一系列个人项目预测结果的平均值，同时评分越低越好（类似于高尔夫）。完美预测在Brier评分中用0表示，只有对每一次预测都有100%的信心，并且所有的预测都是正确的，才能得到这个分数。最差的平均值分数是1，在这种情况下，预测者总是有100%的信心，但每一次的预测都是错的。

评分计算如下：

Brier项目评分（单个预测结果的评分）= $[P(T)-T]^2$

其中：

如果某一特定预测是正确的，T = 1

如果不是，T = 0

P(T) = 预测者对所作预测的信心，即主观认为预测正确的概率

Brier评分平均值 = 某一预测者所有Brier项目评分的平均值

例如，一位专家预测本月工厂车间将不会出现需要医疗护理的人员伤亡情况。如果这位做出预测的专家有90%的把握认为"本月不会有人受伤"的说法是正确的，那么P(T) =0.9。如果专家有80%的把握认为这一说法是错误的，那么P(T) = 0.2。如果之前的预测［P(T) = 0.9］是正确的，那么T = 1，项目的Brier评分为：$(0.9 - 1)^2=0.01$。几个项目的Brier评分平均值如表13.1所示。

表13.1　Brier评分的核心预测示例

今年以下事件可能发生	P(T) =认为事件会发生的概率	事件发生(T=1)，或事件未发生(T=0)	Brier项目评分 $=[P(T)-T]^2$
新产品推出上线	0.95	1	0.0025
罢工	0.25	0	0.0625
主要竞争对手发起并购	0.5	0	0.25
首席运营官退休	0.6	1	0.16
伊利诺伊州工厂需要裁员	0.4	1	0.36
Brier评分平均值			0.167

要激励校准文化，并更好运用Brier评分还需记住以下几点：

- 只需将事件分解为一组组独立的发生 / 未发生预测，就可以计算出Brier评分区间范围。例如，一栋新建筑的成本范围可以表示为，超过特定金额对应一个百分比置信度，超过另一金额对应另一个百分比置信度，依

此类推。
- 一些预测，如项目的完成日期，一旦事件发生将很容易得到确认。但有些预测结果可能需要专门测量来证实。例如，预测一项新技术将提高超过 10% 的生产率，可能就需要经过专门调查。对所有这些预测进行衡量从经济角度来看，可能是不现实的。但是，可以用这种方法来测量预测的随机样本，这样预测者就能知道，他们做出的任何预测都有机会被证实。当然，预测者们不能知道哪些预测将被用于评分。而那些不用经过专门测量就能判断出预测结果的项目将被排除在评分之外。
- 根据预测项目数量进行一定评分调整。转换 Brier 项目评分，将初始评分设定为 1，在计算中只需减去每次预测项目的 Brier 评分，然后将每个结果相加，而不是求平均值。这样除了预测的准确度外，做出预测的数量也将导致预测者获得更高的评分。对此，可能需要列出特定列表，对预测项目数量进行限定。
- 对于更重要的预测，可以考虑设定不同的额外加分结构。预测一个大项目的成功完成往往比预测一个小项目的成功完成更重要。

市场化的预测激励机制

如第 12 章所示，简单地将多位领域专家的预测结果进行平均可以改进估计。此外，如透镜方法和根据专家表现加权等技术手段，也可以进一步改善估计结果。

还有人提出了一个激励优秀预测的工具，那就是预测市场（prediction markets）。预测市场使得个人能够针对特定问题买卖期权。例如，如果你试图预测两位竞争对手是否会合并，可以请你的领域专家参与在线市场，并卖出如果合并发生就支付购买者 1 美元的期权。从历史上看，这些期权的买入价是预测事件发生概率的一个很好指标。假设"竞争对手合并事件"的期权以 0.65 美元的价格售出，那么这意味着市场估计有 65% 的概率该期权将值 1 美元。因为只有在合并发生时，该期权才值 1 美元。如果事件没有发生，则该期权毫无价值。

已经有多个网站和工具支持这类操作。甚至就谁将赢得选举等事件进行期权交易。Predictit.com 就是这样一个网站。而其他网站似乎总是时断时续，如果你感兴趣，可以在网上进行查找。组织也可以创建自己的内部预测市场。目前已经有几家公司在销售这种软件，并且形成了一个庞大且不断增长的用户社区。尽管预测市场已经引发了一些圈子的强烈关注，但我还是想通过分享一些观察来缓和这种过热的势头。

其一，预测市场可能不需要复杂的动态交易机制，就能达到良好的效果。我的公司有机会与客户一起测试不同版本的市场预测。有一次，我们在一家制药公司测试了一个简单版本的市场预测。没有 7×24 小时的实时交易机制，我们只是通过电子邮件处理卖价和买价订单，然后每周在电子表格上结算一次。这种简单方法的效果与更复杂的解决方案相当。

其二，此前提到过的菲利普·泰特洛克（Philip Tetlock）将预测市场与其他预测方法进行了测量比较。基于对预测结果相对准确度的衡量，泰特洛克得出的结论是预测市场的准确度比普通预测团队的准确度高出 20%，但他同时得出的结论是超级预测团队的预测准确度比市场高出 15% 到 30%。

激励正确的行为

营造校准文化的最大难题，或许不是对预测的激励，而是对公司更好决策的激励，其中包括更好的风险管理。如果我们以量化上有意义的方式衡量风险，那么风险水平就可以像短期利润一样与管理层奖金挂钩。如果基金经理只是通过高杠杆化的头寸获得高额利润，而这种头寸可能会使整个公司陷入破产的境地，那么在计算他奖金时应该把面临的更高风险（该风险通过全概率模型 GPM 计算）也考虑进来。

与我交谈过的大多数金融市场、银行业或保险业相关的风险分析师都指出，低效的激励措施是导致市场在 2008 年出现许多问题的共同原因。麦肯锡公司（McKinsey & Company）的风险专家安德鲁·弗里曼（Andrew Freeman）表示："激励是罪魁祸首。如果没有适当的激励，风险管理就会变成在一个个方框中打钩，只是为了让管理层自己感觉更舒服。"通常情况下，无论风险敞口是增加或减少，在管理层授意下奖金都可以发放出来。一旦计算并支付奖金后，即使高管们采取的风险头寸导致了灾难的发生，这些奖金也永远无法被修改。

如果投资者、董事会和监管机构想要解决这个问题，就必须在高管还在任、奖金还未发放的时候开始衡量风险。可以从多个方面考虑风险来实现这一目标。例如，第 6 章中使用的货币当量（the certain monetary equivalent，CME）构想。不管是盈利还是亏损，用一个确切的金额来等价表示公司不确定可能的范围结果。假设某位经理带领部门赚取了 500 万美元的利润。但全概率模型 GPM 显示，这位经理的决策未来可能会对公司造成 50 万至 400 万美元的损失，且概率达到 25%。经理的奖金应该基于风险调整后的利润。由董事会或其他相应级别高管算出 CME，并以此作为奖金发放的更合适基础。

董事会还可能做出决定，推迟发放部分奖金，并根据未来的损益情况进行调整，即便那时有的经理甚至已经退休了。如果经理倾向于当下一次性支付，那么奖金数额必须反映出不确定性。当经理出售这些未来或有奖金的期权时，买家可以基于同样的考虑因素来为未来或有奖金定价。这一计算将基于独立个体或其他机构的分析进行。

激励更好的预测和更优的未来风险管理是至关重要的。没有这些激励，任何复杂精巧的风险分析或建模都将毫无用处。

组织之外的问题：宏大的解决方案

风险管理中的一些重大问题不是单个公司能够解决的。这些最为关键的问题只能通过制定标准的组织、新的专业协会的更好指导；以及在某些情况下，通过法律的变更得到解决。我们可以成为倡导者，并参与到这宏大的解决方案中来。

设置更多职业

在所有风险管理职业中，精算师是唯一真正得到法律认可的。成为一名精算师需要通过多个标准化测试来证明自己的专业熟练程度。精算师还需要遵守由资格签发机构发布的职业道德规范。当精算师在保险公司的精算意见书（the Statement of Actuarial Opinion）上签名时，他们是以自身执照作为担保。就像医生和律师，如果精算师失去执照，是不能换个地方从事相同职业的。保险业以外的不确定性建模行业也可以遵循这类专业标准，并从中大大受益。

制定标准的组织、政府附属机构或其他协会等，一直是使某一工作成为专门职业（profession）的关键。但是，诸如 PMI、NIST 等制定标准的组织，都应该为其明目张胆地推广本书此前揭穿的无效方法而负责。由这些机构创设的评分方法也应该被一并抛弃掉。直到在标准树立过程中包含具有定量决策分析背景的人员前，这些组织应该中止设计风险分析方法的业务。专业人士应该坚定行业标准的朝向，以此来掌控所处职业的发展方向。

改善监管环境

为获得法律监管而进行游说似乎不符合组织的利益，但即使从自身利益角度出发，这么做有时也是合理的。组织是整个生态系统的一部分，风险在系统中不止影响一个个体。企业之间不仅通过国家和州一级的监管机构，还通过供应商、客户和当地政府相关联。其他组织的风险都与你有关。由此，规章制度应该被视为可以缓释系统中所有各方风险的措施。

不幸的是，许多法律和法规对于什么才是正确的风险分析含糊不清，以至于本书此前揭露的诸多无效方法仍能满足监管要求。《萨班斯—奥克斯利法案》（*Sarbanes-Oxley ACT*）中有一整页关于风险评估的指导方针，却没有提到什么才是合适的方法。美国财务会计准则委员会（The FASB）纵容了过多的主观解释，甚至应该写入财务报告的或有损失也不例外，这使得整个指导文件都失去了意义。

这些模糊的法律给人一种印象，那就是管理风险就只是以某种方式强调风险管理而已，至于做什么或如何做并不重要。在这种情况下，无论是谁似乎都只会在事后补充进行风险管理，或是在领域内所有定量研究之外开发一个独立分割的风险管理方法。将风险定量模型纳入具体要求，是避免风险监管和风险管理只浮于表面的唯一途径。同样，监管机构也应该开发自己的全局概率模型 GPMs，制定明确的（即定量的）风险要求。

发展专业协会

无论本质上是否具有监管性质，让专业协会发挥其应有作用是一份工作能被称为职业（profession）的又一个关键因素。专业协会在促进合作方面扮演着重要角色。为实现这一目标，既可以从现存的备选协会中进行挑选，也可以成立新的协会。我目前还未看到任何能承担这一角色的协会出现，希望情况很快能有改观。

建模专业人士所组成的协会应该融合并共享那些对多个公司均有影响的模型组件。一些协会可以针对特定行业开发涉及多家公司的全概率模型 GPM，以便评估级联故障在公司间的连锁反应。在这方面，我们无法依赖监管机构，因为很不幸，监管机构几乎没有采取什么措施来整合不同的风险分析。例如，《巴塞尔协议 III》似乎只是让不同的人负责风险管理的不同部分，而没有过多考虑方法的有效性或是不同支柱之间的共模故障。

然而，一些从事金融和银行业风险分析的公司已经对组织间传染性风险进行了建模。Risk Rewards Limited 的丹尼斯·威廉·考克斯（Dennis William Cox）是一位统计经济学家，长年研究投资银行间级联故障的建模。2008 年 2 月（此时距离雷曼兄弟破产还要 8 个月），他曾告诉我，他担心投资银行业会发生级联故障，尤其是雷曼兄弟（Lehman Brothers）的风险敞口。协作建模将促使风险相互影响的各个组织建立更现实的自身风险和行业风险模型。

来自 Trustmark 公司的实际体会

以上所述都不止停留于纯粹的理论层面。我们所讨论的一切在现实生活中均有应用。位于伊利诺伊州的 Trustmark 共同控股公司是采取坚实措施改善操作风险管理的公司之一，这或许并不令人惊讶。Trustmark 协助不同规模的雇主提供各类员工福利。

2018 年，Trustmark 聘请我的公司哈伯德决策研究公司（Hubbard Decision Research，HDR）协助实施企业风险管理（ERM）解决方案。开始时，通过使用类似一对一替代模型的工具，我们为 Trustmark 创建了一个高级风险管理模型。之后使用第 12 章中介绍的许多方法，开发了针对特定领域的更细致模型。

以下是 Trustmark 公司负责内部审计的副总裁约翰·赫斯特（John Hester）对这一过程的直接体会。首先，赫斯特对采用新方法的原因做了如下解释：

> 按照以前的评估方法，我们需要得出一个确切的点估计。首先，识别相关风险。然后，确定风险事件发生的可能性以及造成的损失影响金额。最终将可能性与损失金额相乘，得出期望值。
>
> 在试图敲定"正确的"损失影响金额时，我们常常受到质疑。尽管知道损失影响金额可能随着风险事件特定情景的不同而不同，但评估方法限制我们只能选择一个数字作为估计值。
>
> 随着时间的推移，董事会开始不满于我们所分享的热图，因为风险都只是单点。董事会成员对风险点应该位于热图的哪个位置也有自己的看法。而这些看法其实都是正确的。以上情况的出现恰恰强调了一个事实，那就是风险评估结果不应该是某一个点，而是一个关于风险的分布。

赫斯特接着将新方法与以前的评估方法进行了比较。在他看来，两种方法在诸多领域存在巨大差异，但就基本输入数据而言，差异并不大。

> 这两种方法在本质上有很多不同之处，其中关键的不同是概率分布和蒙特卡洛模拟的使用。这些与处在ERM核心团队，并负责处理模型细节的我们息息相关。然而，至于为高级风险模型提供风险数据输入的典型领域专家，当我站在他们的角度来看待这些问题时，差异就没有那么大了。尽管仍在研究每个风险发生的可能性及其造成的损失影响，但现在我们会进行校准，同时输出结果是损失影响的范围而不是点。提供一个范围并不比一个点更难。而校准在我看来是区别大多数方法使用者的关键。

赫斯特还强调了决策层接受新方法的重要性，并为团队新方法的成功实现提供了一些实用建议。

> 我认为最好的做法是在尝试推出一种新方法之前得到最高管理层的支持。在工作的早期，董事会就已经悉知了我们的计划。他们关心并支持我们所追求的目标。我想如果没有他们作为企业领导团队（Enterprise Leadership Team, ELT）的支持，我们的努力很可能会付诸东流。

董事会对新方法非常感兴趣。看到能引发他们共鸣的例子和损失超越曲线后，董事会很快就采纳了这种描述风险的方法。

首席执行官（CEO）和企业领导团队（ELT）也对损失超越曲线（LECs）产生了浓厚的兴趣。这使得我们有机会让概率风险评估成为一个用于商业决策的流程，而不仅仅是一个向董事会提交年度报告中的事项。

最后，赫斯特明白了这种方法或其他风险管理相关方法所能实现的最终目标是什么。

我认为 Trustmark 得到的最大好处就是能够更好地做出风险管理决策。我们现在有能力理解整个企业的风险，并在实施缓释措施之前度量不同措施的价值。

关于定量模型和更好决策的最后思考

最终，我们应该朝着持续发展、不断测试的模型进发，这些模型不仅支持风险管理，还支持更广泛的各类决策。模型由具有关键专长的人员负责管理，且在组织中起到重要的指引作用。模型及其数据应尽可能来自共享的资源。跨公司和行业的协作可以减少系统性风险，从而降低个体风险。

如前所述，找到跟踪模型表现的公司很困难，但我还是能发掘到一些结果。而要找到能够证明定量模型实际上促进了公司整体业绩表现的研究就更难了。在 Palisade 公司（@Risk 蒙特卡洛模拟工具的开发者）工作的建模者汤普森·特里（Thompson Terry）提供了一些轶事证据，说明更好的定量建模的确发挥了作用。他观察到高盛（Goldman Sachs）、摩根士丹利（Morgan Stanley）和德意志银行（Deutsche Bank）都是 @Risk 的用户，并且都挺过了 2008 年的国际金融危机。而美林（Merrill Lynch,）、贝尔斯登（Bear Stearns）和雷曼兄弟（Lehman Brothers）都不是 @Risk 的客户。这很有趣，但显然不能作为确凿的研究论据。

我确实发现了一篇衡量更先进定量方法给用户带来实际战略优势大小的研究文章。菲奥娜·麦克米伦（Fiona MacMillan）是一名定量方法研究员，她的博士论文是一篇关于石油勘探公司及其定量方法使用情况的调查。后来，她与人在《石油工程师学会》（*Society of Petroleum Engineers*）杂志上联合发表了相关论文。文章发现，在分析财务业绩表现和公司使用先进定量风险分析方法的成熟度时，有数个测量指标显示二者具有强相关性。文章还发现，恰恰在开始采用更多的定量方法后，石油勘探公司的财务业绩出现了改善。这可能是风险领域能够得到的最好证据，因为很少有其他类型公司会在这方面使用定量方法。

麦克米伦研究中使用定量方法的大多数用户，可能从未应用过本书介绍的校准、预测激励机制、全局风险模型等方法。尽管如此，她的调查结果依然鼓舞人心，显示了各个公司所具备的潜力。

本书对诸如直觉判断、顺序量表、风险矩阵和某些仍然包含主观成分的定量方法等决策手段表现进行了测量分析。结果显而易见——定量方法最终胜出。

如第1章所述，对很多公司来说，决定如何评估风险就是最大的风险。当然，风险管理只是诸多决策问题中的一类。同样，我们也可以说如何做决定就是最重要的决定。包括风险管理在内的诸多决策方法，其效益是可以衡量的。事实上，决策结果的投资回报应该显然为正数。理解这一点，就掌握了卡尼曼所说的决策质量控制（quality control of decisions）的核心。

关于用定量方式分析不确定性和风险，在许多研究对其进行效果实证前，这么做的好处已经显而易见了。使得重要决策具有挑战性的原因是，你需要在不确定状态下做出决定，而错误的决定可能会带来巨大的潜在损失。这与我们最初所说的风险并无二致。显然，树立对这类决策的清晰认识应该被视为一个重要的兴趣领域。早在两个世纪之前，拉普拉斯就已经把用定量方式分析风险作为一门学科，并探讨这门学科在诸多人类活动中的影响：

> 意义非凡，始于机会博弈的一门学科竟然成为了人类知识中最重要的研究对象。

◆ 注释

1. G. Klein, "Performing a Project Premortem," Harvard Business Review (September 2007).
2. T.S.H. Teo and M. Tan, "Quantitative and Qualitative Errors in Spreadsheet Development," Proceedings of the Thirtieth Hawaii International Conference on Systems Sciences, 1997; R. R. Panko and R. Sprangue, "Hitting the Wall: Errors in Developing and Code Inspecting; A

'Simple' Spreadsheet Model," Decision Support Systems 22, no. 4 (April 1998): 337–353.

3. G. W. Brier, "Verification of Forecasts Expressed in Terms of Probability," Monthly Weather Review 75 (1950): 1–3.
4. Philip E. Tetlock and Dan Gardner, Super for ecasting: The Art and Science of Prediction (New York: Crown Publishing, 2015).
5. G. S. Simpson, F. E. Lamb, J. H. Finch, and N. C. Dinnie, "The Application of Probabilistic and Qualitative Methods to Asset Management Decision Mak-ing," Society of Petroleum Engineers (2000).
6. W. Bailey, B. Couet, F. Lamb, G. Simpson, and P. Rose, "Taking Calculated Risks," Oilfield Review (Autumn 2000).
7. Pierre-Simon Laplace, Théorie Analytique des Probabilitiés (Paris: Courcier, 1812).

额外校准测试及其答案

范围校准测试：A

序号	问题	下限（95%的概率低于真实值）	上限（95%的概率高于真实值）
1	胡佛大坝的高度是多少英尺？		
2	20美元纸币长多少英寸？		
3	在美国，铝金属的回收率有多高？		
4	猫王（埃尔维斯·普雷斯利）何时出生？		
5	空气中氧气含量有多高？		
6	新奥尔良的纬度有多高？（提示：赤道纬度为0度，北极点纬度为90度）		
7	1913年，美军拥有多少架战机？		
8	欧洲第一台印刷机是哪一年发明的？		
9	2001年，美国家庭厨房用电占总用电量的比例？		
10	珠穆朗玛峰高多少英里？		
11	伊拉克与伊朗的边界长多少公里？		
12	尼罗河长多少英里？		
13	哈佛大学是哪一年成立的？		
14	波音747超大型喷气式飞机的翼展是多少英尺？		
15	一个罗马军团有多少名士兵？		
16	深海区（深度超过6500英尺的海域）的平均温度是多少华氏度？		
17	航天飞机轨道飞行器（不含外壳）长是多少英尺？		
18	儒勒·凡尔纳在哪一年出版了《海底两万里》？		
19	曲棍球的球门宽多少英尺？		
20	古罗马竞技场能容纳多少观众？		

序号	范围校准测试答案：A
1	726英尺
2	6.1417英寸
3	45%
4	1935年
5	21%
6	29.95度
7	23
8	1450年
9	26.7%
10	5.5英里
11	1458公里
12	4160英里
13	1636年
14	196英尺
15	6000名
16	39华氏度
17	122英尺
18	1870年
19	12英尺
20	50000名

范围校准测试：B

序号	问题	下限（95%的概率低于真实值）	上限（95%的概率高于真实值）
1	首个火星探测器"维京1号"是哪一年登陆火星的？		
2	最年轻的宇航员几岁？		
3	西尔斯大厦高多少米？		
4	第一个环球飞行的热气球"百年灵热气球3号"的最大上升高度是多少英里？		
5	平均而言，设计工作占软件开发项目总工作量的百分之几？		
6	切尔诺贝利核电站事故发生后，有多少人被永久疏散？		
7	最大的飞艇长多少英尺？		
8	从旧金山到夏威夷的飞行距离是多少英里？		
9	最快的鸟（猎鹰）俯冲时速度能达到多少英里每小时？		
10	DNA双螺旋结构在哪一年被发现？		
11	橄榄球场宽度是多少码？		
12	从1996年到1997年，互联网主机的增长率是多少？		
13	8盎司橙汁含多少卡路里？		
14	在海平面上突破音障的速度是多少（以英里/小时为单位）？		
15	纳尔逊·曼德拉在监狱里待了多少年？		
16	发达国家的平均每日卡路里摄入量是多少？		
17	1994年，联合国会员国有多少？		
18	奥杜邦协会是哪一年在美国成立的？		
19	世界上最高的瀑布（委内瑞拉安赫尔瀑布）高多少英尺？		
20	泰坦尼克号是在海底多少英里被发现的？		

序号	范围校准测试答案：B
1	1976年
2	26岁
3	443米
4	6.9英里
5	20%
6	350000
7	803英尺
8	2394英里
9	200英里每小时
10	1953年
11	53.3码
12	70%
13	120卡路里
14	760英里每小时
15	27年
16	3300卡路里
17	184
18	1905年
19	3212英尺
20	3.36英尺

判断对错问题校准测试：A

序号	说法	答案：对错	回答正确的信心（圈出）
1	林肯公路是美国第一条铺筑路面的公路，从芝加哥一直延伸到旧金山。		50% 60% 70% 80% 90% 100%
2	丝绸之路连接了中国和阿富汗两个古老国度。		50% 60% 70% 80% 90% 100%
3	美国拥有微波炉的家庭多于拥有电话的家庭。		50% 60% 70% 80% 90% 100%
4	Doric是一种描述屋顶形状的建筑术语。		50% 60% 70% 80% 90% 100%
5	世界旅游组织预测，到2020年，欧洲仍将是最受欢迎的旅游目的地。		50% 60% 70% 80% 90% 100%
6	德国是第二个发展原子武器的国家。		50% 60% 70% 80% 90% 100%
7	冰球可以放在高尔夫球洞里。		50% 60% 70% 80% 90% 100%
8	苏族是平原印第安部落之一。		50% 60% 70% 80% 90% 100%
9	对物理学家来说，等离子体是一种岩石。		50% 60% 70% 80% 90% 100%
10	百年战争实际上长达一个多世纪。		50% 60% 70% 80% 90% 100%
11	地球上的大部分淡水都在极地冰盖中。		50% 60% 70% 80% 90% 100%
12	奥斯卡奖始于一个多世纪前。		50% 60% 70% 80% 90% 100%
13	世界上只有不到200个亿万富翁。		50% 60% 70% 80% 90% 100%
14	在Excel中，"^"符号的含义是计算次方。		50% 60% 70% 80% 90% 100%
15	航空公司机长的平均年薪超过15万美元。		50% 60% 70% 80% 90% 100%
16	截至1997年，比尔·盖茨的资产超过100亿美元。		50% 60% 70% 80% 90% 100%
17	加农炮在11世纪被用于欧洲战争。		50% 60% 70% 80% 90% 100%
18	安克雷奇是阿拉斯加的首府。		50% 60% 70% 80% 90% 100%
19	华盛顿、杰斐逊、林肯和格兰特是四位头像被雕刻在拉什莫尔山的总统。		50% 60% 70% 80% 90% 100%
20	约翰威利出版公司不是最大的图书出版商。		50% 60% 70% 80% 90% 100%

序号	判断对错问题校准测试答案：A
1	错
2	错
3	错
4	错
5	对
6	错
7	对
8	对
9	错
10	对
11	对
12	错
13	错
14	对
15	错
16	对
17	错
18	错
19	错
20	对

判断对错问题校准测试：B

序号	说法	答案：对错	回答正确的信心（圈出）
1	木星的"大红斑"比地球大。		50% 60% 70% 80% 90% 100%
2	布鲁克林道奇队名字中的"道奇"（Dodgers）源自"电车闪避者"（trolley car dodgers）的简称。		50% 60% 70% 80% 90% 100%
3	超音速比亚音速快。		50% 60% 70% 80% 90% 100%
4	多边形是三维的，多面体是二维的。		50% 60% 70% 80% 90% 100%
5	功率为1瓦的电机产生的1马力。		50% 60% 70% 80% 90% 100%
6	芝加哥比波士顿人口多。		50% 60% 70% 80% 90% 100%
7	2005年，沃尔玛的销售额降至1000亿美元以下。		50% 60% 70% 80% 90% 100%
8	便利贴由3M公司发明的。		50% 60% 70% 80% 90% 100%
9	捐资设立诺贝尔奖的阿尔弗雷德·诺贝尔，其财富来源于石油和炸药。		50% 60% 70% 80% 90% 100%
10	BTU表示热量的单位。		50% 60% 70% 80% 90% 100%
11	第一届印第安纳波利斯500英里大奖赛的冠军，其平均时速低于100英里每小时。		50% 60% 70% 80% 90% 100%
12	微软的员工数比IBM多。		50% 60% 70% 80% 90% 100%
13	罗马尼亚与匈牙利相邻。		50% 60% 70% 80% 90% 100%
14	爱达荷州面积比伊拉克大。		50% 60% 70% 80% 90% 100%
15	卡萨布兰卡位于非洲大陆。		50% 60% 70% 80% 90% 100%
16	人造塑料是在19世纪发明的。		50% 60% 70% 80% 90% 100%
17	岩羚羊是高山动物。		50% 60% 70% 80% 90% 100%
18	金字塔的底座是四边形。		50% 60% 70% 80% 90% 100%
19	巨石阵位于英国本岛。		50% 60% 70% 80% 90% 100%
20	每三个月或更短时间，计算机处理器的算力就翻一番。		50% 60% 70% 80% 90% 100%

序号	判断对错问题校准测试答案：B
1	对
2	对
3	对
4	错
5	错
6	对
7	错
8	对
9	对
10	对
11	对
12	错
13	对
14	错
15	对
16	对
17	对
18	对
19	对
20	错